당신은 **도전자**입니까

당신은 **도전자**입니까

재고 따지고 망설이는 그대에게

이동진 지음

프롤로그

네 안에 잠든
고래를 깨워라

우리도 취업이 인생의 전부가 아니라는 것쯤은 안다

"자신이 하고 싶은 것을 찾아서 지금 당장 시작하세요."

많은 청춘들이 귀에 못이 박히도록 들었을 이 한마디. 좋은 말이지만 상당수는 아마 이렇게 반응했으리라 생각한다.

'하고 싶은 것을 하라고? 내가 뭘 좋아하는지를 모르는데?'

'지금 우리에게 닥친 현실을 알고 말하는 걸까?'

그렇다. 당장 하고 싶은 게 뭔지도 모르겠는데 도대체 뭘 어떻게 시작하란 말인가. 게다가 도전이나 꿈 같은 거창한 단어를 가슴에 품기엔 취업이란 장벽 또한 드높다. 꿈을 꾸라는 말을 들으면 그때는 공감하고 자극받기도 한다. 그러나 뒤돌아서면 끝이다. 지금 당장 내일까지 내야 하는 기말 레포트를 잘 써내서 이번 학기 학점을 펑크 내지 않고 재수강을 면하는 게 더 중요하니까.

이런 우리를 보고 인생을 장기적으로 보지 못하고 눈앞의 것만 본다고 혀를 차는 어른들도 많다. 졸업을 앞두고 있는 선배들마저 후배들이 개인주의적인 데다 스마트폰에 빠져 영 소통할 줄 모른다고 걱정한다. 부모님 세대들은 20대가 현실감각 없이 눈만 높아 대기업만 노리니 취업이 안 되는 거 아니냐며 답답해한다.

하지만 우리는 이런 시선이 정말 억울하다! 이제 기본적인 스펙 없이는 기업에 서류지원조차 하기 어렵다. 괜찮은 중소기업 경쟁률도 만만치 않다. 이러니 꿈을 꾼다는 건 먼 나라 얘기다. 어차피 나한테 선택권이 없다면 될 때까지 도전해 더 좋은 근무환경에서 돈이라도 많이 벌고 사는 게 현명하다는 생각이 절로 들 수밖에 없다.

그렇게 달리다 보면 청춘이란 귀한 시간을 취업에 쏟은 꼴이 되어버린다. 게다가 남학생의 경우, 군대라는 것이 걸려 있고 취업을 위해 휴학하는 일도 허다하니 어렵게 취업 관문을 뚫고 정신없이 일하다 보면 어느새 30대가 된다. 벌어놓은 돈도 얼마 없어 학자금 대출금도 언제 다 갚을지 까마득한데 결혼이라는 큰 산이 떡하니 날 가로막고 있다. '멘붕(멘탈붕괴)'이다. 결혼은 어떻게 한다 치자. 그다음은? 게다가 이젠 100세까지 산단다. 그럼, 노후에는 어떻게 먹고 살아야 할까? 오, 마이 갓! 정말 숨이 막힌다. 아무리 무모함이 빛나는 청춘이라지만 이런 현실에서 내가 원하는 것을 과감히 시작한다는 건 리스크가 너무 큰, 말 그대로 '미친 짓'이다.

우리를 더 좌절시키는 건 자신의 꿈을 찾아 용기 있는 도전을 하는 청춘들도 점점 늘어나고 있다는 사실이다. 하지만 부모님이 원하는 대로, 그리고 남들이 하는 만큼만 잘 따라온 평범한 학생들 입장에선 그런 디엔에이(DNA)는 따로 존재하는 거라고 자위할 수밖에 없다.

토익 공부가 내 영어 실력을 올리는 것과는 별개이며, 이제 더 이상 토익 점수가 취업의 성패를 좌우하는 요인은 아님을, 무작정 쌓은 스펙이 정작 실무에서는 헛된 지식이 된다는 것쯤은 우리도 잘 알고 있다. 스펙보다는 스토리, '베스트 원(best one)'보다는 '온리 원(only one)'이 되는 게 더 중요하다는 것도 지겹도록 들어서 잘 안다. 그러니 이제 그런 얘기는 그만해도 된다.

사실 20대가 하고 있는 것들 대부분은 우리가 원해서 하는 것이 아니다. 그럼 도대체 '내'가 원하는 건 뭘까? 문제는 이 질문에 대답할 수 있는 사람이 매우 드물다는 것이다.

10대에는 시험에서 높은 점수를 받는 것이 가장 중요했는데,

멘토라는 분들은 늘 자신이 원하는 것을 해야 성공한단다. 우리는 시행착오나 실패를 용납하지 않는 환경에서 살아왔는데 실패해야만 성장한단다. 설사 용기를 내서 내가 좋아하는 일에 도전하려 해도 부모님부터 현실 운운하며 나를 뜯어말린다. 내가 원하는 것을 하고 있어도 혼란스럽기는 마찬가지다. 가령 분명 내가 원해서 전공을 택했다 해도 3학년쯤 되면 이게 내가 좋아서 택한 건지 아니면 사회가 원해서 하는 건지 스스로도 헷갈리기 시작한다.

그럼, 도대체 내가 좋아하는 건 어떻게 찾아야 할까? 이것을 알고 싶어 우리는 멘토나 선배, 카운슬러를 찾아다니며 물어본다.

"제가 정말 원하는 게 뭘까요?"

하지만 잘 생각해보자. 돈, 명예, 권력 등을 가진, 소위 성공했다고 하는 사람, 어떤 분야에서 일인자가 된 사람이라 한들 '내'가 원하는 것을 알려줄 수 있을까? 상식적으로 말이 안 되는 얘기다.

그럼에도 우리는 늘 남에게 내가 원하는 게 무엇인지를 묻는다. 멘토와 이야기를 나누는 것만으로 내가 좋아하는 것이 뭔지 알게 된다면, 꿈을 찾은 청춘들이 점점 늘어야 하지 않을까? 하지만 우리 주변엔 도대체 내가 뭘 원하는지, 뭘 해야 할지 모르겠다는 친구들이 훨씬 더 많다.

우리에게 필요한 질문, '내가 바꾸고 싶은 것은 무엇인가?'

운 좋게 꿈을 빨리 찾은 사람도 있지만, 사실 꿈을 찾기 위해선 수많은 시행착오를 겪고 경험을 쌓아야 한다. 그런 과정 속에서 나의 새로운 면을 발견하고, 좋아하는 게 뭔지 알게 되며, 나만의 것을 창조하게 되는 것이다. 그러니 일단 '좋아하는 것'과 '하고 싶은 것'을 지금 당장 찾겠다는 생각은 버리자. 그리고 스스로에게 다음과 같은 질문을 던져보자.

"내가 열등감을 느끼는 부분은 무엇인가?"
"나의 부족한 점은 무엇인가?"
"지금 내가 불만을 갖고 있는 건 무엇인가?"
"나의 콤플렉스는 무엇인가?"
"내가 바꾸고 싶은 것은 무엇인가?"

왜 뜬금없이 콤플렉스를 언급하느냐고? 앞서 계속 말했지만 우리가 지금껏 무언가를 선택할 때 기준으로 삼았던 것은 대부분 부모님과 선생님의 가치관 혹은 사회적 잣대였다. 따라서 지금의 20대가 내가 원하는 게 무엇인지 모르는 것은 죄도 아닐뿐더러, 좋아하는 걸 스스로에게 물어봤자 답이 나오지 않는 것 또한 당연하다.

하지만 세상에 완벽한 인간은 없으니 자신에 대해 불만족스러운 부분이 단 한 개도 없는 사람은 없을 것이다. 만약 그런 게 없다고 한다면, 당신은 지금 당장 죽어도 원이 없을 만큼 행복하고 자신의 삶에 100퍼센트 만족하는 사람이리라. 그런 사람은 찾기도 힘든 데다 그런 상태라면 이 책을 들춰보지도 않았을 거라 생각한다.

'돈이 없어' '부모님을 잘못 만났어' '공부할 수 있는 환경이 아니야' '뚱뚱하고 못생겼어' '너무 평범해서 특별히 잘하는 게 없어' '자신감이 없어' '난 너무 소극적이야' 등 나의 부족한 점, 내가 바꾸고 싶은 점을 알고 나면 그것을 바꾸고 싶은 '절박함'이 생긴다. 그리고 그런 절실함을 갖고 변화를 위해 '도전'하다 보면 자연스레 새로운 경험이 쌓이고, 그 경험을 통해 내가 뭘 좋아하는지를 알게 되며, 도전하기 전에는 알지 못했던 나의 새로운 면을 발견할 수 있다.

아직 대학생인 데다 사회 경험도 없는 네가 뭔데 그런 말을 하느냐고 따진다 해도 나는 이런 말을 할 수 있는 최소한의 자격이 있다고 생각한다. 왜냐면 난 누구보다 내 자신에게 불만이 많았던 사람이었으니까. 그리고 그것을 바꾸고 싶다는 절박함이 날 일단 하고 보는 사람으로 만들었으니까.

뭐가 그렇게 싫었냐고? 나는 내 소심한 성격이 지긋지긋하게 싫었다. 정말이지 내 자신을 뼛속까지 바꾸고 싶었다! 가능하면 나란 사람을 완전히 죽여버리고, 나를 새로 태어나게 하고 싶었다. 어느 정도의 절박함인지 느껴지는가? 그리고 내 성격을 바꾸고 싶다는 일념으로 소심한 내가 불편함을 느낄 만한 상황 속으로 뛰어들었다. 그것을 하고 나면 내가 조금이라도 변해 있으리라는 믿음으로.

물론 그 과정은 절대 순탄치 않았다. 돈이 없는데 돈이 많이 드는 일을 해야 할 때도 있었고, 처음부터 끝까지 모든 걸 나 혼자서 준비해야 하는 경우도 있었다. 또, 전혀 자신이 없는데도 마치 해낼 수 있는 척이라도 해야 할 때도 있었다. 그러나 신기하게도 어려운 미션을 하나씩 수행할 때마다 매번 새로운 나를 발견하는 기쁨을 누릴 수 있었다.

다시 말하지만 나는 내가 좋아하는 것이 무엇인지를 알고 그것들을 시작한 게 아니다. 단지 내가 버리고 싶었던 것들, 즉 소심한 성격, 경제적 문제, 주변의 반대, 왜소한 모습, 그리고 존재감 없는 나를 뿌리 뽑기 위해 안 해본 것들을 시도했을 뿐이다.

내가 무엇을 좋아하는지를 알고 나서 그것을 시작하려는 것 자체가 오류다. 20대에겐 삶의 경험이 너무 부족하니까. 하지만 우리는 조금 무모하게 덤벼도 환영받는 '청춘'이 아니던가. 게다가 '체력'과 '젊음'까지 갖고 있으니 손에 잡히는 거라면 뭐라도 당장 할 수 있다는 특권을 누리고 있는 셈이다.

우리는 모두 가슴속에 고래 한 마리를 품고 살아간다. 그 고래는 절대 해낼 수 없을 것 같은 일에 무모하게 덤빌 때, 두려움을 피하지 않고 맞설 때 나타난다. 그게 얼마나 사소한 것이든 기존의 나를 넘어서려고 노력하면 내 안에서 아주 작은 변화의 싹이 트고, 그런 경험들이 쌓이면 내가 뭘 좋아하고 싫어하는지, 내 안에 어떤 잠재력이 있는지를 알게 된다. 그 순간, 당신 안에 잠들어 있던 고래가 깨어나기 시작한다.

연애 고수의 연애 스토리를 백만 번 듣는다고 해서 예쁜 여자친구를 사귈 수 있는 건 아니다. 마찬가지로 수많은 고난과 역경을 극복하고 지금의 내가 되었다고 하는 멘토의 성공기나 자극을 잔뜩 안겨주는 인생 선배의 독설을 듣는다고 해서 내 꿈을 찾을 수는 없다. 그건 '그들'의 인생을 빛내주는 무용담일 뿐이다. 중요한 것은 그것을 당신의 삶에 적용시키고, 자신만의 방식으로 도전하는 일이다.

이제부터 자신감도 없고 잘하는 것도 없던 소년이 전 세계를 무대로 나아가 스물다섯 살에 대통령상을 받게 되기까지의 이야기를 들려주고자 한다. 이 역시 나의 이야기니 자신에게 도움이 되는 부분을 찾아 여러분들의 삶에 적용시키고, 행동으로 꼭 옮기길 바란다. 존재감 없고 소심했던 소년도 했으니, 당신이 못 할 이유는 없다. 그럼, 다 같이 잠든 고래를 깨워보자. 레디, 액션!

우리 모두의 가슴속에는 고래가 살고 있다.
그 고래를 깨우는 건 오직 당신의 몫이다.

— 청춘 챌린저, 이동진

CONTENTS

프롤로그　　네 안에 잠든 고래를 깨워라　●004

Part 1
모든 도전은
3스텝 안에 끝난다

3스텝 도전법	당신은 도전자입니까　●018	
해병대	해병대 지원은 5분 만에 끝났다　●031	
히말라야	일단 중대장님부터 찾아갔다　●045	
	눈앞에서 죽음을 목격한 그날　●057	
	정상에 올라야만 알게 되는 것들　●071	
독도 수영단	물이 두려워서 독도 수영단에 지원했다　●082	
	하늘은 스스로 행한 자를 돕는다　●092	

Part 2
도전은 온몸으로 하는 것이다

아마존 정글 마라톤	천만 원을 얻기 위해 자소서를 썼다 ●108
	정글에 가기 전, 유서를 남겼다 ●119
	늦더라도 함께 가는 기쁨 ●125
	대자연 앞에서 느낀 인간의 나약함 ●140
자전거 미국횡단	자전거를 구하려고 전화를 걸었다 ●152
	돈이 없었기에 매일매일이 특별했다 ●161
	10달러에 날아가 버린 신념 ●172
	강연으로 세상에 희망을 심다 ●180
세계일주	흉내 내기에는 반드시 한계가 있다 ●190
	도전은 또 다른 기회로 이어진다 ●199

Part 3
도전자로 살기 위해 맞서야 하는 것들

걸림돌	날 가로막는 것에 고마워한다	●210
우유부단함	사소한 것이라도 일단 콜!	●217
부모님의 반대	때론 설득하는 용기도 필요하다	●227
타인의 시선	나이스! 사람들이 반대한다!	●243
소심함	내 한계를 함부로 정하지 않는다	●252
에필로그	나는 내가 생각한 것보다 훨씬 더 강하다	●266
부록	청춘 공감토크 ●274	
감사의말	그동안 나를 지켜봐 주신 모든 분들께	●282

너무 많이 고려하는 사람은
실행하지 못한다.
　　- 독일 속담

Part 1

모든 도전은
3스텝 안에 끝난다

◐ 3스텝 도전법
당신은
도전자입니까

도전에 대한 자신만의 정의를 세워라

"당신은 도전자입니까?"

이 질문에 바로 고개를 끄덕일 수 있는 사람이 얼마나 될까? 주변에서 "넌 참 도전을 많이 하는 것 같다"는 말을 듣는 사람들조차 내가 도전자인지 아닌지는 한 번쯤 생각해봐야 할 것이다. 누구나 어떤 부분에 있어서는 현실과 타협하고 안주하기 때문이다.

수많은 사람들이 20대에게 꿈을 꾸고 도전하라고 외친다. 그런데 주변 친구들에게 '도전에 대해서 어떻게 생각하냐'고 물으면 대부분 부정적인 반응을 보인다. 진부하고 식상하며 비현실적이라는 것이다. 특히 당장 취업이 급한 친구들은 도전이란 이상적인 외침에 불과하며 나와는 별개의 일이라고 생각하는 경우가 많다.

도전, 이 단어에 대해서 당신은 어떻게 생각하는가? 일반적으로 '도전'이라고 하면 불가능해 보이는 일을 힘들게 해내는 것을 떠올린다. 따라서 '도전자'는 이상을 추구하며 리스크가 큰 모험을 즐기는 사람이라고 여긴다.

나는 CBS 「세상을 바꾸는 시간, 15분」이라는 프로그램에서 '두려움을 제거하는 가장 빠른 방법'이라는 주제로 강연을 했다. 날 소개하는 메인 화면을 보면 나를 '모험가'라고 칭한다. 그러나 이는 사람들이 내 이야기를 쉽게 받아들일 수 있게 하기 위해 사용한 단어일뿐, 나는 스스로를 모험가가 아닌 '도전자'라고 표현하고 싶다.

나의 첫 도전이 무엇이었는지 아는가? 바로 재수였다. 우리는 재수생을 모험가라고 부르지는 않는다. 나 역시 그것을 모험이라고 칭하고 싶지는 않다. 하지만 재수는 나에게 큰 '도전'이었다.

대학에 들어온 나는 소심함에서 벗어나고자 나만의 '자기변화 프로젝트'를 하나씩 수행해나갔다. 그중에는 내가 정말 하고 싶었던 것도 있었고, 날 바꾸기 위해 조금은 억지로 해야 했던 것도 있었다.

그런데 이렇게 불편한 도전을 하면 할수록 점차 성격도 변하고 체격도 좋아지고 자신감도 생겼다. 그러면서 도전의 성격도 진화해야 한다는 것을 알았다. 그래서 어느 순간부터는 무작정 아무거나 하기보다 내가 진정으로 원하는 일에 도전하기 시작했다.

그러나 사람들은 아마존 정글에서 222킬로미터를 뛴 것은 도전이라고 인정하는 반면, 수업 시간에 적막을 깨고 용기를 내 교수님께 질문하거나 사랑하는 사람에게 진심을 다해 고백하는 것을 도전이라 말하지는 않았다.

하지만 나에게는 전자든 후자든 모두 도전이었다. 나에게 도전은 내 가슴을 뛰게 하고, 지금이어야만 할 수 있고, 내 인생에서 반드시 해야만 한다고 생각하는 것을 이루기 위해 용기 있게 덤비는 것을 의미하기 때문이다. 그러나 도전의 대상은 미래가 보장되지도 않고, 사람들이 잘 시도하지 않는 것이라는 공통점이 있었다. 그리고 그것을 행하는 과정에서는 늘 사람들의 반대와 현실적인 어려움을 감내해야 했다.

그러면 도대체 왜 굳이 고생을 사서 하냐고 묻고 싶을 것이다. 우선 고정관념을 뿌리째 변화시킬 수 있다. 사람들이 아니라고 하는 것을 한 번만 해내면 그들의 반대와 우려가 괜한 것이었음을 깨닫게 된다. 또, 도저히 해결되지 않을 것 같았던 어려움도 노력을 통해서 얼마든지 극복을 할 수 있음을, 그리고 자신의 열정이 여러 사람들에게 힘을 북돋아줄 수도 있음을 알게 된다.

물론 나 역시 중도에 포기한 적도 있고, 실패한 적도 있다. 그런데 나는 실패나 성공과 같은 결과가 아니라, 나의 성장과 내 인생의 가치를 위해 도전했기에 그런 결과에 대해서는 크게 개의치 않았다. 실패나 좌절은 후에 극복하면 되는 것이다.

그동안 나의 도전기를 듣고 "나도 히말라야에 갈 거야!" "나도 아마존 정글 마라톤을 뛰어야겠어!" "나도 미국횡단을 해봐야지!"라고 하는 사람들을 꽤 보았다.

히말라야에 오르는 일이 당신의 삶에도 매우 중요하다면 당연히 해보기를 권한다. 그러나 좀 더 신중해질 필요가 있다. 그건 내가 선택한, 나에게 최적화된 도전이었지, 그것이 꼭 다른 사람에게도 뜻깊은 도전이 되리라는 법은 없기 때문이다. 모든 사람들은 각자 다른 환경에서 태어나 다른 경험을 하며 자랐기에 인구 수만큼이나 도전의 종류도 다양해져야 한다.

다시 말해 도전의 본질은 철저히 '나'라는 사람에 기반해야 한다. 그러니 그냥 멋져 보인다는 이유로 따라 하는 건 생각만큼 효과가 없을 수도 있음을 미리 말해둔다. 나에겐 너무나 의미 있었던 도전이 누군가에겐 무의미한 행동이 될 수도 있다는 뜻이다.

그러므로 도전에 대한 자신만의 정의가 필요하다. 나는 기존의 내가 하기 어려웠던 일을 해내려고 하는 것은 뭐든 도전이 될 수 있다고 본다. 예를 들어 부끄럼을 많이 타 이성의 눈조차 보지 못하는 사람이 맘에 드는 이성에게 다가가 말을 거는 것, 시간 약속을 잘 지키지 못하는 사람이 약속 장소에 15분 전까지 미리 와서 기다리는 일 또한 도전이 될 수 있는 것이다.

도전에 대한 잘못된 인식으로 자신이 도전자라는 사실을 망각한 채 살아가고 있지는 않은가? 도전은 절대 멀리 있지 않다. 그것은 꼭 아드레날린이 분비되고, 드라마틱해야 하며, 체력의 한계를 넘어야 하고, 사람들의 박수소리를 받아야 하는 것이 아니다.

무엇보다 가장 중요한 것은 그게 무엇이든 내가 진정으로 원해서 해야 한다는 사실이다. 원하는 기업에 가기 위해 매일 밤을 새고 있는가? 그것이 진정으로 자신이 원하는 길이라면 그건 도전이라 할 수 있다. 내가 필요로 하는 것을 해낸다면 그 과정 속에서 크게 성장할 수 있을 뿐 아니라 그것은 자신만의 도전, 가치 있는 도전, 성장하는 도전이 된다.

만약 단 한 명의 가슴이라도 뛰게 만들 수 있는 나만의 이야기를 갖고 있다면, 당신은 이미 세상이 원하는 도전자로 살아가고 있는 것이다.

다시 한 번 여러분에게 묻고 싶다.

"당신은 진정 도전자입니까?"

도전은 행동으로 하는 것이다

도전을 할 때 가장 중요한 건 '실행력'이다. 아무리 좋은 생각이나 계획이 있어도 그것을 실천하지 않으면 아무것도 하지 않은 것과 같다.

혹시 '나토(NATO) 증후군'이라는 말을 들어본 적이 있는가? 북대서양조약기구가 아니라 'Not Act, Think Only'의 약자로 행동하지 않고 생각만 하는 사람을 지칭하는 말이다. 그런데 많은 대학생들이 이 증후군에 시달리고 있는 듯하다.

주변에서 요즘 20대들이 추진력, 행동력이 부족하다는 말을 꽤 들어봤을 것이다. 나도 이에 어느 정도는 동의한다. 주위를 둘러보면 지식도 많고 똑똑한 친구들이 상당하다. 아마 정보를 얻을 수 있는 루트가 다양해진 데다 많은 것을 보고 느낄 수 있는 여건이 갖춰졌기 때문이리라. 그래서 그런가? 우리는 뭔가를 시작할 때 너무 많이 생각하고 고려하는 경향이 있다.

자신이 면접 체질이 아니라고 늘 걱정하는 친구에게 나는 먼저 이렇게 묻는다.

"면접 스터디를 해보는 게 어때?"

그러면 대부분 이렇게 대답한다.

"준비가 덜 돼서 괜히 팀원들에게 피해만 줄 거야."

하지만 자신에게 솔직해질 필요가 있다. 과연 그게 진짜 이유일까? 잘하는 친구들 앞에서 '쪽팔릴까 봐' 시도하지 못하는 건 아닐까? 그리고 면접 스터디를 하는 친구들이 나보다 준비를 많이 했을 거라는 건 사실일까? 만나보지 않았는데 어떻게 장담하는가? 만약 그들의 수준이 그렇게 높다면 벌써 취업에 성공했어야 하지 않을까? 왜 해보지도 않고 지레짐작하고 포기하려 하는가? 이렇게 재고 따지고 있을 시간에 하나라도 더 실행해보는 것이 이득이다. 즉, 10퍼센트 준비로도 100퍼센트에 도전하는 연습을 해야 하는 것이다.

나는 별다른 준비 없이도 수없이 많은 것을 해냈다. 예를 들어 방송 출연을 하려 했을 때도 방송시스템이 어떻게 굴러가는지, 제작진에게 어떤 방식으로 컨택을 해야 성공률이 높은지도 모른 채 그냥 무작정 부딪혔다. 심지어 나는 이런 방식으로 우주에도 갈 수 있다고 믿는다.

사실 내가 처음부터 이렇게 실행력이 있었던 것은 아니다. 나는 대학에 들어가면서 소심한 성격을 고치기 위해 오롯이 내 스스로 선택하는 훈련을 시작했다. 사람들 앞에 서봐야 한다고 판단해 뮤지컬 동아리에 들었고, 약해빠진 나를 강하게 만들고 싶어 부모님 반대를 무릅쓰고 해병대에 입대했다. 그리고 전역 후엔 본격적으로 더 어렵고 힘든 일에 도전하기 시작했다.

우리가 잘 아는, 꿈을 찾은 사람들 역시 그게 맨 처음의 꿈이 아닌 경우가 더 많았다. 그리고 대부분 이런 과정을 겪었다. 정말 가난한 집에 태어나서, 아니면 남들이 모르는 단점이 있어 열등감을 잔뜩 안은 채 그것을 없애거나 바꾸기 위해, 때로는 말 그대로 살아남기 위해 뭔가를 닥치는 대로 했다. 하다가 그게 아닌 것 같으면 다른 것을 했다. 그렇다. 그들은 '생각'이 아닌 '행동'을 했다.

과정을 3스텝으로 만들면 실행이 쉬워진다

우리는 생각 없이 몸만 움직이는 사람을 '무식하다', 심하게는 '꼴통'이라고 표현한다. 무식해지기 싫어서일까? 아니면 다른 이유 때문일까? 사람들은 '생각'에 집착한다. 어떤 결과물도, 어떤 변화도 주어지지 않는 삶에 답답해하면서도 또 생각하고 생각한다.

혼자 하는 배낭여행을 예로 들어보자. 요즘엔 혼자 여행을 떠나는 사람이 워낙 많다 보니, 그건 별일도 아닌 것처럼 되어버렸다. 그래도 여전히 낯선 곳에 대한 두려움 때문에 섣불리 떠나지 못하는 청년들도 은근히 많다. 예를 들어 혼자 미국여행을 가고 싶다고 생각하는 순간, 이런 고민으로 이어진다.

'내가 돈이 어디 있어? 시간은 또 어디 있고? 한 번도 안 가본 곳을 나 혼자 갈 수 있겠어? 친구랑 시간이 안 맞으면 어떡하지? 난 영

어도 못하는데? 잠은 어디서 자고?'

그러던 차 주변에서 "야! 거기 혼자 가는 게 얼마나 위험한데!" 하는 순간 모든 건 끝!

'그래, 내가 미쳤지. 지금 바빠 죽겠는데 여행은 무슨 여행이야!'

사실 해외로 떠나는 배낭여행은 절대 사소한 일이 아니다. 따라서 이런 큰일을 계획하면 돈과 시간과 용기가 남아돌지 않는 이상 누구나 잠시 머뭇거리게 된다. 그래서 나는 새롭고 두려운 일을 하려고 할 때마다 시작을 좀 더 쉽게 하기 위해서 그 과정을 단순화했다. 이건 실제로 내가 개인적으로 뭔가를 시작하기 전에 많이 했던 것이다. 모든 과정을 3스텝(step)으로 만드는 것이다.

==해외여행을 가고 싶은데 돈이 없다면?==
◐ 아르바이트로 돈을 번다 → 티켓을 끊는다 → 미국에 간다
==만약 돈이 있다면?==
◐ 티켓을 끊는다 → 계획을 짠다 → 미국에 간다

이렇게 과정을 3단계로 단순화하는 것이다. 물론 아르바이트 하나를 하는 데에도 참 많은 에너지와 노력이 소모된다. 그러면 다시 아르바이트를 하기 위한 3스텝을 구상하면 된다.

아르바이트를 하고 싶다면?

◎ 구직 사이트에 들어간다 → 맘에 드는 아르바이트를 고른다 → 전화를 걸어서 지원한다

여기서 포인트는 '행동'에 관한 단계를 짠다는 것이다. 누가 가르쳐준 건 아니지만 고민하기보다 행동하는 사람이 되고자 결심한 후부터 저절로 이런 습관이 생겼다. 물론 저 한 단계를 수행하는 것도 어렵다. 첫 단계부터 탁 막히는 일도 허다하다.

하지만 저렇게 생각하면 아무리 큰일이라 해도 매우 단순해 보인다. 그리고 난관에 부딪히면 '왜 난 안 될까'를 고민하기보다 '다음 스텝으로 넘어가기 위해서는 어떻게 해야 할까'에 주력하게 된다. 그러면서 저절로 행동에 집중하게 되는 것이다.

또 다른 예를 들어보자. 여자친구를 사귀고 싶은가? 그러면 이성을 만날 확률이 높은 행동을 하면 된다.

지인을 통해 소개팅을 하고 싶다면?

◎ 친구에게 소개팅을 주선해달라고 카톡을 한다 → 확답이 올 때까지 기다린다 → 소개팅이 잡히면 나간다

3스텝을 만드는 덴 정답이 없다. 이건 시험 문제가 아니다. 그러

니 그냥 자신의 상황에 맞춰서 자유롭게 생각하면 된다. 그리고 3스텝을 정했으면 그것을 실행으로 옮긴다. 그게 전부다.

크게 실패한 적이 없다면 도전하지 않았다는 증거다

예전의 내가 좌절과 포기, 낙담을 일삼아야 했던 이유를 파헤쳐보면 그 근원은 단 하나였다. 행동하지 않았다는 사실, 그뿐이다. 게다가 새로운 일을 해내기 위해서는 다른 한 가지는 포기할 줄도 알아야 한다. 아니, 포기해야만 하는 경우도 반드시 생긴다.

가령, 오늘 오후 6시에 강남역과 서울역에서 각각 약속이 잡혔다. 두 장소에 같은 날, 같은 시간에 나타나려면 몸이 두 개가 아닌 이상 불가능하다.

그럼, 어떻게 해야 할까?

당연히 하나는 포기해야 한다. 둘 다 너무 중요해서 하나를 포기하는 게 억울하다고? 하지만 하나를 포기한다는 건 나머지 하나는 할 수 있다는 말 아닌가! 그럼 그 하나에 더 집중하면 된다.

생각만 많은 사람과 행동하는 사람은 대부분 각각 다음과 같은 패턴을 겪을 것이다.

생각만 많은 사람들의 패턴

⭕ 결심 - 생각 - 고민 - 괴로움 - 생각 - 고민 - 포기…

행동력 있는 사람들의 패턴

⭕ 행동 - 행동 - 행동 - 실패 - 행동 - 고민 - 행동…

저 둘의 차이에서 주목해야 하는 것 중 하나는 바로 '실패의 유무'이다. 생각만으로는 실패하기 어렵다. 이 말을 부정하는 사람도 있을 것이다. 생각하느라 하지 못한 것도 실패가 아니냐고 물을 수도 있다. 하지만 난 생각하느라고 하지 못한 것은 실패가 아니라, '기회를 놓친 것'이자 '포기한 것'이라 생각한다. 실패는 행동하는 자들의 특권이다. 크게 실패한 적이 없다면 그것이야말로 당신이 행동하지 않았다는 결정적인 증거일 수도 있다.

가만히 생각해보자. 20대에 저지른 실패가 인생에 얼마나 큰 타격을 줄 수 있을까? 사업이 망해 인생이 바닥을 치고도 다시 일어나는 사람도 있는데 하물며 토익 점수가 낮아 올해 취업을 하지 못했다고, 혹은 남들은 학원에 다니는 동안 배낭여행을 갔다고 해서 내 인생이 쫄딱 망하겠는가? 아직 인생의 반도 살지 않은 우리는 다시 일어날 여력과 시간을 충분히 갖고 있다.

그러면 그동안 한 가지 일을 하느라고 다른 한 가지를 포기한 대가는 무엇일까? 바로 깨지고 실패하고 다시 일어나면서 내가 얼마나 질기고 독한 놈인지 깨닫는 것이다. 잘 풀리는 상황 속에 있는 내 모습이 전부라고 착각하지 말라. 위기에 닥치면 도대체 어디 있었나 싶은 용기가 내 안에서 샘솟는다. 가슴속에 잠든 고래가 깨어나는 것이다. 내가 그 증거이다. 그토록 소심했던 나도 뮤지컬 무대에 서고 방송에도 출연하지 않았는가?

생각만으로는 절대 아무 일도 일어나지 않는다. 우리는 도전 앞에서 '이것을 하면 실패하느냐 성공하느냐'가 아니라 '어떻게 하면 실행에 옮길 수 있을까'를 따져야 한다. 그리고 어떻게 할지 결정했으면 당장 행동으로 옮기면 된다. 그게 할 수 있는 전부다.

마음만 먹지 말자. 안 되는 것부터 생각하지 말자. 늘 행동에서 막힌다면 차라리 생각하지 말고 '될 대로 돼라 정신'으로 일단 움직여라. 딱 한 번만 해보면 안다. 그때부터 인생에 생각지도 못한 변화가 찾아온다. 내 자신을 뼛속까지 바꾸고 싶었던 나는 그 변화의 희열을 알기에 여전히 도전 중이다. 나에겐 불가능할 것 같았던 해병대 입대도, 히말라야 등정도, 아마존 정글 마라톤 완주도 그렇게 해냈다. 내가 3스텝을 어떻게 체화했고, 어떻게 청춘 챌린저로 거듭났는지 궁금하지 않은가? 지금부터 그 이야기를 시작하고자 한다.

◯ 해병대

해병대 지원은
5분 만에 끝났다

걱정은 접고 일단 해병대 사이트에 접속했다

어느 날 한 학생으로부터 메일을 받았다. 그 친구는 2012년 6월 9일 자 《조선일보》에 실린 내 인터뷰 기사를 보고 용기를 내 연락을 했다고 한다. 답변이 매우 절실해 보이는 긴 글의 요지는 다음과 같았다.

> 첫째, 군대를 통해 내 자신이 크게 바뀔 거라고 생각하고 해병특수수색대를 지원하는 것은 철없는 생각인가요? 둘째, 저는 군대에

> 서 딱 두 가지, 운동과 독서를 꼭 하고 싶은데 군대에서도 개인시간을 확보할 수 있는지 궁금합니다. 셋째, 해병대는 기수문화가 강해 나와서도 고생할 뿐 아니라 성격이 안 좋게 변할 수도 있다는 말에 흔들립니다. 이에 대해서는 어떻게 생각하시나요?

난 해병대 출신이긴 하지만 수색대(해병대 내에서도 특수임무를 맡는 부대로, 적의 중요기지를 잠입하여 각종 암살 및 적 분열을 일으키는 게릴라 부대를 말함)를 나오진 않았다. 또, 내 경험을 일반화하는 것도 위험한 일이다. 하지만 그 친구의 절실한 마음을 읽을 수 있었기에 대략 다음과 같이 답장을 보냈다.

> 저도 군대에서 인생을 바꿨습니다. 일단 해보세요. 그렇게 변하고 싶으면 해병대 수색대가 아니라 어딜 가도 할 수 있고, 운동과 독서를 할 개인시간이 없다 해도 본인이 간절하다면 어떻게든 시간을 만들어낼 것입니다. 또, 아무리 녹슬지 않는 기수문화가 있다 해도 나만 중심을 잘 잡고 있으면 좋지 않은 면은 걸러내고 좋은 면은 '자기변화'로 연결시킬 수 있을 겁니다.

나중에 페이스북을 통해 그 친구로부터 쪽지가 왔다. 그는 실제로 해병대 수색대로 지원해 테스트를 통과하고 수색대원이 되었으며 수색교육 또한 잘 마쳤다고 한다.

"너도 할 수 있다"는 말을 들어야만 용기가 났던 걸까? 사람들은 이루고 싶은 소망이 있으면 자꾸 주변에서 그것을 하라는 말을 듣고 싶어 한다. 사실 다른 이로부터 긍정적인 이야기를 듣는다고 문제가 해결되는 건 아닌데도 말이다. 반대로, 부정적인 말을 듣는다고 절대 할 수 없는 것도 아니다. 다시 말해, 모든 건 결국 자신의 신념과 행동에 달린 것이다.

해병대 지원은 5분 만에 끝났다

나는 평소에도 '해병대에 지원하려면 어떻게 해야 하느냐'는 질문을 많이 받는다. 해병대를 지원하는 방법은 정말 단순하다. 단 5분이면 해병대 입대라는 도전이 시작된다. 정말이냐고? 정말이다.

Step1. 포털사이트에서 '대한민국 해병대'를 검색한다.
Step2. 해병대 모집 페이지에서 '지원하기'를 클릭한다.
Step3. 지원서를 작성하고 제출한다.

이러면 해병대 지원이 끝난다. 물론 그 후에 체력테스트 및 면접을 통과해야 한다. 그때는 자신이 해병대에 얼마나 가고 싶은지를 충분히 보여주면 된다. 이 과정은 육해공군과 동일하다. 특별할 게 없는 것이다.

문제는 머릿속으로 이게 매우 특수한 일이라고 인식하는 데 있다. 아직 가보지도 않았으면서 그저 주변에서 주워들은 말과 내가 어디선가 어렴풋이 본 것을 가지고 '해병대는 힘들고 두렵고 엄두도 안 나는 곳이다'라고 생각하는, 그놈의 머리가 문제이다.

해병대에 지원하는 일은 실로 5분도 걸리지 않지만 해병대에 갈지 말지 고민하는 후배에게 지원하는 데 얼마나 걸리는지 아냐고 물으면 열에 아홉은 아무 대답도 하지 못한다. 지원을 어떻게 해야 하는지도 모른 채 고민만 하고 있는 것이다. 그러다 내가 해병대를 지원하는 3스텝을 알려주면 떨떠름한 표정을 짓는다. 심지어 그건 누구나 아는 것 아니냐며 따지는 경우도 있다.

그러나 저 3스텝이 너무 간단해서 허무해하는 친구들에게 말하고 싶다. 모든 일의 시작은 저렇게 간단하다. 몸무게 10킬로그램을 감량하는 일은 굉장히 어려워 보이지만 결국 첫 스텝은 지금 당장 운동화로 갈아 신고 밖으로 나가 달리는 것이다. 그 간단한 일조차 하지 않으면서 특별한 다이어트 비법을 기대하는 것은 내가 할 수 없는 이유를 계속해서 정당화시킬 뿐이다.

간단한 첫 스텝도 밟지 않은 채 생각에 빠지다 보면 '선택할 것인가 말 것인가'만 고민하다 소중한 시간마저 날리게 된다. 사실 시작은 너무나 간단한데 스스로 마음먹기까지 시간이 걸리고, 누군가의 조언을 듣고 다시 확신을 갖는 과정에서 또 시간이 걸리고, 결단을 내리지 못해 머뭇거리는 데 또 시간이 걸리는 것이다. 그러다 보면 정작 한 건 아무것도 없는데 시간은 훌쩍 지나 있고, 몸과 마음이 점차 지치면서 결국 자신감까지 상실하게 된다.

만약 해병대에 관해 문의했던 그 후배에게 내가 부정적인 이야기를 쏟아냈다 해도 그가 같은 결정을 내렸을까? 나는 그 친구가 그래도 꼭 해병대를 택했을 거라고 믿고 싶다.

지원은 간단했지만 입대 후 눈물이 앞을 가렸다

해병대 지원하고 발표가 난 지 얼마 지나지 않아 드디어 해병대에 입대했다. 입대하는 과정 또한 매우 간단했다.

Step1. 서울에서 포항행 KTX를 탄다.
Step2. 내려서 해병대 서문까지 택시를 탄다.
Step3. 입대한다.

이 3스텝이 반나절이면 이뤄진다. 서울이 포항에서 거의 제일 먼 거리에 있으니 나머지 지역에서는 그보다도 시간이 덜 걸릴 것이다. 중요한 건 입대 그 자체가 아니다. 입대는 그저 어떤 한 점을 의미할 뿐이다. 입대하는 순간부터는 완전히 새로운 세상이 펼쳐진다.

입대라는 찰나의 1초가 지나면 생전 들어본 적 없는 교관들의 목소리가 들려온다. 그리고 그때부터 훈련생들의 기를 뺏는 수많은 작업(?)이 시작된다.

'아, 이게 진짜 군대구나.'

그동안 군대를 머리로만 알았다는 것을 알게 되는 순간, 또 어디선가 명령하는 소리가 들린다. 갑자기 내 모습이 사라지기 직전까지 날 바라보던 부모님 얼굴이 아른거린다.

첫날 소등을 하고 눕자 부대 밖에 있는 한 사람, 한 사람의 얼굴이 떠올랐다. 가족, 친구, 평소에 인사도 잘 나누지 않았던 후배까지. 그들이 이토록 그리웠던 적이 있던가. 눈물이 앞을 가린다.

그래 봤자 날은 잘만 간다. 총 기상 15분 전, 아침 5시 45분에 알람 소리가 울려퍼지면 집에서는 '5분만 더!'를 외쳤던 내가 로봇처럼 벌떡 일어난다. 아무도 안 가르쳐줬는데도 갑자기 침구류를 개고 바른 자세로 앉아 있는 내 자신이 어색하기만 하다. 그런데도 끔찍한 건 아직 진짜 군대 생활은 시작도 안 했다는 사실이다. '내가 과연 여기서 잘 버틸 수 있을까?' 하루에 수백 번은 되뇐다.

그러다 보면 일주일이 간다. 그렇게 한 주, 한 주가 흐르고 총 7주가 지나면 훈련소 생활이 끝난다. 이제 끝이구나 싶지만 불행히도 아직 시작도 하지 않았다. 실무부대를 가야 진짜 시작이니까. 이병이 되고, 일병이 되고, 상병이 되고, 병장이 되는 그날을 생각하면 정말 앞이 까마득하다.

'와, 정말 살면서 이런 경험을 하게 될 줄이야! 내가 도대체 왜 여기를 오려고 했을까?'

훈련 날, 어느새 소심한 내가 튀어나와 떡하니 내 안에 자리 잡는다. 이를 어쩐다? 사실 오기 전에도 이런 상황을 예상하긴 했지만, 실제로 일이 벌어지자 기가 찰 정도로 힘들었다.

포기하고 싶은 순간은 수시로 찾아왔다. 그러나 '포기하면 내 자신에게 얼마나 부끄러울까' 걱정이 되었다. 그러면서 한편으로는 '이렇게까지 힘든데 부끄러운 게 뭐 그리 대수인가?' 싶다. 그러다 보면 나와 같은 생각을 하고 있는 것 같은 녀석들이 보인다.

'최소한 저놈이 포기할 때까지만 기다리자. 나를 뿌리째 바꾸고자 여기까지 왔으니, 네가 죽나 내가 죽나 끝까지 한번 가보자!'

해병대에는 여러 가지 특수훈련이 있다. 먼저, 해병대에서 훈련의 꽃이라고 불리는 IBS(Inflatable Boat Small, 소형고무보트라는 뜻으로, IBS대대는 고무보트를 타고 소리 없이 적진에 침투한다고 해서 기습특공대라 불린다)

해상훈련이 있다. IBS대원이 되기 위해서는 IBS기초훈련을 꼭 수료해야 한다. 계급장 없이 번호표만 달고 해안에서 약 2주간 치러지는 이 훈련은 수십 차례의 '선착순'으로 시작된다. 선착순이란 200여 명이 100미터 정도를 뛰어서 어느 지점을 돌아 다시 원위치로 오면, 처음 도착한 1인을 제외한 나머지가 다시 또 그 지점을 돌고, 다시 1인을 제외한 나머지가 계속 뛰어 최후의 1명이 다 돌 때까지 이뤄지는 훈련이다. 여기서 제외된 인원들은 쪼그려뛰기 등 기초 PT 체조(Physical Training의 약자로 군대에서 하는 체력단련 체조를 뜻함)를 쉬지 않고 한다.

이것이 끝나면 또 다른 훈련으로 이어진다. 100킬로그램이 넘는 보트를 여럿이서 타고 바다로 나갔다가 육지로 돌아온 뒤, 보트를 머리에 이고 수 킬로미터 걷기를 반복한다. 이렇게 생전 들어본 적도 없는 별의별 기초체력 훈련들이 계속 이어진다. 정말 살다 살다 사람이 이렇게까지 할 수도 있구나 싶다. 그러다 잠깐 주어지는 휴식시간은 마치 혀끝에서부터 녹아드는 초콜릿처럼 달콤했다.

뛰다가 토하는 놈도 있고, 가장 뒤처지다 혼자 기합을 받는 놈도 있다. 조교들을 보고 있으면 어디서 저런 잔인한 사람들만 모았을까 궁금해진다. 그러나 그들을 원망하고 훈련이 끝나길 바랄 틈도 없이 훈련은 이어진다. 비가 쏟아져도 등줄기에서는 아지랑이가 피어날 정도로 열이 솟고, 다리도 후들거린다. 그런데 신기하게도 호각소리만 들리면 일단 몸부터 뛰어나간다. 마치 종소리만 울려도 침을 흘리는 강아지처럼. 그런 내 모습을 보면서 호각소리는커녕 하늘이 무너져도 힘든 일은 하기 싫었던 과거의 내가 오버랩되었다.

앞서 말했지만 내가 10대 시절에 항상 갈망했던 것은 '변화'였다. 하지만 새로운 시도를 한다는 것은 여간 불편한 일이 아니었다.

'추운데 뭐하러 나가.'

'부끄러워서 도저히 못 만나겠어.'

'지금은 돈이 없으니까 안 돼.'

그땐 새로운 사람을 만나는 것도, 새로운 곳에 가는 것도 내키지 않았다. 그냥 편하게 집에 있으면 되지, 도대체 왜 굳이 어색한 자리로 날 밀어 넣어야 하는 걸까.

당시 내가 얼마나 소심했는지 아직도 생생히 기억이 난다. 그땐 사람들 앞에서 말을 해야 하는 상황이 되면, 내 이름이 불리기 직전까지 온몸의 털이 곤두서고 머리카락이 삐죽삐죽 올라오면서 심장이 미친 듯이 쿵쾅쿵쾅거렸다. 그때마다 하늘에 대고 기도했다.

'하느님, 부처님, 공자님. 다른 날은 좋으니 오늘만큼은 사람들 앞에 서지 않도록 해주세요.'

그러다 갑자기 어떤 놈이, 그것도 자진해서 일어나 능수능란하게 이야기를 뱉어내기 시작하면 괜히 부아가 끓었다.

'저 자식은 뭘 먹었길래 저렇게 말을 잘하는 거야?'

그리고 또다시 '그곳을 어떻게 빠져나갈까'만 궁리했다.

'화장실에 간다고 할까? 아니면 갑자기 부모님이 편찮으셔서 집에 가야 한다고 할까?'

이런저런 생각에 빠져 있는 순간, 들려오는 악마의 목소리.

"이동진 학생, 일어나서 말해주세요."

오, 마이 갓! 억지로 쭈뼛쭈뼛 일어난다. 얼굴이 화끈거리고 튀어나오는 대로 지껄인다. 그리고 어물어물하다 다시 자리에 앉는다.

때로는 그 상황을 견디지 못하고 도망간 적도 있었다. 그런데 신기하게도 마음이 더 편해질 줄 알았는데, 마음은 더 불편해졌다.

'야, 이 바보야! 한마디만 하면 될 걸, 그게 불편해서 도망을 가? 에라이, 이 멍청한 녀석아!'

자책하는 것마저 불편해지기 시작하면 거기서 빠져나가는 가장 쉬운 방법을 택했다. 바로 잠에 취하는 것이다.

'얼른 자야겠다. 잠에 빠지면 세상과 완전히 분리될 거야!'

이게 불과 약 10년도 채 안 된 이전의 내 모습이다. 그땐 사람들 앞에서 말할 때 사시나무 떨듯 다리를 떨지 않은 것만으로 내 자신이 참 대견스러웠다.

그때는 상상조차 할 수 없던 해병대에, 그것도 자진해서 왔는데 나를 변화시키고자 했던 결심을 저버릴 수는 없었다. 아니, 저버리고 싶어도 도망칠 수도 없었다. 나는 고된 훈련을 견뎌야만 했다.

그때 내 안에서 들려오는 목소리.

'솔직히 말해봐. 죽을 정도로 고통스러운 건 아니잖아.'

가슴에 손을 얹고 얘기하면, 사실이다. 맞다. 실제로는 죽을 것 같은데 기절도 안 하는 걸 보면 아직 견딜 만한 것이다.

내 한계라고 생각되는 지점까지 갈 때마다 알게 된 사실이 있다. 한계점이란 것은 존재하지 않는다. 기존의 내가 도달한 적이 없기 때문에 거기까지 가면 내가 쓰러질 거라고 함부로 단정 짓는 것뿐이다. 하지만 실제로 그 지점에 가면 기절은커녕 온몸의 감각이 깨어나 더 뛸 수 있는 힘이 솟아난다. 그래! 바로 이걸 배우기 위해 내가 여기까지 온 것이다!

그렇게 훈련하다 보니 다들 몸이 탄탄해지고, 식스팩을 만든 친구도 생겨난다. 이소룡의 몸은 아무나 만들 수 없다고 생각했는데, 그게 아님을 그때부터 믿게 되었다. 이렇게 에너지를 쓰는데도 식사는 늘 부족했다. 몇 숟갈만 떴을 뿐인데 항상 밥은 게 눈 감추듯이 사라져버렸다.

그때 알았다. 사람이 적게 먹고 힘을 써도 웬만해선 쓰러지지 않는다는 것을. 인간의 몸은 참말로 위대하다.

끝났을 땐 고통과 함께 희열이 찾아온다

지옥훈련이 끝난 날, 부대장님께서 마지막으로 하신 훈시가 아직도 생생하다.

"거친 파도가 뛰어난 선장을 만듭니다. 여러분들은 그간 엄청난 훈련을 잘 견뎌냈습니다. 함께하는 동안 너무 고생하셨습니다. 여러분은 지금 이 순간, 진정한 해병으로 태어났습니다. 진심으로 축하드립니다."

이 짜릿하고 짠한 순간을, 입대 첫날 어리바리했던 나는 상상조차 했던가? 훈련을 시작하기 직전, 두려워서 어찌할 바 몰랐던 이동진은 이런 환희의 순간을 예상이나 했던가? 만약 내가 너무 많은 것을 재느라고 해병대에 도전하지 않았다면, 이 행복감을 절대 맛보지 못했을 테지! 그렇게 생각하니 괜히 소름이 끼쳤다.

9인승짜리 보트에 비닐을 깔고 수십 병의 막걸리를 푼 다음, 다른 보트에는 돼지고기, 김치, 두부를 쏟아부었다. 그리고 그간 우리를 몰아세우며 혼비백산하게 했던 조교들을 하나둘씩 잡아 바다에 빠뜨리며 한을 풀었다. 고된 훈련은 그렇게 끝이 났다.

그 지옥훈련이 없었다면 이후에 새로운 도전들을 맞닥뜨렸을 때마다 많은 것을 포기했을지도 모른다. 해병대에서의 경험은 그다음 도전을 할 때 내가 뛰어넘어야 하는 하한선이 되었다.

군대에 있을 때 내가 지켰던 한 가지 규칙이 있다.

'나다 싫으면 하자!'

군대에서는 상하관계가 확실하기 때문에 항상 후임병이 나서서 귀찮고 힘든 일을 도맡아서 해야 한다. 아주 긴급하고 중요한 일이라면 상급자가 해야 하지만, 그 외에 자질구레한 일들은 후임병이 해야 하는 것이다.

그런 잡일을 처리하다 보면 정말 귀찮고 짜증이 난다. 그러나 어차피 누군가가 해야 하고, 특히 후임이 꼭 해야 한다면, 내가 나서서 하자는 게 내 신조 중 하나였다. 그 일이 오늘 하루를 얼마나 고달프게 만들지는 따지지 말고 내가 해야 하는 일이라고 판단되는 순간, 그냥 내가 한다고 해버리는 것이다. 그러면 다른 사람 눈치를 볼 일도, 미움을 받을 일도 없어지며, 게을렀던 사람도 점차 부지런해진다.

『21일 공부모드』(정철희, 밀리언하우스)란 책을 보면 일반적으로 습관을 만드는 데에는 대략 21일 정도가 필요하다고 한다. 그 말인즉슨 어떤 일이든 3주 동안 매일 하고 나면 '이걸 꼭 해야지!' 하는 의지를 갖고 할 필요는 없어진다는 뜻이다.

그러니 일단 3주만 버텨보자! 몸이 기억하는 순간, 생각을 컨트롤하는 데 쓰는 에너지가 적어진다. 다시 말해, 그 일을 하는 데 무감각해지는 것이다. 무뎌진다는 것을 나쁘게 볼 수도 있지만, 내가

Part1. 모든 도전은 3스텝 안에 끝난다 **043**

나를 올라섰다고 해석할 수도 있지 않을까?

나를 넘고 싶다면, 일단 시작하자. 그리고 움직이자. 그게 뭐가 되었든, 포기해도 좋으니 제발 시작하자. 그러면 자연스럽게 내 안에 숨겨진 엄청난 힘을 발견하게 될 것이다. 도전하는 당신은 강하다. 잊지 말자.

◐ 히말라야

일단 중대장님부터 찾아갔다

군인 신분으로 어떻게 오지탐사대에 지원했을까

'세 차례의 테스트'

'전역 후 4일 뒤 출국'

'갖가지 훈련 참가'

당신은 현재 말년 병장이다. 과연 군인 신분으로 위의 것들을 소화해 오지탐사대 대원이 되어 전 세계 오지로 떠날 가능성이 얼마나 있어 보이는가? 설사 군인이 아니더라도 세 차례의 테스트를 통

과하려면 높은 경쟁률을 뚫어야만 하니, 암만 생각해도 불가능해 보인다.

나 역시 그랬다. 합격하는 건 고사하고 하필 군인인 데다 부대는 서울에서 멀리 떨어진 포항에 있었으니 말이다. 그나마 좋은 조건 하나를 꼽으라면 7월 15일에 전역하는데 탐사대가 떠나는 시점은 대략 7월 중순 이후라는 것뿐. 하지만 발대식 날짜도, 탐사대가 떠나는 날짜도 확정되지 않은 데다 1차를 통과한다 쳐도 군인 신분으로 2차 면접과 3차 테스트에 참여할 수 있을지는 미지수다.

안 되는 이유들을 나열해보니 당시 내 상황에서는 99.9퍼센트 불가능해 보였다. 만약 학교를 다니고 있다면 수업을 빼서라도 참가했을 테지만 당시 내가 할 수 있는 건 아무것도 없었다.

만약 약 3개월만 더 일찍 입대했다면 마음 편히 지원할 수 있었을 텐데. 하지만 나는 내 판단에 의문을 가졌다. 내가 지원자격조차 안 되는 게 정말 사실일까? 아니다. 공고에 의하면 '1985~1992년생의 남녀라면 누구나' 참여가 가능했고, 그 외에 어떤 것에도 제한이 없었다. 그러니 군인이 지원할 수 없다는 건 내가 머릿속으로 지어낸 명제일 뿐이다.

그렇다면 뭐가 문제인가. 어느 누구도 내가 2, 3차 테스트 날 휴가를 나갈 수 없다고 이야기한 적도 없다. 게다가 나는 아직 부대에 휴가 요청도 하지 않았다. 그러니 부대에서 내 요청을 거부한 것도 아니다. 명백한 사실은 단 한 가지다. 나는 아무것도 하지 않았다는 것. 단지 아까 언급했던 상황 때문에 이건 불가능한 일이라고 머리로만 판단을 내렸을 뿐이다.

그만! 생각은 여기까지! 이 정도면 충분하다. 억울하지 않은가? 난 아무것도 안 했는데, 단지 내 조건이 조금 불리하다는 이유로 안 될 거라고 지레짐작하고 포기해버린다는 것이! 그토록 버리고 싶었던 예전의 소심한 내가 다시 컴백한 것 같았다.

사실 입대를 좀 더 일찍 했더라면 좋았을 거라는 것도 망상이다. 입대일도 그 당시엔 최대한 이상적으로 잡은 것이었다. 그땐 그 날짜가 가장 좋다고 판단했고, 덕분에 입대하기 직전까지 내가 하고 싶은 여행도 하고 친구들도 맘껏 만날 수 있었다. 그런데 이제 와서 입대 날짜를 잘못 정했다고 과거의 나를 '판단력 부족'으로 몰아붙이는 게 얼마나 우스운가.

이미 처음부터 안 된다는 전제를 깔아놓고 모든 상황을 그에 맞춰 생각했으니, 설사 준비를 한다 해도 이런 마인드라면 안 될 게 분명하다. 그 순간 나는 모든 것을 내려놓았다. 그리고 내가 처한 상황을 매우 객관적으로 바라보기 시작했다.

될지 안 될지는 모르지만 중대장님을 찾아갔다

우선, 내가 군인이든 사회인이든 서류지원을 할 수 있다는 건 명백한 사실이다. 그럼 됐다. 1차 서류전형은 자기소개서를 작성하여 인터넷으로 접수하면 끝이다. 이건 부대에서도 할 수 있는 일이다. 내가 상상할 수 있는 결과는 아무것도 없었다.

이때도 역시 내가 해야 할 일을 3스텝으로 단순화하였다.

Step1. 1차 서류전형에 합격한다.
Step2. 그전에 중대장님을 찾아가서 휴가 허락을 받는다.
Step3. 휴가 획득 후 면접을 본다.

그러나 1차에서 합격해도 2, 3차 테스트를 위해 추가적으로 휴가를 얻어내야만 한다. 허락받지 못할까 봐 두렵지 않았냐고? 사실 두려움보다는 절박함이 훨씬 컸던 것 같다.

모든 조건을 만족시키는 최상의 선택지라는 건 없다. 설사 정말 가고 싶었던 대기업에 간다 해도 엄청난 업무강도를 견뎌야 하고, 애인과 만날 시간이 줄어드는 것을 감수해야 할지도 모른다. 내가 원해서 어학연수를 갔다고 해도 그만큼 돈이 드는 것은 감내해야 한다. 결국 무엇을 선택하든 불만족스럽고 후회스러운 부분은 생겨나기 마련이다.

그렇기에 나는 날 가장 만족시킬 수 있는 것보다 '덜 후회하는 것'을 선택해왔다. 이번에도 마찬가지였다. 생각해보자. 내가 오지탐사대에 지원하려고 중대장님을 찾아가는 것도 사실 말년 병장이기에 가능한 것이다. 어쨌든 일말의 가능성이 있는 이런 운 좋은 상황에서 휴가를 허락받을 수 있을지 아닐지는 생각할 사안이 아니다. 나는 아무것도 하지 않는 대신 내가 할 수 있는 만큼 시도라도 해보는 길을 택한 것뿐이다.

그래서 나는 중대장님 앞에서 쫄지 말고 하고 싶은 말만큼은 다 할 수 있게 해달라고 기도했다. 그렇게까지 했는데도 허락을 받지 못하는 건 상관없다. 적어도 후회는 없을 테니까. 그러니 지금 내가 해야 할 일은 보고체계를 지켜서 휴가를 얻어내는 것뿐이었다.

이 작업은 1차 서류를 제출하자마자 이뤄졌다. 먼저 소대장님께 말씀드리고, 이어서 중대장님을 찾아갔다.

"무슨 일이야, 동진아."

"중대장님, 저는 사회에 나가기 앞서 전역하자마자 히말라야에 가고 싶은 마음에 오지탐사대에 지원했습니다. 총 세 차례의 테스트를 거쳐야 하는데 2차와 3차는 서울과 다른 지방에서 치러집니다. 당장 휴가가 필요하여 중대장님께 보고를 드리게 되었습니다."

그리고 곧 이런 말이 쏟아질 것을 각오했다.

"말년 병장이면 조용히 사회로 나갈 생각을 해야지, 쓸데없이 왜 그런 걸 하는 거냐!"

게다가 중대장님을 보니 정말 '기가 막히다'는 표정으로 날 쳐다보고 계셨다. '안 되겠구나' 하고 마음을 접으려 했다. 그때였다.

"전 세계 오지로 떠난다고? 이야, 나도 정말 그런 거 한번 해보고 싶었는데! 동진아, 너 그런 건 어떻게 알고 지원했냐?"

어라, 이거 반전이잖아? 중대장님은 내가 지원했던 서류를 차근차근 보시면서 그동안 내가 동아마라톤, 철인삼종대회 등에 여러 가지 도전을 해온 것을 알고는 나보다 더 흥분한 듯했다.

"지금은 부대에 별일이 없으니 면접 날에 맞게 휴가를 나갈 수 있도록 도와주마. 그런데 그전에 대대장님께 보고를 드려야만 하니, 일단 1차에 합격하면 즉시 내게 알리도록 해. 그때 바로 보고를 드리마!"

그러면서 오른손 엄지손가락을 치켜세우셨다. '의외로 긍정적으로 검토해주시지 않을까' 하는 희망을 가졌던 것도 사실이지만, 이렇게까지 적극적으로 응원해주실 줄은 상상도 못했다.

며칠 뒤, 1차 테스트 결과가 발표되었다.

'1차 서류 합격.'

야호! 합격 사실을 확인하자마자 중대장님께 보고를 드렸고, 대대장님께도 보고가 올라갔다.

하지만 대대장님은 장병들의 휴가도 조금만 문제가 생기면 바로 취소하기로 유명한 분이었다.

점심 식사가 끝나자, 대대장님께서 날 찾으셨다. 휴. 심호흡을 했다. 그래, 지금 와서 뭘 어쩌겠는가. '된다, 안 된다'는 생각하지 말자. 노크를 하고 들어가 큰소리로 경례를 하고 나니 대대장님이 입을 여신다. 가슴이 콩닥콩닥거렸다.

"마라톤, 철인삼종대회, 뮤지컬 동아리, 사막 봉사활동이라……. 동진아, 너 언제 이런 걸 다했니? 도전정신이 정말 대단하구나! 내가 널 몰라보고 있었네."

헐! 생각지도 못한 반응이었다.

"그래, 중대장이 준 보고서는 다 봤다. 중대장한테 말년휴가랑 포상휴가 받은 거 잘 나눠서 테스트가 있을 때마다 나가게 해주라고 지시해놓을 테니 잘하고 와!"

와, 정말 기적 같은 일이 일어나긴 하는구나!

"감사합니다, 대대장님!"

막상 간절히 원했던 것이 주어지니 믿기 힘들었다. 나는 벌써 오지로 떠난 것 같았다. 오지탐사대에 선발되는 것보다도 이렇게 휴가를 얻어낸 것이 더 믿을 수 없었다. 그렇다. 생각하면 되는 것이 아니라 행동하면 되는 것이다. 머리로 생각했을 때만 해도 지금 이 상황은 말도 안 되는 일이었다. 그런데 부정적인 생각을 버리고 직접 부딪히니 하늘도 나를 도와주는 것 같았다.

이처럼 나에겐 너무나 많은 운이 따라주었다. 만약 그날따라 중대장님의 심기가 불편하셨다면? 국가에 비상이 걸렸거나 하필 그때 중요한 훈련 일정이 잡혀 있었다면? 이런 상황이 하나라도 걸려 있었다면 그와 같은 일은 일어나지 않았으리라.

그때 나는 안 될 일은 어떻게 해도 안 되지만, 될 일은 어떻게든 된다는 사실을 깨달았다. 그러니 섣불리 결론을 내리고 시작 전부터 포기하지는 말자. 완벽한 상태에서도 갑작스러운 사고 때문에 일을 그르칠 수 있고, 누가 봐도 어려운 상황에서도 최고 결정권자에 의해서 모든 것이 뒤바뀌는 경우도 있다. 그러니 한 가지만 기억하면 된다.

'내가 할 수 있는 것을 일단 시작한다.'

그것뿐이다. 그렇게 불가능해 보이는 일이 현실로 일어나고 나니 2, 3차 테스트 때는 정말 죽기 살기로 했다. 어떻게든 되게 만들고 싶었다. 하늘이 준 이 기회를 놓칠 수는 없었다. 그리고 드디어 최종합격자 발표 날이 왔다.

"오지탐사대 파키스탄 K2-곤도고로라 팀에 합격하셨습니다."

오지탐사대 공식 홈페이지에 있는 파키스탄 팀 명단에 당당히 '이동진' 석 자가 올라와 있었다. 믿을 수 없었다.

하기 전까지는 그 어떤 것도 장담하지 말자

'말년 병장이 세 차례의 테스트에 참가하여 오지탐사대 단원으로 선발되는 것은 불가능하다'는 명제는 거짓이었다. 그런데 난 왜 함부로 불가능하다고 생각했을까? 이 일을 통해 내가 그동안 생각이란 놈에게 얼마나 놀아났는지 새삼 깨닫게 되었다. 그놈의 생각 때문에 지레 겁부터 먹고 시도조차 못한 일들이 얼마나 많았을까 생각하니 분하기까지 했다.

오지탐사대를 지원하면서 나는 무언가를 바라볼 때 관점을 전환시키는 일이 얼마나 중요한지 깨우칠 수 있었다. 내가 뭔가를 하고 싶을 때 '될까 안 될까'를 논하는 일에 너무 많은 힘을 쏟진 말자. 일단 행동으로 옮기고 나서, 그것이 될 수 있도록 열과 성을 쏟자.

'별것도 아닌 거 가지고 엄청난 걸 이룬 사람처럼 말하고 있네'라고 생각한다면, 그런 마인드가 바로 당신을 시작 전부터 포기하게 만드는 가장 큰 이유라고 생각한다. 변화는 매우 사소한 시도에서부터 시작되기 때문이다.

재밌는 사실은 오지탐사대 파키스탄 팀에 있던 김일영이라는 친구도 군인 신분으로 2010년도 오지탐사대에 선발되었다는 것이다. 여담이긴 하지만 놀랍게도 그와 나는 같은 날 입대하여 같은 날 전역한(소속은 달랐지만) 입대 동기였다.

그 또한 나와 비슷한 과정을 겪었을 것이다. 나만 그랬다면 그저 운이 억세게 좋았다고 볼 수도 있지만, 이런 케이스가 더 있다는 건 군인이 오지탐사대에 지원해서 합격하는 일이 절대 불가능한 건 아니라는 사실을 보여주는 증거가 아닐까?

혹시 당신도 군인이라는 이유로 책 읽을 시간이 없다며 허송세월을 보내고 있지는 않은가? 혹은 휴학생이니까 오후 1시에 일어나 컴퓨터 앞에서 하루 종일 게임하는 것은 괜찮다고 정당화하거나, 전과생이라서 전공시험을 못 보는 건 당연하다고 여기고 있지는 않는가? 어학연수를 가놓고 한국인이라 현지인과 어울리는 건 너무 힘들다며 한국인 친구들과 매일 놀러다니고 있지는 않는가? 즉, 어떤 불리한 조건을 탓하며 무언가를 쉽게 포기하거나 최대한 보류하고 있지는 않느냔 말이다.

하지만 당신을 못 하게 만드는 이유가 생각보다 쉽게 해결되는 문제일 수도 있다. 어떻게 아냐고? 나처럼 부딪혀보면 된다. 앞으로는 관념에 빠진 생각이 아닌, 살아 움직이는 행동을 믿자. 행동으로 옮겨지지 않은 생각은 영원히 가짜일 뿐이다. 도전은 결코 상상으로 하는 것이 아니다. 몸으로 부딪히지 않으면 그건 죽어 있는 단어일 뿐이다.

'생각하는 대로 살지 않으면, 사는 대로 생각하게 된다.'

이 말을 처음 들었을 땐, 사실 굉장히 무서웠다. 별생각 없이 그저 주어진 대로 시간을 보내는 일이 많았기에, 이 말대로라면 '내 인생이 정말 아무것도 아닌 것이 될 수도 있겠구나' 하는 경각심이 들었던 것이다.

하지만 이보다 더 무서운 건 따로 있었다. 솔직히 생각 없이 그냥 주어진 일만 적당히 하고 살아도 어떻게든 살아갈 수는 있을 것이다. 별 고민 없이 사는 친구를 보면서 '참 살기 편하겠다'고 생각하며 부러워하는 일도 있지 않은가.

하지만 행동을 하지 않으면 어떻게 될까? 난 사람은 생각 없이는 살 수 있어도 행동 없이는 살 수 없다고 생각한다. 그건 거의 죽어버린 것과 다름없다. 생각이 없으면 '사는 대로 생각이라도 할 수' 있겠지만, 행동이 없으면 사람은 죽어버린다.

돌이켜보면 끝없는 생각은 용기를 주긴커녕 나로 하여금 더 많은 위험요소를 들먹거리게 하고, 어느 순간 내가 할 수 없는 이유를 정당화하게 만들었다.

그러나 내가 누구이든, 어떤 일을 하든, 외모가 어떻든 우선 저지르고 나면 그다음은 '걸림돌을 어떻게 해결할 것인가'에 더 집중하게 된다. '왜 안 되는가'가 아니라 '어떻게 되게 만들 것인가'를 생각하는 뇌가 더 활발히 작동하는 것이다.

따라서 하고자 하는 게 있다면 지금 그냥 그걸 하면 된다. 시작을 하는 것만으로도 자신감을 가질 수 있을뿐더러, 두 번째엔 처음보다 좀 더 나아진 자신을 보고 놀라게 될 것이다. 빨리 해보고 싶지 않은가? 하고 싶은 게 있다면 당장 해보자! 안 되면 또 해보자! 결과가 어떻든 행동하는 것만으로도 자신감을 얻을 수 있다는 사실만큼은 내가 확신할 수 있다.

눈앞에서
죽음을 목격한 그날

죽음의 현장에서 느낀 도전의 허무함

전역 후 4일 뒤. 나는 파키스탄의 수도, 이슬라마바드행 비행기에 몸을 실었다. 그리고 닷새 만에 우리가 출발할 지역, 히말라야 산맥의 아스콜리에 도착했다. 설산이 선명하게 눈에 들어왔다. 그 거대함에 압도당한 내 가슴도 뜨겁게 타올랐다.

히말라야! 텔레비전과 사진 속에서만 보던 그 아름다운 히말라야와 내가 이렇게 마주하게 될 줄이야! 높고 낮은 봉우리가 즐비한 가운데 그 위로 거대한 보름달이 덩그러니 떠 있었다. 저 달은 한국에서 보던 달과 같은 달일 텐데, 왜 이렇게 낯선 걸까. 노란 달이 차디찬 얼음덩어리처럼 느껴졌다.

밤이 깊어질수록 히말라야의 차가움이 내 혈관까지 얼어붙게 만들 것만 같았다. 나는 간절히 기도했다.

'달님, 제발 이 산이 저를 내치지 않게 해주세요. 포기하지 않고 올라갈 수 있도록 저를 지켜주세요.'

다음 날 아침, 텐트에서 저절로 눈이 떠졌다. 일어나자마자 출발 준비를 마치고 식사를 했다. 두려움 반, 설렘 반을 안고 현지의 안전산행 주문을 외웠다.

먼저 현지 대원이 선창했다.

"나레 헤드릭."

그다음, 전 대원이 후창했다.

"얄리 얄리 얄리 마닷."

마지막으로 파이팅을 외친 후, 우리는 출발길에 올랐다.

몇 시간쯤 걸었을까. 갑자기 후발대에서 무전이 왔다. 부대장 형이 외쳤다.

"대장님! 무슨 일입니까?"

"빨리 로프를 최대한 많이 가져와! 그리고 대원 세 명만 후발대로 보내! 지금 포터(교통수단이 없는 히말라야 같은 곳에서 일정 지점까지 원정

대의 짐을 운반해주는 현지인) 한 명이 10미터 아래로 추락했어!"

긴급 상황이다! 순간 모두 얼음이 되었다. 대장님 말씀대로 대원 세 명이 로프를 들고 출발했다. 그중 나도 포함되었기에 얼른 빠른 걸음으로 왔던 길을 되돌아갔다.

그곳에 도착하니 포터들과 가이드, 대장님이 추락한 포터를 구조하고 있었다. 그가 걸쳐 있는 곳 바로 옆에는 폭이 족히 10미터는 돼 보이는 거대한 계곡으로 물이 쏟아지고 있었다. 그 물줄기에 휩쓸려 내려가지 않은 게 천만 다행이지만, 구조한 포터의 상태는 이루 말할 수 없을 만큼 심각해 보였다. 다리 한쪽이 살짝 돌아가 있었고, 한쪽 눈알은 튀어나오려고 했으며, 복부 쪽 상처에선 끝없이 피가 흘러나오고, 입으로도 피를 토하고 있었다.

그렇게 위급한 상황인데도 마땅히 치료할 방법이 없었다. 지혈을 한다 해도 돌아간 다리며, 피를 토하고 있는 그 상황을 어떻게 해결한단 말인가.

원정대 대장으로서 많은 경험을 하신 대장님도 맥박을 재거나 호흡 유무를 확인하는 것 외에는 전혀 손쓸 길이 없었다. 어떻게라도 목숨을 살리기 위해 지팡이를 모아 들것을 만들었지만, 이미 약 3시간 동안 산길을 걸어 온 데다, 되돌아간다 쳐도 또 거기서부터 차를 타고 몇 시간을 내리 달려야만 겨우 작은 병원에 도착할 수 있었다. 게다가 하루에 고작 몇 달러만 가지고 생활하는 그들에게 헬기를 부르게 하는 것 또한 불가능한 조치였다.

무력함을 느꼈다. 내가 할 수 있는 거라고는 아무것도 없었다. 들것에 그를 실었는데 얼마 가지 못해 피를 더 토하기에 그를 다시 땅에 내려놓았다.

그게 마지막이었다. 그는 그렇게 숨을 거두었다. 구조 후 이 모든 일이 고작 15분도 채 걸리지 않았다. 출발한 지 불과 3시간 만에 한 사람이 히말라야의 신들 곁으로 돌아간 것이다. 그가 숨을 거둔 직후, 우리는 모두 얼어붙은 듯 가만히 서 있었다. 어떤 소음도 들리지 않았다. 대자연의 침묵이 우리를 더 무력하게 만들었다.

삶이라는 것이 이토록 가벼웠던가. 간다는 얘기조차 하지 못하고 그렇게 가버리는 것이 인생이라면, 도대체 나는 무엇을 위해 이토록 악을 쓰며 불편한 도전을 해야 하는 걸까? 갑자기 모든 게 허무해졌다.

그의 소식을 듣고 후발대에서 포터들이 달려왔다. 그들은 그를 보자마자 무릎을 꿇고 오열했다. 그 모습을 보고 있자니 마음이 너무 아팠다. 그러나 이번에도 역시 아무것도 할 수 없었다.

그런데 이상하게도 한국에서 주변 어르신들이 돌아가셨을 때와는 느낌이 좀 달랐다. 같은 죽음의 현장인데도, 가슴이 찢어지고 눈물이 쏟아지기보다 침착하게 그 모습을 지켜볼 수 있었던 것이다.

'그는 산으로 다시 돌아갔구나.'

예정되었던 일정은 취소되었고, 우리는 사고 지점으로부터 멀지 않은 코로폰 캠프사이트에서 하루를 보내기로 했다.

그날 밤 오만 가지 생각에 휩싸여 잠이 오질 않았다. 날 변화시키겠다고 치열하게 도전했던 것들이 계속 허무하게 느껴졌고, 어떻게 사는 게 맞는 건지 도통 갈피를 잡을 수 없었다. 그래서 나는 도대체 내가 왜 여기까지 오게 되었는지를 따져보기로 했다. 히말라야의 시작, 그것은 10대에 있었던 그 사건이었다.

10대 시절, 날 한없이 작아지게 만든 사건

지금의 나를 아는 분들의 대부분 내가 매우 적극적이고 외향적인 사람이라고 생각하지만 어린 시절의 나는 이와 딱 반대였다. 나는 소심하고 존재감 없는, 그래서 매사에 자신감이 없던 그런 아이였다. 그리고 초등학교 시절, 그런 나를 더더욱 작아지게 만든 사건이 터지고야 말았다.

초등학교 4학년 때 전학을 하고, 새로운 학교에 배정되어 새로운 반에 들어섰던 그날. 정말 모든 것이 낯설었다. 당시 또래보다 키도 작고 왜소했던 나는 본능적으로 당당해 보이려고 노력했다. 첫날은 어떻게 지나갔는지도 모르게 흘러갔다.

둘째 날도 학교에서는 아무 일도 일어나지 않았다. 그런데 그날 하굣길에서 앞으로 나의 10대를 지배하게 될 사건이 터졌다. 열 명 정도 되는 한 무리의 아이들이 뒤에서 다가오더니 날 조용히 불러 세운 것이다. 얼굴을 보니 같은 반 친구들이었다. 그때 한 아이가 나를 노려보며 다짜고짜 몇 마디를 던졌다. 그 순간 아무 소리도 들리지 않고 내 심장은 금방이라도 폭발할 것 같았다.

너무 두려웠다. 이 모든 게 꿈이길 바랐다.

'나는 아무 잘못도 없는데 도대체 나한테 왜 이러는 거야!'

그 애들은 아파트 세 동으로 둘러싸인 주차장으로 따라오라고 했다. 나를 부른 녀석이 가장 먼저 시비를 걸었다. 그놈이 우두머리인 것 같았다. 계속 뭐라 뭐라 하는데 도통 알아들을 수가 없었다. 그 애는 주변에 사람들이 지나가는 게 거슬렸는지 공터 옆에 있는 지하주차장 안쪽으로 다시 따라 들어오라고 했다. 그곳은 다른 사람의 시선이 완전히 차단되는 공간이었다. 들어가자 바로 문을 쿵 닫고, 또다시 알 수 없는 말을 퍼부어댔다. 미쳐버릴 것 같았다. 예전에 살던 곳에서 알던 친구들과는 전혀 달랐다. 그들은 깡패와 다를 바 없었다.

얼마나 있었을까. 밖으로 나오자 그들은 다시 한 번 나를 위협했다. 내 몸에 손을 대진 않았지만, 뒤에서 갑자기 허공에 대고 날아차기를 하는 등 계속해서 위협적인 액션을 취했다. 그리고 마지막으로 이렇게 말하고는 그 자리를 떠났다.

"앞으로 조심해라."

수치심과 울분, 답답함이 교차했다. 코너만 돌면 우리 집 아파트가 보이는데, 불과 30초 정도면 닿는 그 거리가 얼마나 멀게 느껴졌는지 모른다. 내 발이 어디로 가는지도 모르게 터벅터벅 집을 향해 걸어갔다. 당장이라도 멀리 도망가고 싶었다.

당시 내 나이 10살이었고, 전학 온 지 고작 둘째 날이었다. 내가 잘못을 했다면 얼마나 큰 잘못을 했겠는가. 내가 한 거라곤 이틀 동안 교실에서 조용히 앉아 있었던 것뿐이었다.

하지만 나와 같은 날 전학 온 또 다른 친구는 반 아이들과 아주 잘 지내고 있었다. 그 애는 매우 활발했고 나보다 키가 20센티미터는 더 커 보였다. 아무래도 나의 조용한 성격과 왜소한 모습이 이 모든 일의 원인인 것 같았다.

'내가 만만해 보였던 거구나.'

그 후에도 이런 일은 두세 번 정도 반복되었다. 부모님뿐 아니라 선생님에게도, 정말 아무에게도 말하지 않았다. 아니, 못 했다. 그냥 말해버릴 수도 있었지만 이런 일을 또 당할까 봐 무서웠다. 그저 부모님께 '다시 전학가고 싶다'는 말만 되풀이했을 뿐, 학교에 가는 것이 죽기보다 싫었지만 갈 수밖에 없었다. 그때부터 사람에 대한 두려움과 공포가 생겨났던 것 같다.

지금은 학교폭력이 워낙 심각해 내가 겪은 일은 아무것도 아니라고 생각하는 독자도 있을 것이다. 하지만 폭력의 정도가 그 사람의 상처의 수준을 좌우한다고 생각하지는 않는다. 실제로 누군가에게는 아무것도 아닐지도 모르는 그 사건은 나의 10대를 지배하는 큰일이 되었다.

그 당시 나는 거울 보는 것을 무서워했다. 그냥 내 자신을 바라보는 것 자체가 싫었다. 그런데 그렇게 나를 싫어하면서도 한편으로는 제발 내가 변하기를 바라고 또 바랐다.

학년이 올라가고 중고등학교에 진학했을 때는 친구들과도 별 탈 없이 잘 지냈고 반장, 부반장을 맡는 일도 있었다. 특별히 사고를 치거나 말썽을 부리지도 않았기에 겉으로는 모든 것이 순조로운 듯했다. 그러나 가슴속 한 구석에는 새로운 시도를 두려워하고 사람들 앞에서 당당하지 못한, 소극적이고 자신감 없는 내가 항상 자리 잡고 있었다.

나는 이런 나를 어떻게든 변화시키고 싶었다. 그러나 도대체 뭘 어떻게 해야 할지 감이 잡히질 않았다. 한 해 한 해 흐를수록 내 몸은 훌쩍 자라고 있었지만, 내 마음의 일부분은 아픈 기억 속에 갇혀 있었다. 마치 새장 문이 열리길 갈구하지만 막상 문이 열리면 나가기를 머뭇거리는, 오래 갇힌 새처럼.

하굣길에서 일어난 그때 그 사건은 계속 나를 아프게 했다. 그들을 완전히 용서하기까지 약 8년이란 시간이 필요했다. 어찌 됐든 날 괴롭혔던 그 아이들에 대한 분노는 시간이 지날수록 점차 사그라졌다. 그러나 당시 겁에 질려 아무것도 하지 못한 내 자신에 대한 증오는 점점 커져만 갔다. 이 기억의 조각은 더 나아가고자 하는 나를 계속해서 쿡쿡 찔러댔다.

10대 시절, 난 생각 속에 갇힌 소년이었다. 공부도, 운동도 뭐 하나 제대로 열심히 한 기억이 없다. 늘 중간만 가면 된다고 생각해 몸을 사렸으니 무미건조하기 짝이 없는 사춘기 시절을 보내야 했다. 하지만 그러면서도 가슴속에서는 나를 완전히 바꾸고 싶다는 욕망이 꿈틀대고 있었다. 그리고 항상 생각했다.

'나는 왜 이 모양일까?'

'나는 왜 저 친구처럼 되지 못할까?'

'도대체 뭐가 문제일까?'

당시 나에겐 답도 없고 끝도 없는 이런 생각에서 빠져나올 여력이 없었다. '머리가 아프도록 생각하다 보면 답이 나오지 않을까?' 하는 희망을 가져보기도 했지만, 나는 좀처럼 변하지 않았다. 너무 많은 고민과 생각은 오히려 나를 점점 더 위축시켰다.

할 수만 있다면 지금의 나를 죽이고 완전히 새로 태어나고 싶었다. 정말 꼭 그렇게 하고 싶었다. 그때부터 나는 내가 생각하는 이상적인 어른상(像)을 그리기 시작했다.

나는 말과 행동이 가볍지 않으면서, 다른 사람에겐 관대하고 나에겐 엄격한, 의리 있고 자신감 넘치는 '청년 이동진'을 상상했다. 그리고 누군가와 싸워서 이기기보다 내 자신을 꼭 넘어서는 그런 사람이 되고 싶었다. 즉, 외적인 것에 흔들리지 않고, 자신의 신념대로 사는 사람을 꿈꾸었다. 오랫동안 다른 사람으로 인해 힘들었던 기억이 있었으니까.

내가 뼛속까지 변화하기를. 소심함을 버리고, 당당하고 당찬 사람으로 거듭나기를. 또 무엇이든 두려워하지 않고 도전할 수 있는 용기를 갖게 되기를. 나는 그렇게 간절히, 아주 간절히 소망했다.

그의 죽음이 나에게 남긴 메시지

나를 변화시키기 위해 내가 했던 것은 '불편한 상황' 속으로 들어가는 것이었다. 내가 편하다고 생각되는 상황 속에서는 어떤 변화도 일어나지 않을 테니까. 내 소심한 성격이 불편해 할 만한 도전을 해야만 내가 변할 수 있다는 건 자명한 사실이었다.

그렇다. 거슬러 올라가면 나를 변화시키고자 하는 그 욕망이 결국 이전의 나는 상상도 못할 이곳, 히말라야에까지 이끈 것이다. 그런데 그렇게 용기를 낸 지 얼마 지나지 않아 히말라야에서 죽음을 목격하고 혼란에 빠져야 했다.

질문은 꼬리에 꼬리를 물었다.

나는 도대체 무엇을 위해 도전하는가? 나를 변화시키기 위해서이다. 그렇다면 왜 나를 변화시켜야 하는가? 내 삶의 주인으로 살고 있지 않기 때문이다. 그렇다. 나는 내가 원하는 방향대로 내 삶을 이끌기 위해서 도전을 하고 있는 중이다.

그렇다면 또 질문. 내가 이렇게 날 변화시키는 과정 속에서 당장 목숨을 잃는다 해도 후회하지 않을 자신이 있는가?

'……'

바로 대답이 나오지 않았다. 학교에 있을 때는 죽음에 대해서 생각할 일이 거의 없었다. 아니, 많이 아프거나 생존의 위협을 받는 위급한 상황에 닥치지 않는다면 죽기 전까지 그런 질문을 던질 일조차 없을지도 모른다.

하지만 여기는 히말라야가 아니던가? 많은 산악인이 세계의 지붕에 발자국을 남기려다 아까운 생을 마감했다. 게다가 나는 오늘 한 사람이 순식간에 세상을 떠나는 과정을 보고 말았다. 그렇다. 나는 생사를 걸고 싸워야 하는 곳에 와 있는 것이다.

도전하는 삶을 살기로 결심한 이후부터는 주도적으로 나만의 삶을 만들어가고 있다는 사실에 행복을 느끼며 살아왔다. 그 자체만으로도 내겐 어마어마한 변화였다. 그래서 그 과정이 아무리 힘들어도 좋았다. 누군가를 어설프게 쫓아가려 하거나 누군가가 시킨 일을 하면서 살아가는 것보다는 훨씬 행복하다고 확신했다.

그런데 오늘 그 포터의 죽음은 내게 말해줬다. 이제 거기서 한 단계 더 성장해야 하는 시간이 되었다고. 지금까지는 소심한 나를 없애기 위해 억지로 불편한 상황 속에 뛰어들었다면, 이제는 지금이 아니면 안 되는 것, 내가 정말로 하고 싶은 것을 해야 하는 때가 왔다고 말이다. 이제 더 이상 그 일이 나를 변화시킬지 아닌지는 중요한 사안이 아닌 것이다.

나는 이미 2년간의 해병대 생활을 통해 소심함, 우유부단함, 수줍음 따위와는 많이 멀어졌다. 내 성격적 결함으로부터 많이 자유로워진 것이다. 하지만 그걸 잘 인지하지 못했다. 그래서 도전의 이유는 여전히 나를 '변화'시키는 것에만 초점이 맞춰져 있었다.

따라서 이제 도전의 의미도 한 스텝 더 나아가야 한다. 덧셈, 뺄셈을 마스터했으면 곱셈, 나눗셈을 배워야 하는 이치처럼 말이다.

사고 현장에 있었던 10여 명의 사람들은 같은 장면을 보았지만 모두 다른 생각을 했을 것이다.

'포터가 운이 나빴어. 젊은 나이에 정말 안됐어.'

'그냥 그게 그의 운명이었던 거야.'

'앞으로 정말 조심해야겠어.'

'가족들은 얼마나 슬플까?'

누구의 생각이 틀리고 맞는지는 중요하지 않다. 각자 자신의 상황과 처지에 맞는 생각을 했을 뿐. 그리고 모두 나름의 깨달음을 얻었을 것이다.

다만 나는 그때까지 내 삶의 테마가 '변화'였기에, 도대체 왜 이토록 변화를 추구하고 도전하며 살아야 하는가를 생각하는 게 매우 자연스러운 수순이었을 뿐이다.

나는 처음으로 왜 내가 10대 시절 늘 재고 따지고 망설이며 과감히 저지르지 못했을까 곰곰이 생각해보았다.

첫째, 절박함이 없었다. 항상 무언가를 하고 싶다는 생각만 했을 뿐 현실적으로 불가능하다고 단정 지었다. 당시 나에게 꿈이란 있으면 부담스럽지만 없으면 허전한 그런 것이었다.

둘째, 누구나 언젠가 반드시 죽는다는 진리를 잊고 살았다. 내일 당장 죽을 수도 있는 건데 으레 인생에는 늘 연습할 시간이 있다고 생각했다. 나는 어떤 일이든 언젠간 할 수 있을 거라 믿으며 실행을 보류했던 것이다.

셋째, 선택의 기준을 외부에서 찾았다. 어떤 것을 했을 때 쪽팔리거나 부모님이 반대하실 것 같으면 그만두었고, 하기 싫어도 선생님이나 친구가 꼭 해야 한다고 말하면 억지로 했다.

물론 다른 사람의 시선과 의견도 중요하다. 하지만 결국 삶의 모든 문제는 '내 자신'의 문제이다. 가장 중요한 것은 '진짜 내'가 선택한 것을 하는 것이다. 아무리 권위가 있고, 영향력이 크고, 모두가 선망하는 멘토가 반대한다 해도 그것은 참고사항일 뿐이다. 한 번 사는 인생에서 우리가 첫 번째로 들어야 하는 것은 내 안의 목소리이다.

포터의 죽음은 나에게 지금 이 순간에 해야 할 일은 절대로 미루지 말라고 말해주었다. 당장 내일 내가 어떻게 될지도 모르는데 더 이상 재고 따지면서 저울질을 해야 할 이유가 없는 것이다.

내 운명을 알 수 없기에 허무해하고 두려워해야 하는 것이 아니라, 그렇기에 주어진 것에 감사하며 하루라도 더 내 사명을 다하기 위해 노력해야 한다. 나는 이 점을 결코 잊지 않기로 했다.

정상에 올라야만
알게 되는 것들

고산병과 사투를 벌이다

등반 4일 차. 거의 해발 4000미터에 다가가는데, 몸이 이상해지는 걸 느꼈다. 속이 안 좋아지는가 싶더니, 갑자기 장에 탈이 나면서 먹는 족족 설사로 배출했다. 고산병에 걸린 것이다.

하지만 최소한의 영양분은 섭취해야 했으므로 향이 강하지 않은 국물만으로 하루를 버텼다. 잠시라도 쉬는 시간이 오면 하늘을 보고 대자로 뻗었다. 몸이 천근만근이 되니 갑자기 산이 너무나 무서웠다. 처음 오지탐사대를 지원할 때의 설렘은 온 데 간 데 사라지고 두려움만이 나를 지배하고 있었다.

나는 현 지점에서 출발지까지 되돌아갈 때 걸리는 시간과 앞으로 계속 갔을 때 마을에 도착할 시간 중 어느 것이 빠를지 계산해보았다. 하지만 이내 곧 마음을 접었다. 뒤로 돌아가기에는 이미 너무 많은 길을 걸어온 데다 함께 가는 동료들을 보니 무조건 가야만 한다는 걸 깨달았기 때문이다. 내가 여기서 쉬게 되면 모두 나 때문에 시간을 낭비할 테니까.

물론 사람 목숨이 달린 문제인데 지금 다른 사람 사정을 따질 때냐고 스스로에게 묻기도 했다. 그러나 여전히 다른 사람을 배려하는 걸 보니 아직은 살 만한가 보다.

나에게도 이렇게 순식간에 고산병이 찾아올 줄이야! 게다가 같이 간 사람 중에 고산병을 겪는 사람은 나 빼고 한 명뿐이었다.

밤이 되자, 불행히도 상황은 더 심각해졌다. 반팔 위에 긴팔 옷, 고어텍스에 파카까지 껴입고, 내복에 반바지, 두 벌의 긴 바지로도 모자라 방수바지까지 입고서 몇 겹의 양말을 신은 채 침낭 속으로 들어갔는데도 뼛속까지 시려왔다.

'이대로 얼어버리는 건 아니겠지?'

신음소리가 절로 나왔다. 지금 내가 가지고 있는 이 온기만큼은 빼앗지 말아달라고 하늘에 기도했다. 동료들이 곁에 있었지만, 홀로 고통과 싸우고 있노라니 너무나 외로웠다.

흔히 인생은 외로운 거라고들 한다. 그게 무슨 뜻인지 조금 실감이 났다. 아무리 옆에 사람이 있고, 그들이 날 도와준다 해도 실제로 고통을 견디고 감당해야 하는 것은 내 자신밖에 없다는 사실이 미치도록 무서웠다.

병아리가 스스로 알을 깨지 않고, 외부의 도움을 받아 알을 깨서 나오면 이내 죽는다고 한다. 스스로 감당해야 하는 삶의 무게와 죽기 직전의 공포를 이렇게 일찍 느끼게 될 거라고는 상상도 하지 못했는데…….

갑자기 내가 히말라야에 온 것이 비현실적으로 느껴졌다. 도대체 나는 왜 이런 걸 경험하고 있는 것일까. 불현듯 첫날 사망한 포터가 떠올랐다. 인간은 자연 앞에서 이리도 무력하다. 내가 추구했던 모든 일들이 죽음 앞에서는 헛웃음이 날 정도로 무의미해 보였다. 나는 회복 외에는 아무것도 갈망하지 않았다. 하나만 생각했다.

'여기서 살아남아야 한다.'

그날 밤, 십여 차례를 자다 깨다 반복했다. 정신이 들 때마다 내가 '살아 숨쉬고 있는지'를 확인했다.

그리고 드디어 아침이 왔다. 눈을 뜨자마자 속으로 외쳤다.

'살았구나!'

아침의 기운이 날 감싸자, 으슬으슬했던 몸이 조금씩 녹아내리는 걸 느꼈다. 그러나 하루 종일 아무것도 먹지 못했으니 서 있는 것

도 고역이었다. 앞사람의 발만 보면서 한 걸음 한 걸음 겨우겨우 내디뎠는데 다행히 시간이 갈수록 몸이 조금씩 나아졌다. 내 몸에 서서히 봄이 찾아오는 것만 같았다.

그다음 날 아침, 모든 게 정상으로 돌아왔다. 빙하수를 마셔도 몸에 이상이 없었고, 밥을 먹어도 바로 배출하지 않았다.

나는 이 순간이 오기만을 기다렸다. 그래서 아픔에도 적응하려고 애를 썼다. 사실 그 외에 할 수 있는 게 없었다. 그래서 낫기 위해 노력하기보다 그저 인내하며 이날이 오기만을 고대했던 것이다.

고산병과의 사투 끝에 나는 내 자신이 결코 나약한 존재가 아님을 알게 되었다.

'내 몸은 내가 생각한 것보다 훨씬 강하고 위대하구나.'

나는 머리가 멈추라고 말하는 것을 결코 단번에 믿지 않기로 했다. 나의 한계를 함부로 긋는 일이 얼마나 바보 같은 짓인지 절실히 깨달았기 때문이다.

정상에 도달했을 때의 솔직한 심정

드디어 정상 공격을 하는 날이 왔다. 알리 캠프에서 저녁 식사 후 모든 준비를 마치고 잠깐 눈을 붙였다. 그리고 자정에 일어나 새벽 1시에 정상을 향해 발걸음을 옮기기 시작했다.

얼마나 걸었을까. 아직도 갈 길이 먼데, 어느 순간부터 경사가 매우 가팔라지더니 개인적인 체감으로는 거의 60도 정도 기울어진 벽에 붙어 있는 듯했다.

뒤를 돌아보면 당장이라도 굴러떨어질 것만 같았다. 끝이 안 보이는 비탈길이 나를 잡아먹을 듯이 쳐다보았다. 크레바스(빙하가 갈라져서 생긴 좁고 깊은 틈)도, 거대한 빙하도 그렇게까지 두렵지 않았는데 그 순간만큼은 솔직히 너무 무서웠다. 창문이 없는 거대한 빌딩 중간에 놓인, 겨우 발만 디딜 수 있는 작은 난간 위에 기대어 있다고 상상해보라. 도대체 내가 왜 여길 오겠다고 했을까?

가파른 경사에 고도까지 올라가니 숨을 쉬는 템포도 달라졌다. 출발할 땐 한 발짝 움직일 때마다 숨을 한 번씩 쉬었다면, 그때는 세 번씩 숨을 쉬어야만 했다. 내 몸의 혈액이 혈관을 따라 천천히 움직이는 게 느껴졌고, 피가 심장을 향해 들어가서 온몸으로 퍼지는 모습이 선명히 그려졌다. 해발 5000미터만 넘어도 이런데, 8000미터 산을 오를 땐 오죽하겠는가.

해본 것과 해보지 않은 것은 이렇게 다르구나! 히말라야에 직접 올라와보니 목숨을 내놓고 도전하는 산악인들의 고충을 조금은 이해할 것 같았다. 그때는 고봉에 도전하겠다는 이야기는 두 번 다시 절대 내 입으로 꺼내지 말자고 다짐했다. 나뿐 아니라 모두가 상당히 지쳐 있었기에 여기저기서 고성이 들렸다.

"선두, 천천히!"

앞에 가고 있는 사람이 자기 템포에 맞춰 가고, 중간에서 이를 쫓아가지 못해 한 템포씩 늦어지다 보면, 맨 뒷사람은 그만큼 더 뒤처지게 되고, 그러다 보면 점점 도저히 따라가지 못할 만큼 처지게 된다. 그러나 앞에 가는 사람도 힘이 드니 뒤에 오는 사람을 배려한다는 건 생각조차 하기 어려운 상황이었다.

그때 나는 중간에서 올라가고 있었는데, 앞뒤에 누가 있고를 떠나서 내 앞가림하는 것도 벅찼다. 이렇게 목숨이 걸린 상황에서도 과연 나는 다른 이를 배려할 수 있을까? 인간은 정말 간사하구나. 그래도 우리 모두 최소한의 이타심을 발휘하여 상태가 너무 좋지 않은 대원을 앞으로 보내주었다.

'도대체 정상은 어디일까? 도착할 수는 있는 걸까?'

그렇게 얼마가 지났을까. 갑자기 정상 너머에서 태양이 우리를 환하게 비추기 시작했다. 그 뒤로 30분도 채 안 되었던 것 같다. 갑자기 앞에서 탄성이 들려왔다.

"정상이다! 이제 다 왔다!"

정상이라고? 아직 보이지는 않지만 정상이 코앞으로 다가왔음을 느낄 수 있었다. 갑자기 힘이 솟았다. 젖 먹던 힘을 다해 눈을 밟아 나갔다. 그렇게 기다리고 또 기다리던 정상이라니! 도착하면 어떤 광경이 펼쳐질까?

'드디어 정상에 왔구나!'

정상에 도착하자마자 헉헉대는 호흡을 가다듬으며 속으로 외쳤다. 우리가 도대체 어떻게 여기까지 올라왔을까. 그동안 다들 너무 힘들다 보니 감정적으로 예민해져 소통이 잘 안 될 때도 있었지만 단 한 명의 낙오자도 없이 모두 정상을 밟을 수 있었다.

그 순간, 지난 열흘간의 일이 주마등처럼 스쳐갔다. 출발 직전 두려움에 바짝 긴장했던 내 모습, 고산병에 걸려 얼어 죽을 것만 같았던 그때, 눈앞에서 생을 마감한 포터의 마지막 모습이 차례로 떠올랐다. 군 복무 중에 서류를 지원하고 정상을 밟기까지, 오직 이곳을 향해 달려온 4개월을 생각하니 가슴이 뭉클해졌다.

그런데 참 신기했다. 그토록 가고 싶었던 정상에 왔는데, 시간이 지날수록 격한 감정이 사그라졌다. 마치 깊은 잠에서 깨어나 정신을 차리지 못하다가 서서히 현실로 돌아오듯, 내 감각도 이성을 찾아가는 듯했다.

'정상은 생각보다 허무한 곳이구나.'

솔직히 말하면, 정상에 올랐을 때의 기분은 내가 상상한 것만큼 좋지는 않았다. 오히려 허무했다. 정상은 가장 높은 곳일 뿐, 그 이상도 그 이하도 아니었던 것이다. 정상이 가장 높아서 위대하다면 산 중턱은 중턱이라서, 또 산 아래는 산 아래라서 위대하다고 말할 수 있을 것 같았다. 정상은 그 자체로 특별하기보다 소수만 다다를 수 있기 때문에 동경의 대상이 되는 것이리라. 정상에서 느끼는 기쁨은 사실 거기까지 오르는 고통스러운 여정을 이겨낸 '내 자신에 대한 경이로움'이었던 것이다.

히말라야 정상에 올라야만 이런 깨달음을 얻는 것은 절대 아닐 것이다. '힘들게 정상에 이르는 것'과 '누구보다 쉽고 빠르게 정상에 오르는 것' 중 우리는 전자가 더 의미 있음을 알면서도 항상 후자가 되길 원한다. 목숨 걸고 준비하지도 않았으면서 내가 원하는 대학이나 기업에 들어가지 못하면 '나는 안되는 놈인가 보다' '세상은 왜 나한테만 이렇게 가혹한 걸까' 하고 자책만 한다.

가령 당신보다 분명 더 놀았고, 스펙도 별로인 친구가 당신은 서류전형에서부터 떨어진 기업에 떡하니 붙고는 어느 날 잘 차려입은 모습으로 명함을 건네면 속으로 열이 날 것이다. 또, 분명 잘난 구석이라곤 없어 보이는 친구가 당신은 평생 만날 일도 없을 것 같은 예쁜 여자친구를 데리고 와 어깨에 힘을 줄 때도 마찬가지이다.

'와, 정말 세상 불공평하네. 역시 열심히 살아봤자 아무 소용없는 거였어!'

하지만 정말 그럴까? 그 친구가 나도 모르는 사이에 많은 노력을 했을지도 모른다는 생각을 한 번쯤은 해볼 필요도 있지 않을까?

나는 여러 도전을 하면서 수많은 사람들을 만났는데, 얘기하다

보면 까무러치게 놀랄 때도 많았다. 겉으로는 지극히 유하고 치열해 보이지 않지만, 알고 보면 그 누구보다 독하게 살아온 분들이 꽤 많았던 것이다.

우리가 잘 못 볼 뿐이지 좋은 성과를 낸 사람은 늘 어딘가에서 남들보다 몇 배 이상 노력한다. 혹은 어렸을 적부터 열심히 하는 것이 몸에 배어서 이미 내공이 어느 정도 쌓여 덜 노력하는 것처럼 보일 수도 있다.

그래도 정말 노력을 전혀 하지 않은 친구가 운이 억세게 좋아 나보다 훨씬 잘된 경우라면? 그것도 부러워할 것이 못 된다. 노력보다 좋게 평가받는 사람은 절대 오래가지 못한다. 진짜 실력은 언젠가 반드시 드러나게 되어 있다.

헬기를 타고 히말라야 정상에 오른 사람과 우리처럼 죽을 각오하고 정상에 오른 사람. 정상에 오른 그 순간의 모습만 보면 둘 다 결과적으로는 똑같은 것을 성취한 사람처럼 보일지도 모르지만, 그와 나의 내공은 엄연히 다르다. 설사 내가 컨디션이 너무 안 좋아 포기했다 해도 나는 그를 부러워하지 않을 자신이 있다. 비록 정상은 보지 못했지만, 고난과 마주했을 때 버틸 수 있는 힘을 얻었으니까.

알다시피 세상이 말하는 성공의 척도대로 살아온 사람이 '정말 행복하다'고 말하는 경우는 꽤 드물다. 고등학교 때 우리가 그토록 선망하는 서울대학교에 들어간 친구들을 생각해보자. 고등학교 졸업식에서는 친구들의 부러운 시선을 한 몸에 받지만, 시간이 흘러 다시 만나면 그들 역시 "서울대생이면 뭐하냐. 취업은 똑같이 어렵다"고 한탄한다.

모두가 선망하는 학교나 기업에 갔는데도 그게 큰 의미가 없다고 하는 사람들을 보면 대부분 자신이 진심으로 원해서 한 게 아니었거나, 과정이 치열하지 않았다는 공통점이 있었다. 나 역시 내 자신을 바꾸고 싶다는 순수한 의도가 아니라, 단지 멋져 보이고 싶어서, 스펙을 쌓고 싶어서 나도 모르게 떠밀려 히말라야 정상까지 왔다면, 지금과 같은 깨달음을 얻지는 못했을 것이다. 사실 그런 이유로 히말라야에 갔다면 정상에 오르기도 전에 포기했을지도 모른다.

산이 높으면 높을수록 정상에 오르는 자가 더 위대한 것은 그곳이 하늘과 더 가까이 있어서가 아니라, 정상까지 올라가는 '과정'이 운명을 좌우할 만큼 거칠고 위험하기 때문이다. 그리고 거기까지 가기 위해서는 내가 가진 수많은 것들을 내려놓는 용기가 필요하다. 내가 가진 것을 버리고 또 버리면서도 마지막까지 내 의지만큼은 버리지 않는 '단단한 마음'이 그 사람을 위대하게 만드는 것이다.

정상은 결코 내가 도달해야 하는 최종 목적지가 아니라 전환점, 즉 반만 도달했음을 알려주는 지점일 뿐이다. 그러기에 오르는 순간 내려가야 하는 것이 세상의 이치인 것이다. 그것이 히말라야 정상이 내게 남긴 마지막 메시지였다.

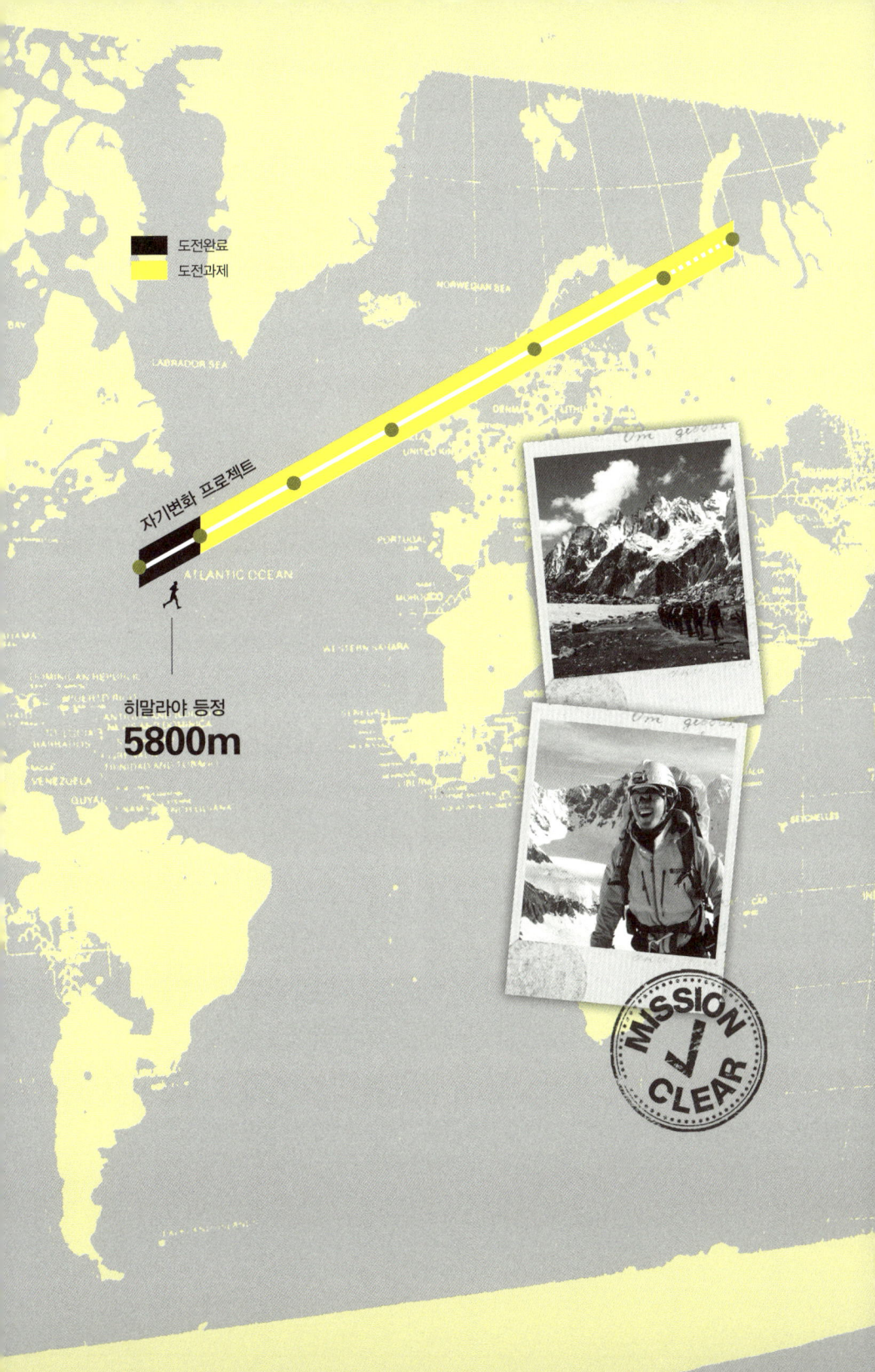

◯ 독도 수영단

물이 두려워서
독도 수영단에 지원했다

물이 두려워서 수영을 시작했다

    대학교 2학년 때, 하이서울 철인삼종경기(내가 참여한 것은 올림픽 코스로 원래 수영 1.5km, 사이클 40km, 마라톤 10km를 완주하는 것인데, 하이서울 철인삼종경기는 수영 1km를 완주해야 했다)에 나가기 위해 두 달 동안 자유형을 배운 적이 있었다. 하지만 물에 대한 공포증이 있어 내가 선택했음에도 학교 선배들, 수영강사님들과 함께 출전하러 가는 내내 후회해야 했다.

    갑자기 대회에 나가기 위해 접수하던 당시, 대회 중 상해를 입어도 주최 측에서는 일체 책임을 지지 않는다는 서약서에 서명을 했던 것이 떠올랐다. 그때부터 두려움은 걷잡을 수 없이 커졌다. 게다가 나만 빼고 모든 사람들이 빨리 시작했으면 하는 마음으로 시합을 목 빠지게 기다리는 것 같았다. 그나마 수영 코스를 표시하기 위해 설치된 레인 덕분에 마음을 진정시킬 수 있었다.

실제로 나는 '죽지만 말자'고 생각하면서 수영을 했고, 중간에 힘이 빠지면 레인을 잡았다. 그렇게 수십 번 레인을 잡고 또 잡으면서 거의 꼴찌로 들어왔다.

그래도 완주하고 나니 전보다는 자신감이 생겼고, 앞으로 더 큰 용기를 낸다면 나를 정말 뿌리째 바꿀 수도 있을 것 같았다. 그래서 물이 두려웠음에도 해병대를 지원했고, 마음속으로는 제발 수색대로 배치되기를 간절히 기도했다. 수색대는 해병대 내에서도 특수 임무를 맡는 부대이기에 고강도의 특수훈련이 매우 많다. 그만큼 더 고된 시간을 보내야 하는 것이다. 그래서 나는 수색대에 들어가 이전보다 더 강한 내가 되고 싶었다.

웃긴 건 해병대 지원 후 한참이 지나고 나서야 수색대를 가려면 수영 실력이 좋아야 한다는 걸 깨달은 것이다. 해병대 출신인 선배들로부터 수영을 정말 잘하지 않으면 탈락할 수도 있고, 가서도 엄청 고생할 수 있다는 이야기를 듣게 되어 결국 입대 한 달 전부터 부랴부랴 매일 새벽 6시에 수영장을 다니기 시작했다.

그런데 물에 대한 두려움을 없애려고 시작한 수영이 오히려 물에 대한 공포를 키우게 만들었다. 차라리 멋모르고 입대하는 게 나을 뻔했나 하는 생각도 들었다.

그런데 다행이라고 해야 할까? 수색대원으로 배치되지도 않았을뿐더러 여름에는 IBS해상교육 때문에 해안가에서 보트로 훈련을 했지 직접적인 수영훈련은 거의 하지 않았다(사실 해병대 거의 모든 부대에서는 하계 시즌에 정기적으로 일명 '전투수영'이라 불리는 생존수영훈련을 한다. 그래서 바다 수영을 할 수 있는 기회는 더러 있었다). 해병대에 가면 수영을 제대로 배울 수 있으리라 생각했지만, 막상 수영과 깊은 인연이 닿지는 않았던 것이다.

그러다 전역한 지 정확히 1년이 지난 2011년 여름, 물에 대한 두려움과 맞설 수 있는 절호의 기회가 찾아왔다.

내 안의 용기 있는 놈이 승리하게 만들어라

후에 말하겠지만 나는 아마존 정글 마라톤 대회에 대비하기 위해 나만의 훈련계획을 세웠다. 정글을 달리고 아마존 강을 건너야 했으므로 반드시 수영훈련을 해야만 하는 상황이었다.

철인삼종대회에도 참가하고 해병대에도 갔다는 이유로 으레 내가 물을 좋아한다고 생각하시는 분들이 많은데, 사실 나는 여전히 물을 무서워한다. 물론 내가 물에 들어가지도 못할 만큼 공포증이 심한 것도 아니고 맥주병이라고 불릴 만큼 수영을 못하는 건 아니지만, 어쨌든 당시엔 물에 오래 있는 것은 상상조차 못했다.

하지만 결국 물에 대한 두려움을 없애기 위해서 내가 할 수 있는 일은 단 하나였다. 물에 뛰어드는 것이다.

그러던 중 마침 아는 형님의 페이스북을 통해서 다음과 같은 소식을 접하게 되었다.

> – 시추에이션 휴먼다큐 「그날」 독도 횡단 참가신청 –
> 시추에이션 휴먼다큐에서 광복 66주년을 맞아 수영으로 독도에 도착하는 그날을 준비하고 있습니다. 도전을 원하시는 분들의 많은 신청 바랍니다.

바로 울진에서 독도까지, 240킬로미터나 되는 거리를 릴레이 수영으로 횡단할 사람을 모집하는 공고였다. 총 240킬로미터라는 거리가 피부로 와 닿진 않았지만, 공고를 보니 나흘 이상 쉬지 않고 수영해야 겨우 도착할 수 있는 거리였다.

순간 피식 웃음이 났다.

'아직 난 호흡도 안 트였는데 내가 이걸 어떻게 해?'

그런데 신기하게도 또 다른 내가 튀어나와 날 부추겼다.

'아마존 강을 건너기 위해서는 이걸 반드시 해야만 해.'

깊이 고민할수록 물에 대한 두려움은 눈덩이처럼 불어났다. 선발이 되느냐 안 되느냐도 문제지만, 그보다 '내가 과연 끝도 안 보이는 바다에서 잘 버틸 수 있을까' 하는 것이 더 큰 문제였다. 하지만 정글 마라톤을 하려면 수영이라는 산을 반드시 넘어야 한다.

특약의 조치가 필요했다. 난 나를 뼛속까지 변화시키고 싶었던 '소년 이동진의 절박함'을 다시 불러일으켰다. 날 불편하게 만들어야 한다는 사명감(?)도 함께.

내가 갑자기 수영을 잘하게 된다는 건 말이 안 되긴 하지만, 생각해보면 나에게도 유리한 점이 있었다. 바다 수영이니까! 왜냐하면 나는 해병대에서 바다 수영을 해본 적이 있기 때문이다. 게다가 UDU(underwater Demolition Unit, 해군첩보부대) 출신 교관님들이 횡단자들을 감독하신단다. 그렇다면 물에 빠져 죽을 일은 없을 것이다. 내가 도전하지 못할 이유는 없었다.

독도 횡단에 참가하기 위해, 이번에도 역시 내가 할 일을 3스텝으로 간단히 만들었다.

Step1. 지원서를 제출한다.
Step2. 수영 테스트를 위해 시험장에 간다.
Step3. 합격 후 독도 수영단에 참가한다.

나는 먼저 자기소개서를 썼다. 결과는 합격이었다. 2011년 7월 23일. 수영 테스트를 위해 수영장으로 가는 버스를 탔다. 그런데 가는 와중에도 계속해서 내 안의 나약한 놈이 튀어나와 자꾸만 포기하라고 부추겼다.

'야, 이동진! 너 진짜 이게 맞는 거라고 생각해? 잘할 수 있겠어? 못하면 얼마나 쪽팔리겠냐! 게다가 너 요즘 수영도 안 했잖아.'

하지만 내 머리를 치고 나오는 부정적인 생각과의 싸움에 에너지를 소모하고 싶진 않았다. 애써 '반대하는 나'를 무시했다. 어쨌든 해보기 전까지 결과는 아무도 모르는 것이다.

그러나 수영장에 도착해 탈의실에서 수영복으로 갈아입고 문 앞에 서자 또다시 멈칫했다.

'다시 돌아갈까?'

그 순간, 용기 있는 내가 다시 튀어나와 날 설득했다.

'쪽팔리건 말건 그냥 하자! 여기서 돌아가면 앞으로 죽을 때까지 평생 후회할 거야!'

결국 문을 힘차게 열었다. 그런데 이게 웬일인가! 카메라 5대가 수영장 곳곳에 세워져 있었고, 70여 명의 사람들이 모여 있었다. 에라이, 모르겠다! 여기까지 왔는데 어떻게 돌아가! 그래, 가는 거야!

정말 '어떻게든 되겠지' 하는 심정으로 무작정 헤엄쳤던 기억만 난다. 과연 결과는 어떻게 되었을까? '합격'이었다면 이 책을 읽는 여러분들도 계속되는 드라마 같은 이야기에 그만 지겨워졌으리라. 다행히(?) 합격자 명단에 내 이름은 없었다. 열정은 누구보다 뜨거웠지만 나는 탈락했다. 하지만 할 만큼 했으니 마음은 홀가분했다.

그런데 며칠 뒤, 해룡회 측으로부터 연락이 왔다.

"이동진 씨, 선발자 중 몇 명이 포기하는 바람에 추가로 선발하려 하는데, 들어오시겠습니까?"

망설일 이유가 없었다. 아니, 꼭 가야만 했다. 그러나 바다에서 허우적거리는 나를 떠올리자 이게 맞는 건가 싶었다.

그런데 갑자기 해병대에서 보았던 문구가 떠올랐다.

'해병은 태어나는 것이 아니라 만들어지는 것이다.'

비단 해병대원뿐만이 아니다. 우리네 삶도 마찬가지이다. 태어나서부터 완성된 사람은 단 한 명도 없다. 나 역시 히말라야에 갈 수 있는 완벽한 조건을 갖췄기에 히말라야 정상을 밟고 올 수 있었던 건 아니었다.

그렇다면 독도횡단팀에 들어가지 못할 이유가 뭐가 있단 말인가? 도전이 두려운 이유는 단순하다. 물이 무섭기 때문이다. 하지만 항상 그랬다. 정도의 차이가 있었을 뿐 내가 완벽해서 할 수 있었던 적은 단 한 번도 없었다.

그러니 독도 수영도 다를 바 없다. 이미 판은 만들어졌으니, 내가 잘하든 못하든 그 판에서 신 나게 놀면 된다. 못하면 될 때까지 훈련하면 되고, 최선을 다했음에도 해내지 못했다면 그때는 다음을 기약하면 되는 것이다.

설령 내가 울진 앞바다에서 훈련 도중 물에 빠져 허우적거리다 죽을 고비를 넘기고 터덜터덜 집으로 돌아오게 되더라도 후회하지 않을 것이다. 어쨌든 일생에 한 번뿐일지도 모르는 멋진 경험을 하게 되었으니까.

아직은 내가 냉철한 판단력을 갖고 있지 않는 20대 철부지라 그럴 수도 있지만, 나는 계속해서 미지의 세계로 내 자신을 내던질 필요가 있다고 생각한다. 두려움 앞에서 망설이는 것도 하나의 과정일 뿐, 내가 멈춰야 하는 이유는 아니다.

나중에 이 시기를 돌이켰을 때, 나의 청춘이 다른 사람의 욕망을 채우기 위한 경험들로 가득채워져 있다면 얼마나 슬플까? 반면, 가장 아름답고 빛나는 그 시기가 그때여야만 할 수 있는 멋진 도전으로 점철되어 있다면, 설사 그것이 실패한 경험이라도 미소 지을 수 있지 않을까?

따라서 도전하는 삶을 내가 살아내야만, 30대의 나는 20대의 나를 자랑스러워할 것이다. 그러니 두려움을 피하려 하지 말고 그냥 두려움을 안아버리는 게 현명하다. 지금의 나는 미래의 나를 웃게 만들어야 할 의무가 있다.

수능, 시험, 면접과 같은 큰일을 앞두고 극도로 긴장하는 친구들을 여럿 보았다. 그러나 어차피 당일이 가장 떨릴 거라면 그때 가서 실컷 두려워하는 게 낫다. 일이 벌어지기도 전부터 걱정해봤자 해결되는 건 아무것도 없다.

'될 대로 되라. 그냥 내가 하고 싶은 대로 맘껏 질러보자!'

억지로라도 그렇게 혼잣말을 지껄이다 보면 한결 나아진다. 우리 안에는 두려워 벌벌 떠는 놈도 있지만, 희한하게도 그와 맞서 싸우는 용기 있는 고래가 숨어 있다. 나를 믿어라. 실전에 닥치면 도대체 어디 숨어 있다 이제 나왔나 싶을 만큼 엄청난 용기가 솟아날 것이다.

그 고래는 이상하게도 내 자신을 넘어서려고 맘먹으면 나타난다. 모든 걸 잃어도 난 이걸 하고야 말겠다고 배짱을 부릴 때 튀어나온다. 그리고 실전에 돌입해 이젠 빼도 박도 못하고 그냥 해야만 할 때 갑자기 등장한다. 그때 당신은 자신이 얼마나 멋지고 용기 있는 사람인지 새삼 깨닫게 될 것이다.

2011년 8월 1일. 독도 수영횡단팀으로 선발된 사람들이 모여 울진 앞바다 바로 앞에 베이스캠프를 차리고 훈련을 시작했다. 망망대해라는 말이 이때만큼 와 닿은 적이 있던가. 바다는 정말 어마어마하게 넓었다! 그리고 나는 넓디넓은 이곳에서 열흘 동안 훈련을 하게 될 것이다.

그래, 훈련을 마치고 나면 난 독도에 있겠지. 그리고 그때의 나는 지금의 나와는 비교도 안 되게 어마어마하게 성장해 있겠지? 상상 이상으로 발전한 내 자신과 곧 만나게 되리라. 그때의 내가 더 행복할 수 있게 최선을 다하자. 난 반드시 해낼 것이다.

하늘은 스스로 행한 자를 돕는다

상처가 아물지 않았지만 계속해야 했던 이유

수영 훈련 4일 차.
"아, 따가워!"
나도 모르게 외마디 비명을 질렀다. 오전과 오후 수영 훈련을 모두 마치고 이제 막 육지로 올라와서 수영 슈트를 벗고 말리려는 순간, 맨발로 뭔가를 밟은 것이다. 너무나 큰 고통에 가만히 멈춰버렸다. 서서히 발을 들어 올린 순간, 나도 모르게 버럭 소리를 질렀다.
"이게 뭐야!!!"

유리병 조각이 내 발바닥을 찢고 들어가 있었다. 태어나서 처음으로 나의 깊은 살 속을 볼 수 있었다. 징그럽기도 하고 아프기도 했지만 놀랍게도 가장 먼저 든 생각은 이거였다.

'여기서 돌아갈 수는 없어. 빨리 병원부터 가자.'

비명을 듣고 달려온 교관님과 함께 차를 타고 울진에서 유일하게 응급실이 있다는 병원으로 달려갔다.

그동안 얼마나 힘겹게 왔는데 이렇게 발이 다쳐버렸으니 참말로 억울하고 답답하고 화가 났다. 포기해야 할지도 모른다는 생각이 자꾸만 날 괴롭혔다.

병원에 들어가자마자 즉시 소독을 하고 검사를 받았다. 혹시 유리가 발 속에 남아 있을지 모르니 엑스레이 촬영도 했다. 다행히 유리조각은 들어가 있지 않았다. 바로 파상풍 주사와 마취 주사를 맞은 뒤 네 바늘을 꿰매었다. 이 모든 일이 순식간에 일어났다.

나는 의사선생님께 현재 바다 수영 훈련 중이며, 앞으로도 훈련이 며칠 더 남았기에 반드시 물에 들어가야 한다고 말씀드렸다. 그러자 의사선생님께서 펄쩍 뛰었다.

"바다 수영이라뇨! 바닷물이 상처에 들어가면 아물지도 않을뿐더러 세균이라도 들어가면 큰일 납니다. 그러다 심하게 곪아서 세균이 발바닥부터 서서히 올라가면 큰 수술을 해야 할 수도 있어요. 절대로 안 됩니다. 무조건 아물게 내버려둬야 해요."

"그럼 언제부터 물에 들어갈 수 있나요?"

"일단 상황을 좀 지켜봐야겠지만, 꿰맨 살이 다시 붙고 정상으로 돌아오기까지 최소 한 달 이상 걸립니다. 그러니 그 이후에나 물에 들어갈 수 있겠죠."

숙소에 도착하자마자, 대표 교관님 두 분이서 상의를 하셨다. 두 분은 내 의견을 존중하겠다고 하셨다. 다친 곳을 손으로 살짝 벌려 보았다. 아주 살짝만 만져도 살이 벌어지려 했다. 그걸 보니 지금 물러서지 않으면 진짜로 포기해야만 하는 상황이 올지도 모른다는 생각이 들었다. 그래서 일단 물러나기로 했다. 내가 가장 편한 마음으로 쉴 수 있고 가장 빨리 회복할 수 있는 곳으로 가자!

나는 교관님께 주말에 집에 가서 쉬고 싶다고 말씀드렸다. 교관님의 허락을 받고, 다음 날 아침에 버스를 타고 서울로 돌아갔다. 집에 도착해서는 오직 쉬는 일에만 집중했다.

사실 그 상황이 매우 억울할 수도 있었다. 불만을 터뜨리고 짜증을 낼 수도 있었지만, 난 그마저 내 휴식을 방해할 거라 생각했다.

이미 지나간 일이다. 어차피 다시 돌이킬 수는 없다. 모르고 밟았던 유리조각을 원망하겠는가, 아니면 나의 부주의함을 원망하겠는가? 왜 하필 거기를 지나갔냐고 나를 죽어라 탓한다고 한들 내 발이 빨리 나을까? 아니다. 독도횡단을 하지 못하는 이유를 따지자면, 지금 이 상처 외에도 사실상 넘쳐난다. 따라서 내가 못 가게 된다 해도 단지 아쉬울 뿐이지, 절대 억울해할 일은 아니다.

 이틀 후, 난 다시 울진행 버스를 타고 숙소에 도착했다. 여전히 내 발은 훈련을 할 수 없는 상태였다. 그리고 다음 날도 여전히 상처는 아물지 않았다. 이제 정말 결단을 내려야 했다.

 다음 날, 아침이 밝았다. 그렇게 기도를 했건만, 상처는 낫지 않았다. 하지만 더 이상 훈련을 미루면 오래 쉰 탓에 너무 많이 뒤처질 것이다.

 그동안 쉬느라고 어떻게 호흡이 트였는지도 가물가물하다. 호흡은 고사하고 오리발은 잘 찰 수 있을까? 몸은 거짓말을 하지 않는다. 딱 내가 훈련하고 노력한 만큼만 실력으로 드러난다. 그러니 정말로 못할 수도 있다. 나는 선택의 갈림길에서 스스로 결정을 내려야만 했다.

 나는 내가 할 수 없을 것만 같았던 일을 해냈던 때가 언제였을까 생각해보았다. 끝까지 해내는 힘이 중요하다는 것을 알게 된 건 바로 '재수'를 통해서였다.

 고등학교 1학년 시절. 여느 친구들과 마찬가지로 학교와 학원, 독서실만 왔다 갔다 하는 게 일상이었다. 방학에도 집구석에 틀어박혀 할 일 없이 마냥 시간을 보내다 저녁쯤 학원수업을 들으러 가는 것이 내 생활의 전부였다.

빈틈없이 빽빽이 짜인 일정대로 지내고 있노라면 내가 분명 학교에서는 열심히 공부하고 있는 것만 같았다. 그런데 이상하게도 성적은 점점 떨어졌다. 그럼에도 현실의 장벽 따윈 실감하지 못한 채 'SKY(서울대, 고려대, 연세대)'는 마음만 먹으면 다 갈 수 있는 곳이라 생각했고, 난 대학에 안 가도 잘살 거라고 떠들기까지 했다.

그런 정신 상태였으니 수능 결과는 불 보듯 뻔했다. 대학 낙방. 돌이켜보니 나는 공부를 했던 게 아니라, 고3이면 모두가 올라타게 되는 열차에, 그것도 수험생들의 무리에 이끌려 탑승했던 것이다. 모두가 함께 탄 열차에 올랐으니 결국 같은 목적지에서 내릴 거라 착각하면서 그냥 그 자리를 지키고 있었던 것뿐이었다.

열심히 하지 않았으니 대학에 떨어진 건 당연한 일이었음에도 난 꽤 크게 충격을 받았다. 대학 낙방은 내 인생에서의 첫 실패와 다름없었기 때문이다. 날 더욱더 괴롭혔던 것은 부모님의 말씀이었다.

"이제 너도 성인이니까 네 인생을 스스로 결정하거라. 어떤 결정이든 우리는 따르겠다."

재수를 해야 할까, 일을 해야 할까, 아니면 다른 걸 해야 할까. 결단을 내려야 할 필요성을 느끼자 며칠 동안 고민에 빠졌다. 그런 결정은 처음 하는 것이었기에 너무 힘들었다. 처음으로 삶의 무게라는 것이 느껴졌다. 그토록 원했던 어른이 되었건만, 성인이 되어 맞이한 현실은 너무나 낯설고 냉혹하기만 했다.

고3 때 난 도대체 무엇을 한 걸까. 생각해보니 단지 누군가가 주는 것을 받아먹기만 했을 뿐, 내가 한 건 없었다. 그것은 온몸으로 느끼지 못한 공부, 즉 죽어버린 공부였다.

그러자 인생에 한 번쯤은 제대로 공부를 해보는 것도 나쁘지 않겠다는 생각이 싹트기 시작했다.

다음 날 아침, 눈을 뜨자마자 부모님께 달려가서 말씀드렸다.

"저 재수하기로 했습니다. 반드시 원하는 대학에 가겠습니다."

고3 때 같은 반이었던 친구 중에 열 명 정도가 재수를 했으니, 나는 그중 하나일 뿐 그리 대단한 결단은 아니었다. 그런데 내게 이 결정이 너무나 특별했던 이유는 따로 있었다. 태어나서 처음으로 '내'가 내린 결정이었기 때문이다. 부모님도, 선생님도, 그 어느 누구도 나에게 강요하지 않은, 온전히 스스로 판단해서 택한 것이었다.

나는 비로소 어른이 된 것 같았다. 내가 어른이 된 날은 만 19살이 되던 날이 아니라, 삶에 대한 책임감을 느끼고 밤잠을 설치면서 재수를 결정한 그날이었던 것이다. 이제 빼도 박도 못하고 해야 한다. 삭발까지 한 채 마음을 다잡았다. 나는 그렇게 처음부터 다시 대학에 갈 준비를 시작했다.

이렇게 굳게 결심했건만 막상 재수학원의 광경을 보고 나니 큰 충격에 휩싸이고 말았다. 고등학교와 달리 재수학원은 닭장 같았다. 교실 내 통로는 학생 한 명이 겨우 이동할 수 있을 만큼 좁았고, 조금만 웅성거려도 교실에서 소리가 울렸다. 환기도 제대로 안 돼 땀 냄새에 발 냄새까지 진동했다.

지난 12년 동안 공부했던 것보다 재수 생활 1년 동안 공부한 양이 더 많다고 자부할 만큼 그 1년은 치열했다. 늦게까지 책을 붙들고 졸음이라는 놈과 싸울 땐 말 그대로 '버티기'에 들어가야 했다. 수능이란 게 꼭 지식이 많아야만 잘 보는 건 아니라는 사실을 그때 알았다. 1년 동안 매일 쉬지 않고 오직 공부만 12시간 이상씩 하기 위해서는 반드시 몸이 버텨줘야 했던 것이다.

당장이라도 눕고 싶은 욕망을 뿌리치고 자리를 잘 지켜준 엉덩이, 도피하고 싶은 욕구와 자책감, 두려움, 후회, 불안과 같은 온갖 감정들을 꾸역꾸역 삼키면서 침착하게 뛰어준 심장, 펜을 잡고 하루 종일 움직여준 팔과 손가락, 금방이라도 쏟아질 것만 같은 잠과 싸우며 고개를 떨구지 않게 잘 버텨준 목과 머리, 옆자리에 앉은 친구가 말을 걸어와도 전혀 듣지 않았던 내 귀까지. 내 몸에게 새삼스레 고마웠다.

"공부는 엉덩이로 하는 것이다."

메가스터디 손주은 대표님이 쓴 『고3 혁명』(조선일보사)이란 책에서 나온 말이다. 재수라는 경험이 없었다면, 나는 평생 그 귀중한 사실을 알지 못했을 것이다. 모두가 공부는 머리로 하는 것이라 생각한다. 그러나 공부를 업으로 하는 사람들은 말한다. 몸이 괴로워질 때까지 한 공부만이 진짜 내 것이 된다고.

그해 9월, 마지막 슬럼프가 찾아왔다. 성적도 더 이상 오르지 않았고, 의지도 많이 흔들렸다. 그때 나의 은사였던 이종호 선생님을 찾아가 상담을 받았다.

"선생님. 저 재수학원 그만두고 혼자서 할까 생각 중입니다."

"네가 힘들어서 버티지 못하겠으니까 그런 거지? 혼자서 하면 더 잘할 수 있을 것 같니?"

"……."

"너가 재수를 해야 하는 가장 큰 이유가 뭔지 아니?"

"글쎄요……. 좋은 대학에 가는 게 가장 큰 이유 아니었나요?"

"아니야. 네가 선택한 것을 포기하지 않는 법을 배우기 위해서란다. 포기하지 말거라. 끝까지 최선을 다하면 대학에 가지 못하더라도 더 큰 것을 얻게 될 거야."

재수가 '내가 택한 것을 포기하지 않는 법'을 배우는 과정이었다니! 나는 다시 맘을 다잡았다. 수능이 다가오자 많은 아이들이 학원을 그만두기 시작했지만, 나는 재수를 시작했던 학원에서 종강하던 그날까지 내 자리를 지킬 수 있었다.

처음엔 대학에 들어가는 것만이 내 목표였지만, 재수 생활에 종

지부를 찍었을 땐 대학을 들어가고 안 들어가고는 더 이상 중요하지 않았다. 그보다 더 중요한 건 노력 없이 운이 좋아 대학에 가는 것보다 떨어지더라도 최선을 다하는 것이 인생에서 더 중요하다는 사실을 깨우쳤다는 것이다.

내 안에서 피어오르던 작은 변화, 그것이 날 조금씩 움직였다. 앞으로 뭘 하더라도 충분히 잘할 수 있을 것 같은 용기가 서서히 싹트기 시작했다. 그리고 1년 동안 내 자신과의 싸움을 견뎌낸 결과, 1년 전엔 감히 지원조차 할 수 없었던 경희대학교 건축공학과에 당당히 장학생으로 입학할 수 있었다.

그래서 난 20대에도 이 진리를 계속 가슴에 담고 가기로 했다.

'몸으로 한 공부만이 나를 넘어서게 할 것이다.'

기적은 도전하는 자에게 찾아온다

재수는 내 인생의 전환점을 만들어준 큰 사건이었다. 처음으로 내가 선택해서 끝까지 해낸 일이었기에 그때부터 자기변화 프로젝트를 실행하며 해병대도, 히말라야도 가게 된 것이다.

깊은 고민 끝에 교관님을 찾아가 말씀드렸다.

"교관님, 저 오늘부터 훈련에 참가하겠습니다."

재수를 하겠다고 부모님께 말씀드리던 스무 살의 내가 날 보고 방긋 웃고 있었다. 나도 그를 보고 씩 웃어주었다. 그렇게 나는 발바닥에 붕대를 감고, 양말을 신고, 오리발을 착용한 다음, 바로 훈련에 들어갔다.

역시나 사흘 만에 재개한 훈련은 고통 그 자체였다. 그리고 쉬는 사이, 다른 분들의 기량이 엄청나게 올라와 있었다. 맨 마지막 부표를 찍고 다시 해안으로 돌아갈 때쯤에야 겨우 숨이 트이기 시작했다. 그때까지 얼마나 많은 물을 먹었는지 모른다.

해안에서 바다로 나아가다 보면 수심이 점점 깊어져 어느 순간 바닥이 보이지 않고, 검푸른 심해만 눈에 들어온다. 그때부턴 주변이 온통 흑색이다. 그 검푸른 물만 보면서 수영을 하다 보면, 갑자기 거대한 손이 불쑥 올라와 나를 끌어당길 것만 같다.

파도가 높아지면 계속 물을 먹게 되고, 호흡이 트이지 않을 때는 이러다 정말 죽을 수도 있겠구나 싶다. 바닷물과 사투를 벌이다 갑자기 냉수대(물이 차가운 구역)라도 만나면 그 순간 심장이 딱 멎는다. 아주 짧은 시간이지만, 갑자기 '팍!' 하고 온몸에 기운이 빠지면서 죽음의 공포가 날 엄습하고 머릿속이 새하얗게 변한다.

그때부터는 바다가 이루 말할 수 없을 만큼 두려워진다. 분명 호흡이 트이고 물이 편안해졌을 때는 마치 엄마의 자궁 속 양수에서 숨을 쉬는 태아처럼 미끄러지듯 나아가지만, 두려움이 날 장악한 순간부터는 지옥굴로 끌려가는 기분이다.

히말라야를 오를 때 히말라야의 날씨를 '여자의 마음과 같다'고 표현한다는 말을 들은 적이 있다. 날씨가 변덕스러워 한 치 앞을 알 수 없기 때문이란다. 그런데 이 바다라는 녀석도 마찬가지다. 어느 순간까지는 너무 사랑스럽다가도, 어느 순간부터는 미치도록 벗어나고 싶다. 이렇게 극과 극의 감정을 느껴야 하니 물에 들어가는 일은 정말 괴롭기 그지없었다.

신기하게도 숨통이 트이는 순간이 오면, 그때부터는 몇 시간이고 수영을 할 수 있을 것만 같은 기분이 든다. 바로 그전까지만 해도 숨 쉬는 것에만 온통 집중하고 있었는데, 그때부터는 굳이 신경 쓰지 않아도 몸이 자유자재로 움직이기 시작한다. 마치 지상에 있을 때와 같이 자연스럽게 숨을 쉬면서 팔은 계속 물을 안아주고, 다리는 계속 물 위에서 춤을 추며 앞으로 나아간다.

그때 들었던 생각이 무엇인지 궁금하지 않은가? 지금 생각해도 기가 찬다.

'끝나고 자장면 먹고 싶다.'

나는 육지로 돌아오자마자 발부터 살펴보았다. 역시나 꿰맨 부분이 벌어져 있었다. 그런데 신기하게도 어떤 통증도 느껴지지 않았다. 일단 약부터 바르고 잠이 들었다.

다음 날 아침, 눈을 뜨자마자 다시 내 발부터 확인했다. 그런데 이럴 수가! 꿰맨 실밥 사이사이가 떡하니 붙어 있는 것이다! 이게 무슨 일이지? 의사선생님 말씀에 의하면 한 달은 족히 걸릴 거라 했는데 6일 만에 이런 일이 일어나다니! 오히려 바다에 들어간 게 효과가 있었나?

그날도 역시 바다에 들어가서 훈련을 했다. 그리고 그다음 날 아침, 전날 있었던 일이 혹시 꿈은 아닐까 의심하며 다시 내 발을 확인했다. 언빌리버블! 전날보다 더 완벽하게 붙어 있었다. 물론 육안으로만 그렇지 상처 안은 더 심해졌을지도 모른다. 하지만 통증도 없으니 상황이 좋아지고 있다고 믿어버렸다.

울진에서 독도로 떠나는 출정식 전날 밤, 최종으로 선발될 사람들을 뽑고 조를 나누기 위해 모든 지원자들이 모였다. 드디어 교육대장님이 선발대원을 발표했다. 떨어지면 어떡하나 두근두근하던 찰나, 내 이름이 불렸다. 물 공포증도 있고 부상까지 당한 내가 선발단이 된 것이다!

다시 한 번 깨달았다. 우리가 두려워해야 하는 것은 날 가로막는 걸림돌이 아니라, 그 앞에서 쉽게 포기해버리는 내 자신임을.

포기하지 않는 법을 배우는 수업은 없다. 그것은 돈을 내고 강좌를 듣는다고 해서 얻을 수 있는 게 아니다. 오직 내가 불편하고 어렵게 느끼는 상황 속에서 그것을 참고 견뎌내는 경험을 해야만 얻을 수 있는, 아주 고귀한 것이다.

나 역시 끝까지 내가 끌고간 일도 많았던 반면 그렇지 못했던 것도 많았다. 그런데 내가 열과 성을 다해 행동하지 않으면 사실 내가 포기를 해놓고도 이게 포기인지 아닌지도 잘 모른다. 절실히 해봐야만 그게 포기인지도 알 수 있는 것이다.

만약 내가 굳센 의지를 갖고 계속 나아갔음에도 쓰러진다면 그건 내가 그럴 수밖에 없었던 운명이기 때문이라 생각한다. 그럼 그때는 쓰러지고, 다시 일어나면 된다. 세상에 가치 있는 일 중에 단번에 이룰 수 있는 것은 많지 않다. 신이 항상 내 편만 들어줄 수도 없는 노릇이다. 세상에 착하고 열심히 사는 사람들이 얼마나 많은데, 왜 신이 나부터 편들어주기를 바라는가? 내 차례가 오기를 묵묵히 기다릴 줄도 알아야 한다.

이제는 너무나 잘 안다. 사람은 완벽하지 않기에 신만큼 완벽하게 할 수는 없다. 하지만 최선을 다할 수는 있다.

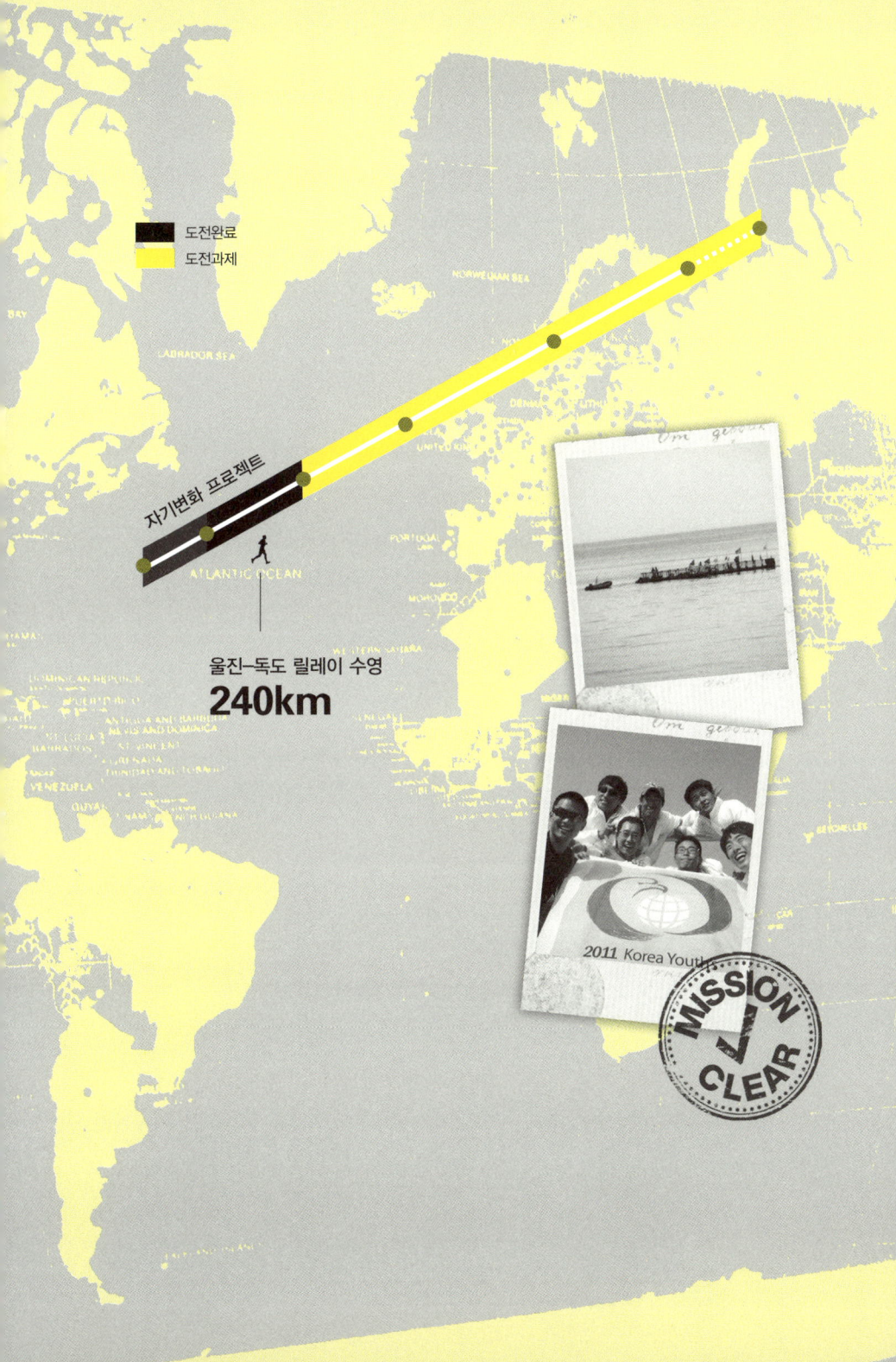

자기가 무서워하는 것을 해라.
그러면 무서움은 없어진다.
— 에머슨

Part 2

도전은 온몸으로
하는 것이다

◐ 아마존 정글 마라톤

천만 원을 얻기 위해 자소서를 썼다

가슴이 미친 듯이 뛰었지만 천만 원이 절실히 필요했다

무언가를 보고 들으면서 가슴이 뛴 경험은 누구나 한 번쯤 있을 것이다. 가슴을 뜨겁게 하는 것은 영화 「벤자민 버튼의 시간은 거꾸로 간다」(2009)에서 나온 '가치 있는 것을 하는 데 있어서 늦었다는 것은 없다'와 같은 명대사일 수도 있고, 오프라 윈프리가 말한 '당신의 권한을 다른 사람에게 넘겨주지 마라'와 같은 명언일 수도 있다. 여러분을 가슴 뛰게 한 것은 무엇인가?

후에 상세히 얘기하겠지만 전역 후 정확히 48일 뒤인 2010년

9월 1일, 배드민턴 국가대표를 도전하겠다고 훈련을 시작했다가 6개월 만에 그만둔 적이 있다. 그때 최선을 다한다는 것이 얼마나 소중한지 깨닫긴 했지만 잠시 혼란을 겪어야 했다. 어렸을 적부터 꾸던 꿈을 포기하고 나니 앞으로 무엇을 하고 살아야 할지 막막했고, 길을 잃어버린 것 같았다.

고민하기보다 행동하는 사람이 되기로 했으니, 어쨌든 복학부터 하자고 결정을 내렸다. 그러던 차, 인터넷에서 아주 우연히 사진 한 장을 보게 되었다. 온통 초록색으로 덮혀 있는, 전체가 살아 숨 쉬는 듯한 정글 속에서 한 남자가 일반 마라톤 복장보다는 좀 더 갖춘 모습으로 배낭과 양쪽 어깨에 물통을 짊어진 채 뛰고 있는 사진이었다.

'저건 도대체 어디지?'

알고 보니 사진 속 장소는 브라질 아마존 정글이었고, 내가 본 것은 한 선수가 222킬로미터 마라톤을 뛰는 장면이었다. 나는 바로 정글 마라톤 홈페이지와 유튜브를 통해 관련 사진과 영상을 쭉 살펴보았다.

아마존 정글 마라톤은 일반 마라톤과는 차원이 다른, 6박 7일간 정글을 뛰고 늪과 습지를 건너고 강을 헤엄치며 치르는 서바이벌 생존 마라톤이다. 도대체 저런 것을 누가 할까 싶지만 2003년부터 대회가 시작되었고, 우리나라에서도 2004년에는 3명, 2007년에는

1명이 출전했다고 한다(현재 2014년까지는 나를 포함해 총 5명이 출전했다).

당시 내게 아마존은 위험한 곳, 악어와 수많은 파충류들이 득실거리는, 오지 중에서도 오지라고 할 수 있는 곳이었다. 그런데 그런 곳에서 마라톤이라니! 하지만 웃기게도 위험천만해 보이는 그곳에서 마라톤을 하고 있는 내 모습을 상상하자, 무조건 가야겠다는 생각이 들었다.

가슴이 쿵쾅쿵쾅 뛰기 시작했다. 그러나 경비를 알아본 결과, 참가비만 우리 돈으로 350만 원, 항공권은 약 250만 원, 준비해야 할 품목과 장비를 합하면 약 100만 원이 필요했고, 추가적으로 브라질에서 체류하는 비용과 기타 비용까지 합하면 총 1천만 원 정도의 경비가 필요한 일이었다.

흠……. 그때부터 고민은 시작되었다. 6박 7일의 달리기, 그리고 한국과 브라질 간 왕복 이동 시간 7일을 합친다 해도 고작 2주도 안 되는 시간에 천만 원을 써야 하다니! 지금까지 이렇게 거금을 쓸 일은 없었기에 더 막막했다.

포기해야 하나 싶기도 했지만, 내가 신체도 건강하고 정신도 바로 서 있고 의지와 열정도 있는데, 그저 돈 때문에 포기해야 한다는 게 좀 억울했다. 어떻게든 되게끔 하고 싶다는 오기가 생겼다. 지금까지 모든 조건이 완벽히 갖춰져서 했던 게 있었던가? 그래서 결정했다. 나의 이번 미션은 '경제적인 걸림돌'을 제거하는 것이라고.

그렇다면 이 미션을 어떻게 수행해야 할까? 아르바이트를 해야 하나? 휴학하고 한 달 동안 일을 하면 얼마 정도 벌 수 있을까? 올인한다 쳐도 200만 원 정도일 것 같다. 이것도 생활비를 전혀 안 쓴다고 가정했을 때 얘기다. 그렇다고 절대 부모님께 손을 벌리고 싶지는 않았다. 그러면 도전이라는 느낌이 들지 않을 테니까.

도저히 방법이 떠오르지 않자, 잠시 생각을 내려놓았다. 그리고 여느 때와 다름없는 일상을 보냈다. 그러나 내 무의식은 항상 '천만 원을 어떻게 구할까'를 잊지 않았던 것 같다.

내 앞에 떡하니 나타난 '아시아나 드림윙즈' 포스터

그러던 어느 날 공과대 열람실에서 나오다가 포스터 한 장을 보고 숨이 멎을 것 같았다. 보자마자 속으로 쾌재를 불렀다. 나는 포스터를 읽고 또 읽었다. 1천만 원은 아니지만 한 번에 500만 원을 해결할 수 있는 방법이었다.

> – 아시아나항공 드림윙즈 1기 모집 –
> 아시아나항공에서 대학생들의 꿈에 날개를 달아줍니다. 열정과 패기를 가진 대학생 여러분, 지금 바로 도전하세요!

아시아나항공에서 주최한 이 프로그램은 그해 2011년에 처음으로 시작한 것이었다. 총 네 차례의 테스트를 거쳐 최종 우승자에게 꿈이 무엇이든 관계없이 상금 300만 원과 함께 전 세계 어디든지 갈 수 있는 왕복 항공권을 주는 공모전이었다. 그때까지 나는 이런 류의 공모전에 단 한 번도 지원해본 적이 없었다. 하지만 절호의 찬스를 놓칠 수는 없었다.

'무조건 내가 저 상금을 타고야 말겠다!'

1차는 자기소개서, 2차는 페이스북 투표, 3차는 2분 스피치, 4차는 캄보디아에서 치르는 10분 면접이었다. 걱정만 앞세우고 있을 시간에 한시라도 빨리 자기소개서를 쓰는 것이 더 현명해 보였다.

자기소개서를 작성할 땐 지인들에게 조언을 얻으면서 점차 발전시켜나갔다. 나를 어떻게 표현하는 게 효과적일까 궁리하다 추가로 동영상을 만들기로 했다. 동영상 제작을 위해 며칠 동안 밤샘 작업을 했는데, 몸은 힘들어도 마음은 너무나 즐거웠다.

그렇게 자기소개서와 함께 생애 처음으로 제작한 동영상을 제출해 결국 1차 테스트를 통과했다. 이제 2차 페이스북 투표를 해야 할 차례다. 난생 처음으로 여러 온라인 카페에 한 표를 부탁드리는 글을 게시했다. 컴퓨터 프로그램 수업 시간에는 교수님께 양해를 구하고 수강생들에게 페이스북 투표를 요청하기도 했다. 이렇게 내가 할 수 있는 일이 있으면 닥치는 대로 계속했다. 그 결과, 놀랍게도 2

차 평가에서 2위를 차지할 수 있었다.

3차 테스트는 아시아나항공 임원들 앞에서 하는 2분 스피치였다. 2분간 그 어떤 방법을 써도 상관없으니 자신을 소개하고 꿈을 이야기하는 것이다. 분명 어떤 이는 자신만이 갖고 있는 아주 특별한 장기를 선보일 것이고, 누군가는 소품을 활용하여 자신을 멋지게 표현할 것이다.

꿈에 목말라 있는 그런 수많은 사람들 중에서 내가 눈에 띄려면 어떻게 해야 할까? 정말로 중요한 건 무엇일까? 난 이 질문을 끊임없이 던지면서 스피치 대본을 쓰고 지우기를 반복했다. 그러나 어느 것이 심사위원의 마음을 흔들지 좀처럼 확신이 들지 않았다. 결국 여러 지인들에게 조언을 구했는데, 답답했던 내 가슴을 뻥 뚫어준 한 친구가 있었다.

오지탐사대에서 만난 김명훈이라는 동생인데, 그는 2010년 말 현대자동차 엑센트 광고 모델에 지원하여 무려 2400대 1의 경쟁률을 뚫고 우승한 이력을 갖고 있었다. 그런 화려한 이력 덕분에 '뭐든지 가능한 남자'라는 별명까지 따라다녔다.

그가 말하길, 모델 선발 당시 여러 차례의 면접이 있었는데 자신이 내세울 수 있었던 최고의 무기는 단 한 가지였다고 한다. 바로 '진정성 있는 자신의 이야기'였다고. 어떤 화려한 기술과 언변보다 중요한 것은 바로 '뜨거운 진심'이라는 것이다.

너무나 당연한 말인지도 모르지만 다른 사람도 아닌 그 친구가 하는 그 말은 분명 힘이 있었다. 난 무릎을 쳤다. 그래, 바로 그거다! 나는 아시아나 드림윙즈 포스터를 보고 난 후에야 정글 마라톤에 참여하는 꿈을 가진 게 아니었다. 즉, 공모전을 위해 억지로 만들어낸 꿈이 아니었던 것이다. 나의 진심과 함께 내가 어떤 자세로 이 테스트에 임하고 있는지를 충분히 전한다면 심사위원들의 마음도 움직일 수 있으리라.

마음을 다잡고 진심을 다해 스피치 대본을 적어내려 갔다. 수정에 수정을 거듭한 끝에 겨우 완성된 대본을 가지고 면접 보기 전날 새벽까지 수없이 연습했다. 복장도 디테일한 부분까지 신경 썼으며, 어떤 자세와 눈빛으로 말할지까지 생각했다. 마지막으로 내 이야기와 어울릴 만한 배경음악도 준비했다.

여태껏 한 번도 도전해보지 않은 공모전을, 내가 이렇게까지 열심히 준비할 줄이야! 그동안 노력이란 걸 글로 배웠나보다. 지금까지 노력이란 그저 '열심히 하는 것, 최선을 다하는 것, 밤을 새는 것'이라고만 알고 있었다. 하지만 그때 난 노력이란 '가슴을 뛰게 하고 밤을 새도 피곤하지 않게 만드는 것'이라고 다시 정의하게 되었다.

다음 날 2분 스피치를 위해 아시아나항공 본사에 도착했다. 내 순서는 중간쯤이었는데, 예상대로 끼가 넘치는 친구들이 매우 많았다. 만약 그런 끼가 중요한 평가기준인 자리였다면, 내가 최종 3인

안에 드는 건 있을 수 없는 일이리라. 하지만 여긴 '최고의 드리머(dreamer)'를 뽑는 자리니 희망을 놓지 않았다. 나는 '진정성'으로 승부할 것이다.

드디어 내 차례가 왔다. 준비했던 배경음악이 깔리기 시작했다. 그런데 이게 웬일인가! 이야기를 시작한 지 얼마 지나지 않아 갑자기 머리가 하얘지더니 아무것도 생각이 나질 않는 것이었다. 당황해서 어찌할 바를 모르고 있었는데, 감사하게도 진행자인 아시아나항공 위정주 매니저님께서 긴장을 풀어주기 위해 박수를 유도하셨다.

그 순간, 다행히도 필름이 다시 되살아났다. 나는 이야기를 이어나갔고 마무리까지 잘해냈다. 2분, 즉 120초의 연극은 우여곡절 끝에 막을 내렸다.

내 진심이 통했던 걸까. 3차 테스트 결과 역시 '합격'이었다. 방학이 되자마자 최종 3인을 선발하기 위한 4차 면접을 치르러 캄보디아행 아시아나 항공기에 올랐다.

처음엔 내가 상금을 타는 것이 가장 중요했다. 사실 이전에는 '일등' '최고'라는 타이틀에는 관심도 없었고, 그래야 할 이유도 없었다. 그랬던 내가 처음으로 일등이라는 목표에 도전했던 것이 바로 아시아나 드림윙즈였다.

그런데 나는 4차 테스트를 보면서 내 꿈이 이뤄지지 않아도 상관없다고 생각하게 되었다. 지금까지 내가 아마존 정글 마라톤 참가비를 마련하기 위해서 준비하고 애썼던 것들이 꼭 일등을 해야만 보상받는 건 절대 아니라는 사실을 깨달은 것이다.

최종면접에서는 그동안 피 말리는 경쟁을 뚫고 올라온 총 30명이 각자 10분씩 발표를 했다. 사실 지난 3차 면접까지는 내 것만 신경 쓰느라 다른 사람의 이야기에 귀 기울이지 못했다. 하지만 4차 테스트에서는 한 명 한 명의 꿈 이야기를 들을 수 있었다. 내 마음은 이미 그만큼 열려 있었던 것이다.

눈물을 흘리는 친구도 있었고, 열정이 너무 커서 감히 나는 명함도 내밀 수 없을 만큼 어마어마한 에너지를 뿜어내는 친구도 있었다. 이야기를 듣는 내내 아무리 사소한 일일지라도 각자에게는 내 꿈 못지않게 간절한 꿈이라는 것을 깨달았다. 그들의 이야기를 들을수록 나만 생각했던 내 자신이 부끄러웠고, 괜스레 미안했다.

날 포함한 최종 30인은 누가 합격하든 내 일처럼 기뻐해줄 수 있는 멋진 친구들이었다. 그때 나는 떨어지면 그냥 돈을 벌어서 아마존에 가야겠다고 결심했다. 아니아니 드림윙즈는 상금을 타고 아마존에 가기 위한 수단이 아니라 다른 사람의 꿈도 소중하다는 것을 배우기 위한 인생수업이었던 것이다.

한국으로 돌아온 지 2주 정도 지난 어느 날, 버스를 타고 어디

론가 가고 있는데 아시아나항공의 이석재 과장님으로부터 전화가 왔다. 전화가 울리는 순간, 느낌이 왔다.

"이동진 씨, 아시아나 드림윙즈 최종 3인으로 선발되었습니다."

이 엄청난 순간에 세상이 떠내려갈 듯이 "올레!"라고 외쳐도 시원찮을 것 같은데 큰일이 끝나고 긴장이 다 풀렸을 때처럼 온몸에 힘이 쫙 풀려버렸다.

난 잘 알고 있었다. 심사위원님들은 잘난 이동진을 선발해준 것이 아니라, 한 청년의 간절함과 열정에 한 표를 던져주신 것임을.

그러나 나는 이제 막 정글 마라톤에 필요한 참가비의 반절을 얻었을 뿐이다. 당장 강도 높은 훈련에 들어가야 하고, 나머지 참가비를 구해야 하며, 정글 마라톤을 위해 휴학까지 해야 한다. 그리고 그 6개월을 어떻게 활용할지도 고민해야 한다.

아시아나 드림윙즈라는 큰 산을 넘었지만 그보다 더 큰 산들이 내 앞에 계속해서 놓여 있었다. 그래서 기쁨을 누리기보다 더욱더 차분하게 현실을 직시해야 했다.

아시아나 드림윙즈의 베스트 드리머 최종 3인으로 선발된 다음, 나는 상금으로 받은 300만 원 전액을 정글 마라톤 참가비로 썼다. 그리고 아시아나 취항지 중 브라질과 가장 가까운 미국행 왕복 티켓을 받았다.

이제 나머지 경비를 충당해야 한다. 그래서 후원을 요청하는 지원서를 만들었다. 그 결과, 경희대학교 문화홍보처에서 일정 부분을 지원해주시기로 했다. 그리고 나서 얼마 후, 추가적으로 경희대학교 총동문회에서도 일부분 도움을 주겠다고 하셨다.

이 모든 것은 그만큼 내가 절박하고 간절했기에 가능했다고 생각한다. 사람들은 뭔가를 하면서도 내가 원해서 하는 건지, 다른 사람의 시선 때문에 하는 건지 헷갈려 한다. 내가 그 일을 얼마나 간절히 원하는지 알고 싶은가? 그러면 내가 그것을 위해 얼마나 움직였는지를 보라.

꿈을 꾼다는 것은 '생각하는 것'이 아니라 '움직이는 것'이다. 그러므로 꿈은 '명사'가 아니라 '동사'다. 나를 움직이면 그만큼 꿈에 점점 다가가게 되는 것이다. 즉, 꿈을 꾼다는 말은 내 몸을 계속 움직이면서 미래를 만들어나간다는 것을 의미한다. 그러니 움직이자. 빛나는 나와 만나는 날이 언젠가 반드시 올 것이다.

정글에 가기 전,
유서를 남겼다

유서까지 쓰고 간 아마존, 이미 일은 저질러졌다

여러분은 유서를 써본 경험이 있는가? 20대 대학생이라면 어떤 행사나 프로그램에 참여해 누군가가 시켜서 써본 적이 있을지도 모르겠다. 그러나 자발적으로 유서를 쓴 경험은 거의 없을 것이다. 나도 내가 유서를 이렇게 빨리 써볼 줄은 몰랐다.

다음은 아마존 정글 마라톤을 떠나기 전, 내가 남긴 유서다(사실 이건 친구들 앞에서 영상으로 찍은 건데, 엄숙하고 침통한 분위기 속에서 촬영한 것은 아니었다).

저는 이번에 20개년 브라질 아마존 정글 마라톤에 참가합니다. 그리고 마라톤이 끝나면 60일 동안 자전거로 미국대륙 횡단을 하게 됩니다. 혹시나 모를 불상사를 위해서 마지막 유언을 남긴다는 심정으로 말씀드리고자 합니다.

우선 부모님께.

군대를 다녀와서 집에 단 하루만 있다가 히말라야를 다녀오고, 배드민턴 선수 준비를 한다고 바쁘게 지내고, 그 후엔 학교에 다닌다고 가족과 함께 시간을 보내지 못했네요. 아버지께 살갑게 대해드리지 못해 죄송합니다. 어머니께서는 항상 저를 챙겨주시는데, 아들로서 잘하지 못한 것 같네요. 그동안 불효한 것, 죄송합니다. 남들한테 하는 만큼의 반만 했어도 멋진 아들이 되었을 텐데 말이죠. 반드시 자랑스러운 아들이 되어서 돌아와 효도하겠습니다. 솔직히 말씀드리면 정글 마라톤이 끝나고 나서도 도전을 멈추지는 않을 것입니다. 하지만 부모님과 함께 있는 시간만큼은 잘하겠습니다. 아버지, 어머니! 사랑합니다!

친구들에게.

죽이 되든 밥이 되든 항상 응원해준 친구들아, 고맙다. 불상사가 생기더라도 나의 도전정신이 너희들의 삶에 조금이나마 도움이 되었으

> 면 좋겠다. 친구의 말도 안 되는 도전을 응원해줘서 정말 고맙다.
>
> 이걸 보시는 모든 분들께.
> 다들 행복하세요. 즐겁게 사세요. 오늘 저의 도전이 결코 헛되지 않기를 바라면서, 모두 가슴 뛰는 삶을 사시길 기원합니다.
> 마지막으로, 다시 한 번 어머니, 아버지, 사랑합니다!

나는 정말 죽을 것을 각오했다기보다 '반드시 해내고 돌아오겠다'는 결의를 보여주고 싶었다. 유서를 남기면서 깨달았다. 결국 가장 중요한 것은 내가 사랑하는 사람이고, 내 가슴을 뛰게 하는 일을 하는 것이며, 그 외의 것들은 내 인생을 뒤엎을 만큼 대단한 일이 아니라는 사실을.

나는 인간의 의지로 운명도 새롭게 쓸 수 있다고 믿지만, 죽고 사는 문제는 좀 다르다고 생각한다. 내가 그 위험하다는 아마존에 간다고 삶이 끝나는 것도 아니고, 내가 아주 안전한 생활을 한다고 해서 만수무강하는 것도 아니지 않는가.

절실함을 표현할 수 있는 수많은 방법 중 하나로 나는 유서를 택했을 뿐이다. 그리고 그 유서는 아무리 괴로워도 나를 멈추지 않게 도와준 버팀목이 되었다.

브라질에 도착한 첫날, 모든 것이 너무나 낯설었다

정글 마라톤을 참가하고 싶다고 마음먹은 그날로부터 약 7개월 뒤, 나는 브라질 북부 지역 파라 주에 있는 산타렘이라는 도시에 도착했다. 공항이 지하철 강남역보다 더 작았고, 비행기에서 내려서 빠져나오는 데 10분도 채 걸리지 않았다.

밖으로 나오니 공항을 제외한 모든 곳이 정글같이 보였다. 어두컴컴한 밤인데, 거리에 가로등 따위는 없었다. 예약해둔 숙소로 가기 위해 택시를 타고 비포장도로를 달렸다. 혹시 택시기사가 위협할지도 모른다는 생각에 내내 긴장해야 했지만 다행히 그런 일은 일어나지 않았다.

드디어 숙소에 도착했다. 한국을 떠난 지 무려 40시간이나 지나 있었다. 2층으로 올라가니 어두컴컴한 복도로 이어졌고, 거대한 선풍기로부터 불어오는 습한 바람이 느껴졌다. 덩치가 어마어마하게 큰 숙소 주인이 나왔다. 그는 포르투갈어를 사용했다. 완전히 딴 세상에 온 것 같았다.

방으로 들어가니 마치 차가운 창고 속에 와 있는 것 같았다. 전반적으로 콘크리트 색을 띠고 있어 매우 삭막했고, 객실 바닥에는 온통 차가운 타일이 깔려 있었으며, 칙칙한 커튼은 숙소를 더 냉랭하게 만들었다. 그 옆으로 2인용 침대가 눈에 들어왔다. 마지막으로

문을 보니 맘만 먹으면 누구나 쉽게 따고 들어올 수 있을 것 같은 잠금장치가 설치되어 있었다.

아! 왜 이런 낯선 곳에 와서 이토록 불안함을 느끼면서 잠을 청해야 하는 걸까? 슬슬 정글에서의 마라톤도 걱정되기 시작했다. 나름대로 열심히 준비했으니 다 잘될 거라 위안하면서도 한편으로는 아직도 준비가 부족한 것 같아 불안하고 아쉽기도 했다.

내가 어쩌다 여기까지 왔을까? 누군가에겐 아무것도 아닐 수도 있고, 그냥 지나칠 수도 있었던 사진 한 장이 나를 여기로 이끌었다. 평생 사진이나 영상으로만 볼 줄 알았던 아마존에 내가 와 있다니! 내 인생이 한 권의 책이라면 이로써 새로운 챕터가 하나 생긴 셈이다. 그런데 그 사진이 과연 이렇게 낯설고 위험한 곳에 오게 만들 명분이 될 수 있을까?

물론 결코 그것이 전부는 아닐 것이다. 첫 시작은 사진이었겠지만, 준비하는 내내 새로운 명분은 계속해서 생겨났기 때문이다. 독한 훈련을 통해 학교에서는 느낄 수 없었던 감정, 즉 살아 있다는 느낌이 무엇인지 알게 되었고, 정글 마라톤과 연계된 나만의 프로젝트를 진행하면서 내게 기획력이 있다는 사실도 알게 되었으니까. 그뿐만이 아니라 아시아나 드림윙즈를 준비하면서 내게 이런 추진력이 있음을 처음으로 깨달았으며, 내 안에는 뭐든 스스로 해낼 수 있는 독립심도 싹트고 있음을 느낄 수 있었다.

그리고 이렇게 세계를 무대로 움직이자 더 이상 외국에서 행하는 프로젝트가 어마어마하게 큰일이 아니라는 것도 알았다. 단지 한국에서 조금 먼 장소에서 치르는 새로운 경험일 뿐이다. 그러므로 여러분도 자신의 무대를 꼭 국내로 한정 짓지 말길 바란다.

이로써 나는 내가 왜 여기에 왔는지 정리할 수 있게 되었다. 이전과는 전혀 다른 나를 만나기 위해서 온 것이다. 이곳은 기존의 나는 상상조차 할 수 없는 환경 속에 날 내던지고도 내가 정말 해낼 수 있는지 시험하는 최적의 장소인 셈이다.

많은 대학생들은 이번 여름방학에 무엇을 할지, 다음 학기에는 무엇을 할지, 졸업 후에는 무엇을 할지 수없이 재고 따진다. 그렇게 삶의 계획을 짜는 것도 나쁘지 않다고 생각한다. 하지만 때로는 예측 가능한 수준의 계획에서 벗어나 한 번쯤은 미친놈처럼 내 마음이 말하는 대로 저질러보는 것도 분명 가치 있는 일이라 생각한다.

지금 이 순간, 주변에 내가 아는 사람이라고는 아무도 없다. 그리고 아마존 정글에 들어가면 아무에게도 연락을 취할 수 없게 된다. 그렇게 철저히 고립된 환경에서 나와 싸워가는 과정이란 건 도대체 어떤 걸까? 지금의 난 아무것도 모른다. 그러니 내가 할 수 있는 만큼 최선을 다하자. 그 외의 모든 일은 하늘의 몫이다.

늦더라도
함께 가는 기쁨

알 수 없기에 느끼는 공포, 상상하지 않는 것만이 답이다

이틀 동안 숙소에서 묵은 후 브라질에 도착한 지 삼 일째 되던 날 밤, 아마존 강 유역에 있는 한 부둣가로 갔다. 거기서 참가자 전원이 층당 30명 정도가 해먹(그물침대)을 걸고 잘 수 있을 정도의 규모를 가진, 3층짜리 배를 탔다. 이 배를 타고 아마존 강을 8시간 동안 거슬러 올라 목적지에 도착하면 그곳에서부터 222킬로미터 정글 마라톤 레이스가 시작되는 것이다.

다큐멘터리 「아마존의 눈물」(2009~2010)로 많이 알려져 있는 브라질 아마존 정글. 그곳은 우리나라에서는 볼 수 없는 수많은 나무들이 우거진, 거대한 청정지역이었다. 나 같은 청년 네 명이 팔을 벌려도 그 끝이 닿지 않을 만큼 우뚝 솟은 나무, 그리고 그 큰 나무를 둘러싼 이름 모를 거대한 식물들이 눈에 들어왔다. 내 검지만큼이나 긴 가시들이 기둥에 다닥다닥 나 있는, 괴상하게 생긴 나무도 생명력을 과시하며 살아 숨 쉬고 있었다.

전 세계의 허파라고 불리는 그곳. 처음 정글과 대면했을 때는 사실 생각했던 것만큼 두렵지는 않았다. 그저 '올 곳에 드디어 왔구나' 하는 생각만 들었다. 과연 6박 7일간 저 안에서 어떤 드라마가 펼쳐질까. 마치 영화 속 주인공이 된 것 같았다. 미치도록 두려워도 역시 첫 시작은 늘 설렌다.

6박 7일 동안 짧게는 5미터, 길게는 500미터 정도의 폭을 가진 아마존 강을 5번 정도 만났다. 강에서 수영할 때마다 보이지 않는 생명체들이 내 발 아래서 꿈틀대는 게 느껴졌다. 다리 사이로 미끄덩한 무언가가 지나가기도 했다.

아마존 강바닥은 모래나 돌덩이가 아닌, 거친 모래와 질퍽한 진흙으로 이루어져 있어 그것들이 발가락을 둘러쌀 때마다 묘한 기분이 들었다. 게다가 강물은 어두침침한 초록빛을 띠고 있어 그 안에 도대체 뭐가 들어 있는지 도통 알 수가 없었다.

알 수 없음이 주는 공포. 난 거의 매일 그것과 싸워야 했다. 사실 거기에 정말 아무것도 없을 수도 있다. 하지만 알 수 없기에 두려운 것이다. 내가 자꾸만 뭔가를 상상해내기 때문이다. 실체가 아닌, 상상이 만들어낸 공포가 온몸을 감싸고 돌았다.

그러나 때로는 빨리 이곳을 통과해야겠다는 급한 마음 덕분(?)에 그런 공포조차 느끼지 못했다. 때로는 땀과 피로로 범벅이 된 내 몸을 시원한 물이 치유해주는 것만 같아 물에 대한 공포를 잠시 잊기도 했다. 그때 알게 되었다. 대부분의 공포는 상상으로 만들어낸 것임을. 그렇다면 공포를 없애기 위해서는 어떻게 해야 할까? 정답은 실체와 만나기 전까지 아무것도 상상하지 않는 것이다.

대회 3일 차가 되던 날, 드디어 나는 상상이 아닌, 그 실체와 마주하게 되었다. 출발한 지 5시간 째. 우기였기에 아마존 정글의 습도는 계속 올라갔고, 퉁퉁 부은 다리는 터질 것 같았다. 그나마 휴식이 가능한 체크포인트는 보일 생각도 하지 않았다.

길 위에는 2~3미터마다 우리가 방향을 잡을 수 있도록 리본이 걸려 있었고, 정글 속에서는 그 간격이 더 좁았다. 그런데 몸이 지쳐서 그런가? 분명 방금 전까지 리본을 봤던 것 같은데 정신을 차리고 보니 리본이 갑자기 사라져버렸다.

자세히 둘러보니 리본이 더 이상 정글이 아닌 정글 습지대 쪽으로 이어지고 있었다. 그곳엔 폭이 3~4미터 정도 되는, 습지대 형태의 물줄기가 있었다. 그 물길을 따라 이동하라는 뜻이리라. 강도 계곡도 아니었지만 들어가니 물이 내 배꼽까지 차올랐고 유속도 상당히 빨랐다.

그 코스가 끝나고 육지로 올라와보니 머리부터 발끝까지, 그리고 가방을 포함한 모든 장비가 홀딱 젖어 있었다. 무게가 1.5배 정도는 늘어난 것 같았다.

그때 나와 같이 뛰고 있던 영국인 친구, 클라슨이 나를 불렀다. 그는 대회 내내 나와 호흡을 맞춰나가며 같이 뛰는 페이스메이커(pace maker, 중거리 이상의 달리기 경주에서 기준이 되는 속도를 만드는 선수)였다. 클라슨은 키가 180센티미터를 훌쩍 넘고, 내 몸의 거의 1.5배가 되는 덩치에 삭발까지 한 모습이라, 그가 웃지 않을 때는 근처에 가는 게 무서울 만큼 위협적으로 느껴졌다. 하지만 알고 보니 그는 유머감각이 굉장히 뛰어나고, 어떤 상황에서도 긍정적으로 해결해보려고 노력하는 유쾌한 친구였다.

"동진! 너 아까 내가 한 말 못 들었어?"

"아, 빨리 나가자고 한 거?"

"아니. 악어가 있으니까 조심하라고 했잖아."

"뭐? 악어?"

그랬다. 습지대에 악어가 있었던 것이었다. 참 웃기게도 그제야 내가 진짜 아마존에 있다는 걸 실감했다.

뿐만 아니라 뛸 때마다 뱀이 스르륵 지나가는 소리도 들렸다. 그렇다. 이곳은 듣도 보도 못한 온갖 파충류와 내셔널 지오그래픽 다큐멘터리에서나 봤던, 소름 끼치게 큰 솜털이 온몸에 덕지덕지 붙어 있는 주먹만 한 거미들, 이름 모를 파리 떼와 수백 마리는 돼 보이는 작은 벌레 무리들, 그리고 독을 품고 있는 전갈과 직접 마주치는 정글이었던 것이다.

우리를 서포트해주는 브라질 현지 군인들도 이런 말을 했다.

"자기 전에 신발은 나무에 걸어두세요. 자는 동안 전갈이 신발에 들어갈 수도 있거든요."

하루는 일정을 마치고 캠프를 만들어서 쉬고 있는데, 선수 한 명이 갑자기 비명을 질렀다. 나뭇가지를 치웠는데 그 밑에서 징그러운 전갈이 튀어나온 것이다. 사실 정글 안에서 그 정도 일은 아무것도 아니었다. 내가 또 다른 경험을 하기 전까지는 말이다.

늦더라도 함께 가는 것이 더 중요하다

클라슨과 함께 계속 뛰고 있는데 자동차 한 대가 다닐 만큼 널찍한 비포장도로가 나왔다. 아마존 정글이 워낙 큰 데다 내가 뛰는 곳이 정글 한복판은 아니었기에 그랬는지도 모르지만, 정글이 점점 사라진다는 게 실감이 났다.

다시 폭이 좁은 정글로 접어들었을 무렵, 클라슨이 앞장서서 뛰기 시작했다. 속도를 조금 더 높여 페이스를 유지하려고 하는데, 심히 우거진 정글이 등장하면서 어느 순간 그가 잘 보이지 않았다.

그렇게 대략 두 시간을 더 달렸는데, 쓰러진 나무가 워낙 많아서인지 점점 착시현상이 나타나기 시작했다. 나무 사이에 걸쳐 있는 나무를 재규어로 착각하기도 하고, 우뚝 서 있는 나무를 체크포인트에서 대기 중인 운영진으로 잘못 보기도 했다. 그때였다.

"악!!!"

클라슨이 갑자기 '쿵!' 소리를 내면서 엎어지더니 정글이 떠나가라 비명을 질렀다.

"클라슨! 무슨 일이야!"

나는 그가 뱀한테라도 물린 줄 알았다. 클라슨은 계속해서 고성을 지르며 무릎을 꿇은 채 오른팔로 왼팔을 부여잡고 있었다.

"이런! 어떡하지?"

들어올린 팔을 보고 나도 덩달아 소리쳤다. 눈앞이 캄캄해졌다. 나뭇잎에 가려져 있어 잘 보이지 않았던 나무뿌리에 발이 걸리면서 손가락 길이만큼 긴 40여 개의 이름 모를 가시가 팔에 그대로 박혀 버린 것이다.

우선 가방을 내리는 것을 도와주고 팔을 조심스럽게 땅에 내려놓게 했다. 의료 상비약을 꺼내려고 하는 찰나, 클라슨이 절박하게 말했다.

"동진아, 체크포인트로 돌아가서 의료진을 불러와줄 수 있어? 부탁할게."

나는 혹시나 모를 상황에 대비해 물 한 통을 허리춤에 찬 후 가방을 벗어던지고 달리기 시작했다. 지금껏 계속 짐을 짊어지고 달리다가 모든 것을 벗어던지니 날아갈 것만 같았다. 하지만 그렇게 달리는데도 체크포인트는 보일 생각을 하지 않았다. 가는 동안 달려오던 선수들을 한 명 한 명 보내야 했다. 숨이 턱까지 차오르고 심장이 미친 듯이 뛰는데, 중간에 마주친 한 친구가 여기서부터는 자기가 대신 뛰겠다고 하면서 냅다 체크포인트로 달렸다.

그를 기다리는 동안 계속 팔을 부여잡으면서 고통스러워 하고 있을 클라슨을 떠올리니 좀처럼 진정이 되질 않았다. 그리고 그가 전에 했던 말이 떠올랐다.

"나는 2009년에도 정글 마라톤에 도전했었어. 근데 다른 동료를 도와주다가 제한시간이 넘어서 탈락하고 말았거든. 그래서 딸이랑 두 아들한테 완주 메달을 가져다주기로 약속했는데 그러지 못했어. 그 약속을 지키려고 이번에 다시 온 거야. 이번에는 무슨 일이 있어도 반드시 완주해야 해."

그는 아이들 얘기를 할 때마다 입이 귀까지 찢어지며 함박웃음을 지었다. 그런 그가 포기해야 할지도 모른다고 생각하니 가슴이 찢어질 것 같았다.

약 15분 정도가 지나고 SOS팀 소속 브라질 현지 군인 2명이 도와주러 왔다. 그들과 함께 다시 클라슨에게 달려가는데, 군인들은 정글에서 생활하며 훈련을 받아서 그런지 표범처럼 빨랐다.

도착하니 클라슨은 누운 채로 왼손으로 오른팔을 붙잡고 있었다. 한시도 웃음을 잃지 않았던 그가 사뭇 엄숙한 표정을 짓고 있는 것을 보니 상태가 꽤 심각한 듯했다. SOS팀은 클라슨을 데리고 체크포인트의 의료진에게 데려갈 준비를 하기 시작했다.

그가 일어나면서 말했다.

"동진아. 너무 고마워."

"고맙긴. 팔 통증은 어때?"

"우선 상태를 확인하러 의료진한테 가야 할 것 같아. 너는 먼저 뛰도록 해."

"뭐? 먼저 가라고?"

"응. 난 치료받고 뒤따라갈게."

먼저 가라는 말에 순간 멈칫했다. 그 짧은 순간에 오만가지 생각이 머릿속을 스치고 지나갔다. 나와 함께 뛰던 도중에 다쳤으니 내가 그를 대신해 의료진을 부르러 가는 것은 물론, 앞으로도 함께 가는 것이 너무나 당연하다고 생각하고 있었는데 갑자기 그를 두고 가야 한다는 게 믿기지 않았다.

그러면서도 본능적으로 시계를 보고 오늘의 제한시간을 체크했다. 시간은 충분했지만 치료가 언제 끝날지도 알 수 없는 데다 그와 함께 갔다가 다시 출발하는 상황이 되면 절대 이전 속도로 달리지 못할 것이다. 그런 점을 감안하면 사실상 오늘 코스를 완주하지 못하고 결국 탈락할 수도 있다(6박 7일간 6개의 스테이지가 있는데, 각 스테이지마다 제한시간이 있었다. 그래서 하루라도 그 규정을 지키지 못하면 탈락하게 된다. 후에 설명하겠지만 내가 경기에 참여했을 당시에는 탈락해도 계속 뛰도록 허락해주고 메달도 주었다. 하지만 실제로 포기하지 않고 끝까지 뛴 완주자는 11명뿐이었다).

하지만 내 가슴은 그동안 함께 뛰며 우정을 나눈 친구를 절대 먼저 보낼 수 없다고 외쳤다.

'이동진! 지금 무슨 생각하는 거야? 뭐가 중요한지 잘 생각해봐. 달리기야 언제든 할 수 있잖아. 네가 왜 여기까지 왔는지, 무엇을 위해 뛰고 있는지를 떠올려보라고!'

결국 나를 빤히 쳐다보고 있는 그의 얼굴을 보고 말했다.

"클라슨, 나는 너랑 함께 갈 거야. 먼저 가라고 하지 마."

그러나 그는 단호했다.

"무슨 소리야! 먼저 가! 내 부주의로 다친 건데 네 경기까지 망칠 수는 없어. 너라도 꼭 뛰어야 해. 그게 날 위한 일이야."

그의 말도 틀린 말은 아니었지만 이상하게 수긍이 가지 않았다. 그동안 내가 페이스 조절이 안 될 때마다 그 덕분에 잘 극복할 수 있었다. 물론 이대로 내가 먼저 뛴다고 해서 어느 누구도 나에게 뭐라고 할 사람은 없었다. 그러나 다친 동료를 두고 내가 1등을 한다 한들 내 가슴에 달고 있는 태극기가 자랑스럽지 않을 것 같다는 생각이 들었다.

그때 내가 한국을 떠나기 전 남긴 유서와 함께 목숨을 바쳐서라도 반드시 해내겠다고 결심했던 내가 떠올랐다. 그렇다. 나는 골인을 하기 위해 이곳에 온 게 아니라 집이나 학교에서는 배울 수 없는 더 크고 숭고한 가치를 깨우치기 위해 온 것이다. 함께 웃고 울 수 있는 친구가 메달보다 중요하다는 건 자명한 사실이었다.

결국 나는 결단을 내렸다.

"아니야, 클라슨. 너 치료하고 다시 같이 뛸래. 아직 시간은 충분해. 그리고 끝까지 함께 뛰는 게 내가 먼저 도착하는 것보다 더 중요한 것 같아. 너 치료 끝날 때까지 기다릴게."

결국 몇 번의 설득 끝에 그도 알겠다고 했고, 우리는 서로의 손을 꽉 잡았다.

그렇게 그와 함께 지나쳐온 체크포인트까지 돌아가는 데만 해도 30분 이상 걸렸다. 대기 중인 운영진과 의료진 그리고 체크포인트에서 쉬고 있던 선수들은 클라슨의 팔을 보더니 모두 소리를 질렀다. 가시를 하나씩 제거하는데 뼈다가 부러지기도 하고, 아예 깊이 박히기도 했다. 응급치료를 하고 소독을 마치자, 의사가 그에게 물었다.

"경기는 오늘까지만 하고, 브라질 시내나 영국으로 치료를 받으러 가는 것이 어떻겠습니까?"

"아니요. 전 끝까지 뛸 겁니다."

그는 딱 잘라 말했다. 의사도 더 이상 말리지 못했다. 그는 어떻게든 대회가 끝날 때까지 버티겠노라고 했다. 그리고 붕대로 칭칭 감은 오른팔을 엉성하게 든 채 나와 함께 달리기 시작했다.

그로부터 5시간쯤 지나서야 그날의 최종 목적지에 도착했다. 선수들과 운영진이 우리를 환호했다. 휴식을 취하기 위해 해먹을 치려는데 뒤늦게 날 발견한 친구가 내 이름을 크게 부르기 시작했다.

"진! 진! 진!(Jin, 나의 영어 이름)"

그런데 이게 웬일인가! 그곳에 있던 모든 선수들이 내 이름을 외치기 시작한 것이다!

"동진, 넌 정말 대단해! 너가 진정한 스포츠맨이다!"

경기 중에 우리가 치료받는 것을 보고 먼저 간 선수들이 다친 클라슨을 내가 도와주고 끝까지 함께 달렸다는 사실을 전한 것이다. 모든 선수들이 나를 보며 엄지를 치켜세웠다.

클라슨이 말했다.

"고맙다. 동진아. 네가 아니었으면 사실 포기했을지도 몰라. 이번 대회는 무슨 일이 있어도 완주할 거야. 절대 포기 안 해."

"그래! 우리 함께 완주하자, 꼭!"

그때 치료를 받았던 체크포인트에서 이 모든 과정을 지켜본 운영진 중 한 명이 나에게 다가와 말을 건넸다.

"오늘 클라슨이 치료받고 다시 원위치로 돌아갈 때까지 얼마나 걸렸는지 알고 있나요?"

나는 매 순간 시간을 체크했기 때문에 정확히 알고 있었다.

"아마 4시간 정도 될 겁니다. 왜 물어보시죠?"

"운영진 회의를 통해 그 4시간을 빼주기로 했습니다. 클라슨을 도와줬기 때문이죠. 덕분에 스포츠에서 가장 중요한 것은 기록이 아님을 모든 선수들이 깨닫게 된 것 같네요. 고맙습니다."

나는 내 안의 소리에 귀를 기울였고, 쓰러진 동료를 부축해서 함께 뛰었을 뿐이다. 설사 이 일로 내가 탈락하게 되더라도 혼자 달려서 좋은 성적을 내는 것보다 함께 뛰는 일이 훨씬 값진 일이라고 생각했다.

그동안 가장 빨리 달리는 게 도전자다운 자세라 생각하며 살았다. 하지만 그날 나는 먼저 달리면 더 빨리, 더 크게 성공할 수 있을지는 모르지만, 반드시 내가 더 크게 '성장'하는 것은 아니라는 사실을 배울 수 있었다.

함께 가는 것의 소중함을 알게 된 그날 밤, 아직까지 가슴속 상처로 남아 있는 한 선배의 말이 떠올랐다.

그 선배는 늘 가장 가까이서 날 챙겨주었다. 아마존 마라톤 준비할 당시에도 나는 선배에게 의지를 많이 했는데 그분도 개인적인 일 때문에 매우 바빴던 시기라 궁금한 게 있으면 문자로 남겨달라고 했다. 그러나 나는 궁금한 게 생길 때마다 계속 전화를 걸었다.

어느 날 선배가 말했다.

"동진아. 넌 네 꿈밖에 생각할 줄 모르니? 넌 다른 사람의 미래는 생각하지 않아? 열심히 열정적으로 하는 모습, 너무 보기 좋아. 하지만 나도 내 생활이 있고 내 미래가 있고 내 꿈이 있어. 그런데 네가 내 생활은 전혀 배려하지 않으면서 오직 널 위해 답을 달라고 요구하는 건 경우가 아닌 것 같아."

거대한 망치로 뒷통수를 얻어맞은 것 같았다. 정신이 혼미해졌다. 다시 정신을 차릴 때까지 상당한 시간이 걸렸다. 당시 내가 가장 따르고 가장 많이 배우고 의지했던 분이기에 충격은 쉽게 가라앉지 않았다.

꿈이 있다는 건 분명 멋진 일이고 그것을 위해 열정을 쏟는 것은 분명 가치 있는 일이지만 그것이 이기적인 꿈이 되어서는 안 된다는 사실을 그때 처음 깨달은 것이다. "너는 네 꿈밖에 모르니?"라는 그 한마디는 다른 사람의 시간과 생각, 꿈도 중요하다는 것을 알게 해준 첫 계기가 되었다.

'성공한 사람보다는 가치 있는 사람이 돼라.'

아인슈타인이 한 말이다. 더 가치 있는 삶은 이력서 한 줄을 채우거나 집에 두고 과시할 수 있는 메달에 집착하는 것이 아니라 함께 뛰는 친구를 위해 내 것을 양보할 수 있는 용기를 발휘하는 것이리라.

하지만 주변의 후배나 친구들을 보면 이 진리를 망각하고 있는 경우를 많이 본다. 한때 팀플(팀 플레이) 과제를 위해 동고동락하며 작업했던 친구라 해도 나보다 먼저 좋은 기업에 취업하면 배 아파한다. 그가 나 몰래 더 노력했을 거라는 건 인정하지 않은 채. 행여 친구가 면접에서 안타깝게 떨어지면 속으로는 나에게 기회가 더 생겼다는 사실에 안도한다. 유학생이 과제에 대해 물어보면 '나도 바빠 죽겠는데 왜 하필 나에게 묻는 거야?' 하고 속으로 원망하며 은근슬쩍 내뺀다.

그러나 앞만 보고 달리다 보면 함께 가던 친구들이 어느새 보이지 않고 점차 내 자신만 도드라진다. 그러면서 자연스럽게 나만 생각하게 된다. 내가 시험에서 합격하고 원하는 명성을 얻고 결승점에 골인하고 정상에 오르는 일이 당장은 중요해 보일 수도 있다. 그러나 내가 원하는 것을 다 얻더라도 소중한 한 사람을 잃는다면 결국 모든 것을 잃은 것과 다름없다. 따라서 우리는 수없이 넘어지고 깨지고 일어서며 실패의 경험을 하면서도, 동시에 이기심을 버리고 이타심을 발휘하는 연습도 해야 한다고 생각한다.

    아마존 정글에서 다시 똑같은 일이 벌어진다고 해도 나는 결승점이 아니라 클라슨을 택할 것이다. 내 자신을 지키는 것도 중요하지만 한 발짝 물러나 조금 늦더라도 함께 나아가는 것. 그것이 결국엔 행복으로 가는 지름길이라 믿기 때문이다.

대자연 앞에서 느낀
인간의 나약함

아마존에서는 내가 침범자다

4일 차. 하루 종일 40킬로미터 이상 뛰어야 하는 날이었는데, 이날은 유독 몸이 힘들었다. 일직선도 아니고 온통 구불구불한, 그것도 그냥 길도 아닌 수풀을 헤치고 가는 건 정말 힘겨웠다. 달려도 달려도 끝이 보이질 않았다. 정신 줄을 잠깐이라도 놓으면 리본을 놓치는 바람에 왔던 길을 되짚어 가야 했다.

그때는 거의 체크포인트를 한두 개 정도 남기고 이미 8시간 이상 뛰어온 상태였다. 지칠 때로 지친 데다 목적지까지 얼마 남지 않앉다는 생각에 체크포인트에서 벌러덩 누워버렸다.

한 5분쯤 지났을까. 영국에서 온 동료 크레이그가 헐레벌떡 달려오더니, 얼굴이 하얗게 떠서는 어쩔 줄 모른 채 거칠게 숨을 몰아쉬었다. 그리고 그 자리에 털썩 주저앉아버렸다.

"말도 안 돼……. 내 눈앞에 나타났어. 분명히 봤다고!"

"뭘 봤는데? 자세히 이야기해봐."

"재, 재규어랑 같이 뛰었어."

"뭐? 재규어?"

"혼자 뛰고 있는데 바로 나무 건너편에서 누가 같이 뛰고 있는 것 같은 거야. 그래서 고개를 돌렸는데 바로 옆에 재규어가 뛰고 있었어. 순간 나는 죽었다고 생각했지."

"그래서 어떻게 했는데?"

"속도를 그대로 유지하면서 계속 앞만 보고 달렸어. 갑자기 멈추면 재규어가 눈치챌 것 같아서."

그는 그 이야기를 하면서도 진정하지 못했다. 나 역시 온몸에 닭살이 돋았다. 사실 재규어를 직접 보고 싶다는 생각을 하기도 했었다. 그러나 하얗게 질려버린 그의 얼굴을 보니 내 평생 보지 않아도 될 것 같다는 생각이 들었다.

5일 차. 늪지대를 나와 땅을 밟으면서 난생 처음 육지라는 존재에 고마움을 느끼며 숨을 돌리려는데, 동그란 눈동자와 마주쳤다.

'이건 또 뭐야?'

자세히 보니 내 키의 반 정도 되는 몸집에 온몸이 노란색을 띠고 있는 원숭이였다. 원숭이라! 그래, 여기가 아마존이었지! 우리는 서로의 눈을 계속 응시했다. 참 신기했다. 동물원에서 쇠창살 속 원숭이를 쳐다본 적은 있어도, 이렇게 원숭이의 집에 내가 들어와 그와 눈빛을 교환할 줄이야!

'내가 조금만 움직여도, 쟤도 움직이겠지?'

숨을 죽이고 살금살금 움직이려는 순간, 갑자기 '그'가 정글 속으로 달려갔다. 그때였다. 뒤쪽 나무숲에서 약 200마리는 돼 보이는 원숭이 무리가 점프하고 뛰고 구르고 난리법석을 떨더니, 마치 적에게 습격을 당한 양 정글 속으로 우당탕탕 도망치기 시작했다.

내가 아니라 그들이, 즉 정글의 주인이 날 보고 도망가고 있는 것이다. 만약 그들이 날 공격했다면? 한국과는 거의 정반대에 위치한 정글 속에서 한 무리의 원숭이를 먹여 살리는 사명을 다하고 이 세상을 떠났으리라.

생명의 위협에서는 벗어나서였을까? 그 상황이 참으로 웃겼다. 끝없이 이어지는 원숭이의 행렬을 보면서 내내 "우와!" 감탄사를 연발했다. 그 특별한 장면을 더 생생히 기억하고 싶어 그들이 시야에서 사라질 때까지 지켜보았다.

모든 원숭이가 다 떠났다고 생각될 즈음, 이제 다시 갈 길을 가기 위해 발길을 돌리는데 자그마한 새끼 원숭이가 보였다. 그 작은 생명체는 겁에 잔뜩 질린 모습으로 그들의 꽁무니를 쫓아 총총걸음으로 뛰어가고 있었다.

극한에 다다르자 찾아온 기적

밤 10시. 옆에 뭐가 있는지, 발 위로 뭐가 지나가는지 전혀 알기 어려울 만큼 어두컴컴한 정글 속에서 나는 여전히 달리고 있었다. 가장 긴 구간을 뛰어야 하는 날이라 그런가. 깜깜한 새벽, 오전 5시에 출발했는데 아직 반도 오지 못했다. 엎친 데 겹친 격으로 체력이 바닥나고 있음을 느꼈다. 결국 클라슨에게 이렇게 말했다.

"클라슨, 도저히 안 되겠어. 너 먼저 가."

"무슨 소리야! 그런 말은 꺼내지도 마."

"포기하겠다는 게 아니야. 너가 계속 내 페이스에 맞춰서 뛰면 넌 너대로 힘들어질 거야. 냉정하게 생각해야 해. 너도 나도 마라톤을 절대 포기하지 않기로 했잖아. 하지만 각자 페이스로 잘 완주하는 게 가장 중요하다 생각해. 대신 약속해. 어떤 순간이 와도 절대로 멈추지 말고, 무조건 결승점에서 만나기로."

클라슨은 처음엔 멈칫하였으나 계속되는 설득에 결국 고개를 끄덕였다.

"클라슨, 너는 아이들과의 약속, 나는 나와의 약속을 반드시 지키는 거야. 결승점에서 봐!"

펭귄처럼 걷고 있는 나 때문에 동료의 기록까지 망쳐버릴 수는 없었다. 클라슨을 위한 것만큼이나 나를 위한 일이었다.

새벽. 아마존 정글. 거친 내 숨소리만이 날 감쌌다. 재규어가 튀어나와 날 물어뜯고, 누가 갑자기 나타나 날 해친다 해도 꼼짝없이 당할 수밖에 없는 상황이었다. 새벽이 깊어질수록 어둠에 대한 공포는 극심해졌다. 살면서 전혀 느끼지 못했던 내 감각이 모두 깨어나 오직 '생존'이라는 것에 집중하고 있음을 느꼈다. 아주 작은 소리에도 고개가 돌아갔다. 클라슨을 괜히 보냈나 후회하기도 했다. 두려움 그리고 살아남아야 한다는 감정만이 날 지배하고 있었다.

그때 뒤에서 누군가가 오는 소리가 들렸다. 실루엣이 얼핏 보였다. 두 명의 사람이 날 향해 오고 있었다. 도대체 누굴까? 설마 내 인생이 이렇게 끝나는 건 아니겠지? 내 뒤로 체크포인트에서 잠을 자고 오겠다고 했던 선수가 있긴 했는데, 제발 그들이기를……

점차 그들의 정체가 드러나기 시작했다. 선수들을 서포트해주는 브라질 군인들이었다. 다행이다. 지금 이 순간, 그들은 하늘이 보내준 구세주임에 틀림없었다.

대회를 치르기 전에는 정글이라는 환경이 가장 무서울 거라 생각했다. 그러나 이제는 어떻게 내가 여기까지 왔는지를 망각한 채 수많은 사람들의 응원과 기대를 한순간에 저버리고 주저앉아버릴 내 자신이 가장 두려웠다. 그렇다. 정글에서 만난 가장 최고이자 최악의 적은 바로 '내 자신'이었던 것이다.

새벽 4시.

여전히 나는 걷고 있었다. 동이 트기 전, 가장 어두운 새벽이었지만 아직도 수십 킬로미터나 더 가야 했다. 오늘 밤 7시 안에는 절대로 도착할 수 없다는 건 명백한 사실이었다. 눈물이 와르르 쏟아져내리려는 걸 간신히 참았다.

'내가 여기까지 어떻게 왔는데……'

몇 개월간의 노력이 고작 내 몸의 한계로 무너져야 한다니! 긍정적으로 생각하려 했지만 내가 재규어처럼 뛰어도 절대 제 시간 안에 도착할 수 없다는 건 부정할 수 없는 명백한 현실이었다.

끝났다.

순간, 참고 있던 눈물 한 방울이 뚝 떨어졌다.

내가 아무리 발버둥치고 열정적으로 덤벼도 안 되는 일도 있다는 걸 처음으로 깨달았다. 수없이 터져버린 물집 때문에 한 발짝 내딛는 것도 미치도록 괴로운데, 누가 날 업어서 데려다줄 수도 없는 이 상황이 원망스러웠다. 내가 할 수 있는 일이라고는 이 속도를 유지한 채 앞으로 나아가는 것밖에 없었다. 더 비참한 건 눈물이 나는 그 와중에도 졸음이 쏟아지는 바람에 꾸벅꾸벅 고개를 떨구고 있는 내 자신이었다.

허망함이 끝을 달렸다. 재수를 할 때도, 해병대에서도, 히말라야에서도, 독도 수영을 할 때도 몸은 상상 그 이상으로 위대하다고 생각했는데……. 결국 난 이것밖에 안 되는 존재였다. 인간은 생각하는 동물이라고 하지만, 결국 본능이 충족되어야만 살 수 있는 짐승일 뿐이었다. 먹고 자고 싸는 문제가 해결되지 않으면 결국 죽는 것이다. 졸다가 옆길로 빠지려 할 때마다 나는 내 뺨을 수차례 때렸다.

'이동진, 넌 절대 죽지 않아. 걱정 마. 니가 얼마나 독한지 너도 모를걸. 그러니까 계속 가보자.'

5일간 150킬로미터를 넘게 달리면서 수면시간은 하루 평균 5시간, 아침·저녁 식사도 건조식량 한 봉지가 전부였다. 그리고 점심은 행동식(行動食, 행동 중에 조리하지 않고 먹을 수 있는 식량)이라며 제공받은 초콜릿 영양바가 다였다. 그러니 힘이 없는 건 너무나 당연했다.

자꾸만 흘러내리는 눈물을 훔치며 중얼거렸다.

'괜찮아, 씨발. 끝까지 가는 거야.'

얼마나 지났을까.

갑자기 하늘 저 끄트머리에서 빛이 나기 시작했다. 그리고 불과

10분쯤 지나자, 대지가 뜨거운 기운으로 달궈지더니 어두운 장막을 한방에 걷어버렸다. 태양이 바로 코앞에 와 있는 것 같았다. 눈이 시릴 만큼 따가운 햇빛이 내 안구 속으로 쏟아져내리고, 뜨거운 용광로 같은 햇살이 내 몸으로 들어오더니 온몸을 휘젓기 시작했다.

그러자 심장박동이 빨라지면서 머릿속이 환해졌다.

번쩍!

갑자기 정신이 깨어났다. 그 순간, 잠에서 '완전히' 깨어났다. 그 느낌을 단 한마디로 표현하자면 기. 적. 이. 었. 다.

다시 태어난 느낌, 다시 살아난 느낌, 어둠의 장막 속에서 구원된 느낌. 말로 형용할 수 없는 느낌이 기나긴 밤 내 몸이 감내했던 고통을 어루만져주었다. 모든 고통이 단번에 치유된 것 같았다.

용기가 솟아났다. 희망이란 단어가 머릿속을 가득채우면서 갑자기 뭐든 할 수 있다는 생각이 들었다. 나는 그 기적 같은 순간을 꼭 기록하고 싶어 함께 걷는 군인에게 부탁해 영상을 찍었다.

카메라를 향해 난 오직 이 한 마디만 던졌다.

"절대로 포기 안합니다. 절대로!"

포기라는 말을 꾹꾹 눌러담고 있다가 던져버리는 순간, 혹시나 내가 정말 포기해버릴까 봐 두려웠던 나는 드디어 그 공포에서 해방되었다!

결국 새벽 5시(5일 차)로부터 41시간이 지난, 밤 10시(6일 차)에 결승점에 도착했다. 나를 본 선수들이 환호하기 시작했고, 나와 클라슨은 서로를 발견하자마자 힘껏 부둥켜안았다.

사실 모든 선수들은 공식 거리보다 더 많은 거리를 뛰고 있었다. 거리 측정이 가능한 지피에스(GPS)를 들고 뛴 한 선수가 말하길, 실제로 우리가 달린 거리가 예정된 거리보다 훨씬 길다는 것이다(실제로 7일간 지피에스에 찍힌 거리는 260km가 넘었다). 선수들은 대회 중간중간 정확하게 측정되지 않은 구간에 대해 이의를 제기했고, 그러던 중 밤 늦게 도착하는 선수들, 적절한 구간에 물이 없어 탈진하는 선수들이 속속 나타나기 시작하자, 운영진들이 긴급회의를 소집하고 대책을 내놓았다.

6일 차 오후, 운영진은 금일 롱데이를 포기하더라도 완주로 인정해주겠다고 밝혔다. 여기서 달리는 것을 포기하면 아마존 강 유역을 따라 배를 타고 5번째 스테이지의 결승점으로 이동시켜준 후 5번 스테이지를 뛴 것으로 인정해주겠다는 것이다. 그들은 그런 방식으로 선수들의 화를 누그러뜨리려고 했다.

그러나 그건 선수들을 위한 배려가 절대 아니었다. 운영진은 선수들이 왜 달리고 있는지 전혀 이해하지 못하는 듯했다. 전 세계 15개국에서 참여한 45명의 선수들은 메달을 위해 이곳에 온 것이 아니다. 자신과의 싸움을 위해 여기까지 온 것이다. 그런데 포기하더라도 메달을 줄 테니 롱데이 구간을 멈추고 싶은 사람은 그만두라고? 이건 이 대회의 취지와는 거리가 먼 처사였다.

어쨌든 실제로 더 이상 뛰지 못하겠다고 판단한 선수들은 포기했고, 나머지는 계속 경기를 이어나갔다. 그리고 경기 규칙이 변경되어 시간에 관계없이 도착하기만 해도 5, 6일 차 경기를 완주한 것으로 인정받을 수 있게 되었다.

결국 총 45명 중에 100킬로미터 구간(아마존 정글 마라톤에는 222km, 100km 두 가지 종목이 있었다)을 신청한 몇 명을 제외한 선수 중 11명이 실제로 222킬로미터를 뛴 완주자가 되었다. 그리고 그 안에 나와 클라스도 포함되어 있었다.

골인할 때 기분이 어땠냐고? 역시나 그 순간은 히말라야의 정상에 올랐을 때와 비슷했다. 그간 쌓인 모든 감정들이 뛰쳐나오면서 심장이 터질 것 같은 희열을 느꼈지만 그건 잠시뿐이었다.

골인 자체는 큰 의미가 없었다. 그보다 밤마다 정글 속에서 혹시 재규어가 뛰쳐나오지는 않을까 걱정하면서도 뛰어야 했던 그때, 늪지대에서 영영 못 빠져 나오는 것은 아닌가 싶었던 그 순간, 바로 그런 것들이 내 인생의 경험치와 내공을 올려주었다. 결과라고 하는 것은 인생의 어떤 한 포인트일 뿐, 삶을 이루는 모든 것은 '과정'이다. 어쩌면 죽음조차도 과정일지 모른다는 생각마저 들었다.

내가 경험한 아마존은 살아 있는 곳이었다. 내가 용기를 내서 이곳에 오지 않았다면, 난 평생 아마존은 텔레비전에서나 보는 곳이라고 생각했을 것이다. 그리고 거긴 내가 절대 갈 곳이 못 된다고 철석같이 믿고 있었을 것이다.

그때부터 나는 생각으로 만들어낸 것은 절대 신뢰하지 않기로 했다. 물론 현장에서 경험한 것만을 무조건 믿어야 한다는 뜻은 아니다. 다만 그 뒤에 엄청나게 좋은 일이 있을 수도, 엄청나게 힘든 일이 있을 수도 있는데, 하기도 전부터 이것저것 재고 따지면서 날 포기하게 만드는 짓은 더 이상 하지 않겠다는 결심을 했을 뿐이다.

대자연을 두 눈으로 직접 보고 그 안에서 함께 호흡하며 달린 것은 정말 특별한 경험이었다. 사실 악어에게도, 재규어에게도, 원숭이에게도 아마존은 자기네 터전이다. 그런데 거기에 느닷없이 한 번도 본 적 없는 인간들이 나타났으니 얼마나 놀랐겠는가. 그러니 내가 미안해해야 한다. 그곳에서만큼은 그들의 삶을 존중해야만 한다.

6박 7일간 달리는 동안에는 인간의 위대함을 느꼈던 반면, 아마존의 대자연 앞에서는 인간의 나약함을 배울 수 있었다. 마라톤이라는 레이스를 했기에, 그리고 그곳이 아마존이었기에 이런 상반된 깨달음을 얻을 수 있었으리라. 역시 경험은 그 어떤 지식보다도 대단하다.

◆ 자전거 미국횡단

자전거를 구하려고
전화를 걸었다

미국횡단, 도대체 어디서부터 어떻게 시작해야 할까

아시아나 드림윙즈의 최종 3인으로 뽑히고 나서 나는 미국행 왕복 티켓을 얻을 수 있었다(미국에서 브라질까지 이동하는 데 드는 비용은 경희대에서 지원해주었다). 체류 기간 중 대부분은 마라톤 대회에 써야 하니 남은 기간은 2주밖에 없었다. 하지만 미국 왕복 항공권의 유효 기간만 길다면, 마라톤을 끝낸 후 나머지 기간에 미국에서 새로운 도전을 이어갈 수 있지 않을까?

티켓팅을 담당하셨던 위정주 매니저님께 내가 미국에서 체류할 수 있는 기간이 얼마나 되는지 여쭤봤다. 3개월 오픈티켓이므로 그 안에 한국으로 돌아오기만 하면 된다는 답변이 돌아왔다.

물어보길 참 잘했다. 나는 미국에서 2개월 하고도 반이라는 시간을 갖게 된 것이다. 보통의 친구들도 여기까지는 생각하고 행할 수 있으리라 생각한다. 문제는 그다음이다. 아무것도 준비되지는 않았지만, 약 2개월 반 동안 미국에 있을 수 있다는 것을 알게 되었다면, 당신은 무엇부터 하겠는가?

내가 생각해낸 것은 '자전거'였다. 독도는 수영으로 건넜고, 아마존은 마라톤으로 뛸 것이니, 미국대륙을 자전거로 횡단하면 나만의 '철인삼종 프로젝트'가 완성되는 것이다.

프로젝트를 실현하기 위해 시작한 것은 아주 사소한 일이었다. 바로 미국 지도 한 장을 사는 것! 나는 바로 지도를 구입했고, 그 지도 위에 내가 가고자 하는 곳을 체크하여 모두 선으로 연결시켰다.

이렇게 일단 행동으로 옮기고 나니 어렴풋이나마 미국횡단이 현실화돼가는 느낌이 들었다. 그러고 나니까, 자전거로 미국대륙을 달리고 있는 내 모습이 그려졌다. 가고 싶다는 절박함이 눈덩이처럼 순식간에 커져버린 것이다.

내가 잡은 출발지는 뉴욕이었고, 도착지는 로스앤젤레스(LA)였다. 그렇게 결정을 내리자마자 나는 위정주 매니저님께 다시 연락을

Part2. 도전은 온몸으로 하는 것이다 **153**

드려, 계획한 날짜에 맞게 왕복 항공권을 예매해버렸다. 약 90일간의 모험은 그렇게 시작된 것이다.

물론 그때까지 내가 한 일이라곤 대강의 루트만 잡고, 비행기 티켓을 구해놓은 것뿐이었다. 여행경비와 기타 각종 장비 등 자전거 횡단에 필요한 다른 세세한 사항은 그 어떤 것도 준비되지 않은 상태였다. 하지만 그렇기에 일이 착착 진행될 수 있었다고 본다. '내가 어떻게 그런 걸 하겠어?'라는 생각 대신 자연스럽게 미국횡단에 필요한 것을 어떻게 구할지를 고민하게 되었으니까.

결국 미국횡단의 시작은 '지도 한 장을 산 것'이었다. 이건 누구나 따라 할 수 있을 만큼 너무나 간단한 일이다. 그러니 시작은 어렵지 않다. 내가 할 수 있는 가장 쉬운 일을 그냥 하면 된다.

하지만 나에게 가장 큰 문제가 하나 남아 있었다. 자전거 미국횡단을 기획했는데 막상 자전거가 없다는 것. 미국횡단을 위해서 꼭 고가의 특수한 자전거가 필요한 건 아니다. 짐을 싣고 6000킬로미터를 완주할 수 있는, 차체가 튼튼한 자전거면 충분하다. 어쨌든 지금 당장 자전거를 구매할 돈이 없는 상황에서 자전거를 꼭 구해야만 한다면 당신은 어떻게 하겠는가?

이때 여러 가지 대안이 나올 것이다. 자전거 횡단을 포기하고 걸어서 하는 여행을 계획할 수도 있다. 아니면 부모님께 부탁을 드리거나 돈을 꿔서 자전거를 살 수도 있다. 아니면, 그냥 자전거는 포기하고 한 도시에서 오래 머무는 것으로 계획을 변경할 수도 있다. 하지만 나는 배짱 좋게도 그런 것들은 아예 생각조차 하지 않았다.

그럼 어떻게 했느냐고? 자전거가 없으니 스폰을 받아야겠다고 결심했다. 웃기지 않은가? 도대체 내가 뭐라고. 내가 생각해도 어이가 없었지만 일단 실전으로 들어갔다.

처음엔 무작정 자전거를 후원해줄 기업에 전화하거나 메일을 보냈다. 물론 매번 보기 좋게 거절당했다. 한번은 A회사의 성남 대리점을 직접 찾아가 사장님께 여쭤보았다.

"안녕하세요. 미국횡단을 하려고 하는 대학생인데요. 제가 자전거가 필요해서 여기저기 연락을 취하고 있습니다. A회사에서 저 같은 대학생을 후원해줄 가능성이 얼마나 될까요?"

나름 긍정적인 답변이 오리라 믿었는데, 이게 웬걸? 예상했던 것과는 전혀 다른 답변이 튀어나왔다.

"대학생에게 스폰을 준다고요? 그것도 고가의 자전거를? 학생은 자전거 잡지에 여행기 같은 건 기고해본 적 있어요? 아니면 대회에 나가서 입상을 해본 적이라도 있나요? 요즘은 국가대표 선수들도 최고가 아니면 스폰이 불가능합니다. 그런데 어떻게 아무 경험도 없는 평범한 학생에게 회사에서 자전거를 대주겠어요? 다른 방법을 찾아보세요. 아무래도 스폰은 어려울 것 같네요."

실망스러웠다. 하지만 역시 부딪히는 자에겐 희망이 있음을 또다시 깨달았다. 이 말을 듣고 좋은 아이디어가 떠올랐기 때문이다.

지금까지 했던 것처럼 무조건적으로 자전거를 달라고만 했다가는 자전거 스폰은 점점 먼 나라 얘기가 될 것이다. 하지만 생각해보니 나에게도 특별한 무기가 있었다.

열정? 그게 없었다면 시작조차 하지 못했을 것이다. 문제는 하고 싶다는 마음과 추진력만으로는 절대 자전거를 구할 수 없다는 것이다. 하지만 위와 같은 과정을 통해 현실적이면서 동시에 성공 가능성을 높일 수 있는 나의 무기를 알게 되었다.

나는 원래부터 무전여행 형식으로 미국횡단을 하려 했다. 돈이 없었으니까. 그런데 바로 그 경제적 제약이 이 문제를 해결할 수 있는 열쇠였던 것이다. 돈 없이 미국 대륙을 달리는 것은 정말 힘든 일이지만 그렇기에 특별한 이야기가 만들어질 것이다. 게다가 다른 곳도 아닌 미국을, 그것도 자전거로 횡단하는 건데 왜 그 생각을 하지 못했을까? 그래, 바로 횡단기를 연재하면 된다!

그래서 방법을 바꾸었다. 그 즉시 자전거 전문 잡지사《더 바이크(THE BIKE)》의 홍보팀 전화번호를 찾아 전화를 걸었다.

"안녕하세요. 얼마 뒤면 미국대륙을 60일간 횡단할, 대학생 이동진입니다. 자전거를 타고 무전으로 횡단한 사례가 있습니까?"

"그런 사례는 들어보지 못했습니다."

"그럼 무전으로 미국횡단을 한다면 귀사의 잡지에 연재가 가능할까요?"

"가능합니다. 신선한 소재이니 저희야 너무 좋죠."

"좋습니다! 그럼 제가 무전으로 미국횡단을 하고 와서, 귀사에 횡단기를 연재하도록 하겠습니다."

"네, 그렇게 하시죠!"

대박! 대화의 물꼬가 트인 것이다. 이제 그 대화를 내가 어떻게 끌고 가느냐가 관건이었다. 나에겐 자전거가 꼭 필요하니까.

"감사합니다. 그런데 저에게 아주 간단한 문제가 있어 도움을 좀 받고 싶습니다."

"어떤 문제인가요?"

"다름이 아니라, 제가 미국에 갈 준비는 다 되었는데, 딱 한 가지 문제가 있어서요. 자전거가 준비되지 않았습니다. 그래서 스폰을 받기 위해서 여기저기 방문했는데 해결이 안 되더라고요. 자전거 회사와 연결해주신다면 제안서를 보여드리고 꼭 설득해보겠습니다!"

"그래요? 알겠습니다. 한번 찾아보고 다시 말씀드리겠습니다."

전화는 그렇게 끝이 났다. 나는 곧바로 제안서와 이력서를 보냈고, 그로부터 정확히 6일 뒤 성사된 것 같다는 메일이 도착했다.

아주 작은 관점의 변화로 쥐뿔도 없는 내가 자전거 스폰을 받는 기적이 일어난 것이다. 하긴, 생각해보면 내가 유명인도, 국가대표 금메달리스트도 아닌데 나에게 자전거를 후원해줄 거라고 믿었던 것 자체가 자만이었는지도 모른다. 나도 그들에게 무언가를 줘야 하는 게 너무나 당연한 것이다.

나는 그렇게 상대방을 설득하는 수많은 방법 중 한 가지를 배우게 되었다. 만약 지금 다시 미국횡단을 준비하라고 하면 불과 며칠 내로 모든 협찬을 마무리할 수 있을 것 같다. 이처럼 사람이 아무것도 행하지 않은 상태에서 번뜩이는 아이디어나 통찰력을 얻는 일은 거의 없다고 확신한다. 수많은 경험과 행동이 쌓이고 쌓여야 새로운 생각도 튀어나오는 것이리라.

나는 자전거를 받기 위해 《더바이크》 사에서 연결해준 엘파마(ELFAMA, 산악자전거 및 로드바이크 생산업체) 본사로 가서 전무님을 찾아뵈었다. 너무나 감사하게도 젊은이의 열정과 패기를 보고 응원하는 차원에서 지원해주는 거라고 하셨다. 그렇게 내 자전거뿐만 아니라 나와 함께 미국횡단 길에 오를 대학 동기, 세계일주를 할 친구의 것까지, 총 세 대의 자전거를 지원받았다. 게다가 자전거 의류와 부속품까지도 모두 세 개씩을 지원받게 되었다.

돌이켜보면 처음엔 후원 같은 건 불가능한 일이었다. 방법을 찾으면 찾을수록 자전거와는 점점 멀어지는 것 같아 좌절하기도 했다. 하지만 그렇게 이 회사, 저 회사에 전화를 걸고 메일을 보낸 그런 과정들이 없었다면, 과연 이와 같은 일이 일어날 수 있었을까?

나는 이 기적 또한 조금은 사소한 결핍과 걸림돌에서부터 시작되었다고 본다. 대리점 사장님으로부터 현실적인 말씀을 듣고 나서야 내 상황을 객관적으로 직시하게 되었고, 그로부터 내가 가진 것과 갖지 못한 것이 무엇인지를 명확하게 파악할 수 있었으니까. 내가 처음부터 자전거를 살 돈이 있었거나 부모님께 손을 벌렸더라면 이런 특별한 경험은 절대 하지 못했을 것이다.

많은 친구들이 도전을 하려 하다가도 수많은 걸림돌에 부딪혀 포기하는 것을 자주 본다. 아니, 시작조차 못하는 경우도 많다. 하지만 한 번만 생각해보자. 과연 그게 걸림돌일까?

여러분은 날 나아가지 못하게 만들고, 결국엔 넘어뜨리는 것이 걸림돌이라 생각할 것이다. 그렇다면 걸림돌은 왜 나타나는 걸까? 오직 날 방해하기 위해서?

아니다. 나는 걸림돌이야말로 우리가 고마워해야 하는 대상이라 생각한다. 일사천리로 일이 풀릴 때일수록 절대 방심해서는 안 된다. 아무 문제없이 가다 보면 자만에 빠져 액셀만 밟은 채 무작정 앞만 보고 달릴 수도 있다. 목적지까지 무사히 도착하면 다행이지만, 어느 순간 잘못 가고 있음을 깨달았을 땐 돌이키기엔 이미 너무 늦었을지도 모른다.

걸림돌은 브레이크와 같은 역할을 한다. 지금 내가 가고 있는 것이 정말 맞는지 한 번만 더 깊이 생각해볼 기회를 주는 것이다. 넘어진 순간도 마찬가지이다. 그때는 잠시 마음에 여유를 갖고 '내가 왜 넘어졌을까' 생각하며 다시 툭툭 털고 일어나면 된다. 그 휴식의 시간은 우리를 성찰하게 도와주고, 같은 실수를 반복하지 않도록 이끈다. 그리고 그렇게 새롭게 일어설 때 '걸림돌'은 날 다시 도약하게 만드는 '디딤돌'이 된다.

나는 돈이 없는 것을 걸림돌로 생각하지 않았다. '과연 돈 없이 할 수 있는 방법은 무엇일까'를 모색해볼 수 있는 기회를 얻었다고 생각했다. 자전거가 없는 것도 마찬가지였다. 오직 배짱으로 스폰을 부탁하면서 거절도 당해보고 새로운 제안도 해보는 과정에서 분명 배우는 게 있을 거라 여겼다.

뭐든 쉽고 편하게 가면 얼마나 좋겠는가. 하지만 전 생애를 놓고 볼 때 그것은 결코 큰 도움이 되지 못한다. 편안함은 내 체력이 떨어져 더 이상 새로운 일을 할 여력이 없을 만큼 나이를 먹었을 때 바라야 하는 것이다. 청춘이라는 시기에 스스로 불편해지지 않으면, 나중에는 새로운 시도를 하려 해도 어디서부터 어떻게 시작해야 할지 몰라 더더욱 망설이게 될 것이다.

그래서 영어도 못하고, 아는 사람도 없고, 돈도 없어 외롭고 배고프겠지만, 반드시 자전거로 미국 11개 주를 가로질러 총 6000킬로미터 횡단을 성공적으로 마무리하겠다고 다짐하고 또 다짐했다.

돈이 없었기에
매일매일이 특별했다

"저를 재워주시면 제 이야기를 들려드리겠습니다"

2011년 10월 17일. 또다시 모험은 시작되었다. 그다음 날 18일, 미국 맨해튼의 한 한인 숙소에 도착해 약 사흘간 '자전거 미국횡단 프로젝트' 준비를 마쳤다. 그리고 일기를 썼다.

> 준비, 준비, 그러나 준비는 다 끝나지 않았다. 그래도 느껴진다. 내가 출발할 시간이 온 것을. 내 심장이 뛰기 시작했다. 도대체 미국이라는 나라는 어떤 곳일까? 백인 우월주의, 패스트푸드, 개인

> 주의, 정이 없는 나라, 위험한 나라, 모든 게 부유한 나라……. 어떤 게 답인지 아닌지 내 두 눈으로 직접 볼 것이다. 진실은 사람들 입에 오르내리는 것이 아님을 꼭 확인하고 싶다. 두려움이 사람들의 도전을 가로막듯 잘못된 인식이 얼마나 많은 편견을 만들어냈는지, 나는 경험으로써 반드시 확인할 것이다. 밤이 너무나도 깊었다. 조금이라도 자야겠다.

지금까지 수많은 도전을 했고, 패기 있게 달려왔음에도 역시나 새로운 도전 앞에선 늘 두렵다. 하지만 실전에 돌입해 잘해내고 있는 나를 그려보면 그때부터 아드레날린이 온몸을 휘감는다. 어느 순간 심장이 두근두근거리고, 하루라도 빨리 그곳에 가서 온몸으로 모든 것을 받아들이고 싶어진다. 하지만 막상 그 상황에 들어가면, 상상했던 것과는 다른 세상이 펼쳐진다.

독도 수영을 하러 갔을 때도 가기 직전까지는 두려움과 함께 환상을 갖고 있었다. 하지만 슈트와 오리발을 끼고 바다와 마주하자 철썩거리는 파도소리만 귓속을 맴돌았다. 그리고 지구가 둥글다는 것을 증명하는 수평선을 멍하니 바라보고 있는 것이 내가 할 수 있는 일의 전부였다.

그리고 몇 걸음 안 가 오리발 사이로 차가운 바닷물이 들어와 내 발가락의 감각을 깨우는 순간, 비로소 깨달았다. 바다가 미치도록 두렵다는 사실을. 그리고 그때부터 도전은 현실이 된다.

미래를 완전하게 예측할 수 없는 건 인간의 특권이다. 무슨 일이 일어나는지를 알 수 없으니 멋모르고 도전할 수 있는 것 아니겠는가. 그런데 도전이 시작되면 내가 두려워하는 것들이 피부로 느껴진다. 바닷속에 들어가서 헤엄을 치고 있는 중에 이전까지는 단 한 번도 해본 적 없는 별의별 생각들이 내 패기와 용기를 짓누른다. 물에 들어가기 전까지 몰랐던 것을, 왜 물속에 들어와야만 알게 되는 걸까. 이럴 줄 알았으면 오지 않았을 텐데. 이미 일은 벌어졌고, 도대체 나보고 어쩌란 말인가. 그때부터는 열정, 패기, 용기 이런 단어조차 사치다. 그냥 살기 위해 버틴다.

상상 속의 두려움과 피부로 느끼는 두려움은 어마어마하게 다르다. 상상은 오싹한 정도라면 피부로 느끼는 두려움은 죽음까지 떠올리게 만든다. 그리고 오직 한 가지의 길만 내 앞에 놓여 있다. '끝까지 해내는 것.' 내가 왜 여기에 왔고, 무엇을 얻기 위해 왔고, 어떻게 해낼 것인지 따지는 건 딱 물에 들어가기 직전까지만 통하는 이야기이다. 물에 들어가는 순간부터는 그저 '해야 할' 뿐이다.

미국에 오기 전까지도 마찬가지였다. 페달을 밟기 전까지는 말로만 듣던 드넓은 미국대륙에서 자전거를 타고 있는 내 모습을 상상하며 지냈다. 그런데 뉴욕에서 출발 준비를 마치고 슬슬 떠나야 할 때가 오니 현실이 느껴졌다. 정말 잘해낼 수 있을까? 미치도록 불안하다.

그런데 자주 두려움을 겪으면서 깨달은 것이 하나 있다. 두려움이란 감정은 불가능을 알려주는 신호가 아니라 뭔가를 해보려 하는 '도전자의 감정'이라는 사실이다.

자전거 페달을 밟고 6000킬로미터를 달려야 하는 지금, 이제 나는 안다. 두렵지만 이 감정 자체를 받아들인 채 그냥 실행하다 보면, 결국 두려움에 익숙해지고 어느새 즐기게 된다는 것을.

그래서 나는 두려움이 느껴지는 순간, 늘 이렇게 외쳤다.

"이 자식, 또 왔구나!"

그것이 진정으로 가치 있고 가슴 뛰는 삶이라면, 그리고 그 일을 함으로써 세상이 조금이라도 더 좋은 방향으로 굴러갈 수 있다면 나는 아무리 사소한 일도 일단 해보는 게 맞다고 생각한다.

사실 내가 그토록 불안했던 데에는 현실적인 세 가지 이유가 있었다. 첫째, 돈이 100만 원도 채 없었다. 둘째, 아는 사람이 한 명도 없었다. 대학교 때 알고 지내다 이민을 간 친구가 LA 근처에 살고 있긴 했지만, LA는 내 최종 목적지인 데다 그 친구와 만날 수 있을지도 미지수였다. 셋째, 영어를 잘 못했다. 그러니까 한마디로 배짱과 열정만 가지고 출발하는 것이었다. 두렵지만 내가 저지른 일이다. 서점에 가서 질러버린 미국 지도 한 장이 나를 여기까지 오게 만들었음을 이제 와서 부정할 수는 없다.

60일 만에 LA에 도착하는 계획을 세웠기에, 일단 횡단 루트를 60개로 나누었다. 그렇게 매일 계획한 거리를 달려야만 내가 원하는 날에 이 도전이 막을 내릴 것이다.

첫날, 달리면서도 계속 생각했다.

'지금 이 돈으로는 60일 동안 밥도 제대로 못 먹고, 잠도 제대로 잘 수 없겠지. 20일도 못 가서 빈털터리가 될 테니 대책 마련이 시급하군. 그러니 이번에도 내가 갖고 있는 것을 최대한 활용하자!'

나는 한국에서 온 20대 청년이다. 미국인들도 평생 해보지 못한 대륙횡단을, 그것도 자전거로 해내려 한다. 그러니 미국을 돌면서 얼마나 많은 것을 보고 느끼겠는가. 게다가 아마존 정글에서 마라톤을 한 경험도 있고, 세계에서 가장 높은 히말라야 산맥의 산을 오른 적도 있지 않은가? 이런 특별한 경험이야말로 지금 내가 갖고 있는 가장 큰 무기일 것이다.

무작정 재워달라고 할 수도 있겠지만 자전거를 후원받았을 때의 교훈, 즉 '무언가를 받으려면 나도 무언가를 줘야 한다'는 사실을 잊지 않았다. 그래서 나는 '날 재워준다면 나의 특별한 이야기를 들려드리겠다'고 할 참이었다. 엄청난 배짱이 필요한 일이었지만 그것밖에 마땅히 할 수 있는 게 없었다.

뉴욕에서 출발한 첫날엔 결국 내가 목표한 곳까지 가지 못했다.

그래도 오후 5시가 되기 전에 어떻게든 잠잘 곳을 구해야만 했다 (그도 그럴 것이 값싼 모텔마저 하루에 약 50달러가 들었다. 당시 나는 약 1천 달러를 갖고 있었으므로 최대한 아껴야만 했다). 잠자리 구하기 미션에 실패하면 정말로 길바닥에서 자야 할지도 모른다는 생각이 들자, 내 영어 실력 따위는 더 이상 문제가 되지 않았다.

마침 어느 초등학교 앞에 도착했다. 학교 운동장에서는 럭비시합이 한창이었다. 그 경기를 보려고 부모들이 삼삼오오 모여들었다. 나는 그들에게 재워달라고 부탁했다. 하지만 다들 우리 집에는 아이들이 있어 곤란하다거나, 빈 방이 없다고 했다. 그리고 얼굴에는 불편한 기색이 역력했다. 하긴, 갑자기 어느 외국 청년이 다가와 집에서 잠 좀 재워달라고 했을 때 흔쾌히 재워 줄 수 있는 사람이 몇이나 될까? 나도 그 정도는 충분히 각오하고 있었다.

중간중간 내가 오늘 두 다리를 뻗고 잘 수는 있을지 정말 의심스럽기도 했지만, 애써 날 안심시키며 무려 2시간이 넘게 계속해서 물어봤다. 그러다 보니 어느새 해가 저물어가고 있었다. 능청스럽게 물어보는 것에는 익숙해졌지만 마음은 점차 조급해졌다. 할 수 없이 그곳을 떠나려는데, 자동차 한 대가 주차장으로 들어오는 것이 보였다. 곧바로 아버지와 딸같이 보이는 두 분이 차에서 내렸다. 얼른 다가가 재워주실 수 있는지, 혹은 안전하게 쉴 수 있는 공간을 알고 계신지 여쭤봤다.

고맙게도 그들은 자기 일처럼 정말 심각하게 고민해주셨다. 그러다 갑자기 얼굴이 환해지면서 어떤 곳을 가리키며 저쪽 언덕을 지나면 분명히 그런 곳이 나올 거라고 하셨다. 그리고 여자 분은 자꾸 '파더(father)'가 거기 살고 있다고 말했다. 분명 옆에 있는 분이 아버지인 것 같은데? 그런데 아버지같이 보이는 그분도 거기에 '파더'가 있다면서 행운을 빈다고 하셨다.

'파더라! 그래, 파더를 찾으러 가자!'

그들 말대로 높고 가파른 언덕을 넘고 또 넘었지만 아무것도 나오지 않았다. 언덕을 네 개쯤 넘었을 땐 해가 거의 사라져 헤드라이트를 켜고 달려야 했다. 그분들이 나에게 거짓말을 한 건 아닌지, 길을 잘못 알려준 건 아닌지 점점 의구심이 들었다. 그렇게 달리고 달리다 이제 더 이상은 힘들겠다 싶어 낙담하려는 순간, 갑자기 눈앞에 건물이 나타났다. 바로 교회였다!

'살았다!'

자전거를 계단 옆에 세워두고 교회 안으로 들어갔다. 수십 명의 신도들이 예배를 보고 있었고, 가장 앞에 목사님이 계셨다. 그렇다. '파더'는 목사님을 뜻하는 것이었다. 그걸 그 당시의 내가 알 턱이 없었다.

예배가 끝나자, 목사님이 현관으로 나와 집으로 돌아가는 신도

들에게 일일이 인사를 해주셨다. 그 인사가 마무리되어갈 때쯤 나는 목사님께 다가가 안전하게 잘 수 있는 공간을 하룻밤만 빌려주실 수 있는지 여쭤봤다. 속으로는 현관에서 자는 것도 감지덕지라고 생각했다. 만약 그것도 안 되면 주차장 끄트머리에서라도 자게 해달라고 할 참이었다.

"흠, 그렇군요. 잠시만 기다리시겠어요?"

곧이어 다른 분이 오시더니 내가 잘 곳으로 안내해주셨다. 드디어 잠잘 곳을 얻은 것이다. 그 순간 모든 긴장이 풀렸다.

"방 안에 이불도 갖다놓았고요. 샤워실은 저기 있습니다. 지금 저녁 준비를 하고 있으니 짐 풀고 부엌으로 오세요."

어안이 벙벙했다. 이런 좋은 방은 바라지도 않았을뿐더러 창고여도 상관없다고 생각했는데, 너무나 안락하고 따뜻한 방이었다. 게다가 주방엔 스테이크와 와인까지 준비되어 있었다.

"여기까지 와서 우리가 만나게 된 것은 모두 하나님의 뜻입니다. 충분히 쉬다가 떠나셔도 좋습니다."

그 순간, 목사님을 와락 안을 뻔했다.

뉴욕을 출발할 때 나는 오늘 밤에 이런 일이 일어날 줄은 상상도 못했다. 그리고 여기까지 오는 중에도 '내가 과연 숙박업소가 아닌 곳에서 잠을 잘 수 있을까?' 하는 의문이 날 떠나지 않았다. 하지만 나는 돈을 들이지 않고도 맛있는 음식과 안락한 숙소를 얻게 되었다.

많은 분들이 도대체 100만 원의 돈으로 어떻게 버티려고 그런 미친 짓을 하냐고 물었지만, 나는 그것이 완전히 불가능한 시나리오는 아니라고 생각했다. 우선, 미국도 사람 사는 곳이니 내가 잘 만한 숙박업소가 하나도 없다는 건 말이 안 된다고 판단했다. 그리고 설령 숙소가 없다 쳐도 최소한 내가 밤에 낑겨서 잘 만한 공간(설사 길바닥일지라도)은 곳곳에 널렸다. 또, 최소한의 여비는 있기에 한계에 다다랐을 때는 그 돈을 쓰면 된다.

그래서 나는 미국에 도착하기까지 단 한 곳의 숙소도 정하지 않았다. 뉴욕에서 자전거 횡단을 떠날 준비를 하면서 묵었던 한인 숙소도 뉴욕 공항에 도착해서 알아낸 것이다.

숙소를 잡는 것은 인터넷 사용만 가능하면 단 5분 안에 얼마든지 가능했다. 그리고 돈이 충분히 있다면 택시를 타고 누구나 알 법한 호텔 이름을 대고 가면 된다. 그것은 가능하고, 쉽고, 간단한 일이다. 그 말인즉슨 누구나 할 수 있는 일이라는 뜻이다. 문제는 그렇게 쉬운 일은 절대 나를 크게 성장시킬 수 없다는 것이다. 그래서 나는 그와 반대로 했다. 불가능해 보이고, 어렵고, 복잡한 일을 기꺼이 한 것이다.

나는 자유롭게 무엇이든 도전할 수 있는 청춘이라는 시기를 보내고 있지만, 여느 대학생들과 마찬가지로 경제적 여력은 제로에 가

갑고 보이지 않는 미래에 대한 두려움을 갖고 살아가고 있다. 그러나 그렇기 때문에 난 내가 할 수 있는 한 하나라도 더 경험하기 위해 기꺼이 불편해질 의향이 있다.

그래야만 20년 후 내가 몇 년째 같은 일상을 보내면서 쳇바퀴를 굴리고 있더라도 이 시기를 떠올리며 용기를 낼 수 있을 것이다. 그리고 언젠가는 몇 년간 열심히 모은 돈으로 넉넉하게 여행경비를 잡고 미국 뉴욕의 멋진 호텔에서 멋진 스포츠카를 빌려 먹고 싶은 것을 먹고 즐길 수 있는 날이 올 것이다. 아니, 최소한 지금보다는 경제적으로 훨씬 나아질 것이다.

이 모든 건 쥐뿔도 없는 지금이니까 할 수 있는 거다. 누군가는 이런 도전을 하는 게 시간낭비라 여길 것이고, 누군가는 인생을 가볍게 산다고 손가락질할 수도 있지만, 나는 분명 지금이어야만 가능한 일들이 존재한다고 믿는다. 그리고 나는 그것을 당장 실행했을 뿐이다.

생각해보면 결국 앞서 말한 세 가지 걸림돌이 이 외진 시골 땅의 교회에서 그런 대접을 받도록 이끈 셈이다. 돈이 없었기에 나에게 숙식을 제공할 수 있는 미국인을 찾아다녀야 했고, 아는 사람이 아무도 없었기에 길 가던 사람을 붙잡아야 했으며, 영어를 잘 못했기에 어떻게든 나만의 레퍼토리를 만들어서 설명해야 했으니까.

정확히 내가 딱 반대였다면? 즉, 돈도 있고 아는 사람도 있고 영어도 잘했다면 어땠을까? 용기를 내서 길 가던 사람을 붙잡고 안되는 영어를 하느라 손짓, 발짓을 해가며 날 재워달라고 부탁하는 일은 단 한 번도 일어나지 않았을 것이다.

 세 가지의 걸림돌은 나에게 엄청난 가능성을 열어주었다. 모든 것이 없었는데, 그 모든 것을 더한 것보다 더 많은 것을 얻었으니까. 나는 그날 이후로도 수많은 기적과 마주했다.

10달러에
날아가 버린 신념

유혹에 흔들리지 않기 위하여

내가 미국횡단 프로젝트를 시작하기 전, 나만의 신념을 지키기 위해 스스로에게 했던 세 가지 약속이 있었다.

첫째, 호의는 받되 절대 돈은 받지 않는다.
둘째, 직감으로 아니다 싶은 사람을 만나면 바로 자리를 뜬다.
셋째, 밤에는 달리지 말고 위험해 보이는 곳에는 절대 들어가지 않는다.

20일째까지는 이 세 가지를 너무나 잘 지키고 있었다. 하지만 그 후, 첫 번째 신념을 시험하는 순간이 찾아왔다.

유독 피곤했던 그날, 나는 가는 길에 교회에 들러 한숨 잠을 청했다. 자기 전, 에어컨을 고치러 온 아저씨께 혹시 간단히 먹을 만한 것이 있냐고 여쭤보았는데 미안하지만 없다고 하셨다. 나는 웃으면서 괜찮다고 대답을 하고 잠이 들었다.

그런데 일어나서 떠나려는 순간, 그분이 나에게 무언가를 건넸다. 바로 10달러였다.

그때까지 돈을 받지 않겠다는 나와의 약속을 너무나도 잘 지키고 있던 터라 너무나 당황스러웠다. 사실 그럴 수 있었던 건, 단 한 번도 나에게 돈을 건네준 사람이 없었기 때문이었다.

"아닙니다. 괜찮습니다."

그렇게 거절을 하고 가려는데 다시 아저씨는 그냥 받으라고 하면서 돈을 밀어주셨다. 나는 한 번 더 거절을 했지만 그분이 너무 완고하게 나와 결국 돈을 받고 떠났다.

그렇게 첫 번째 신념은 허공으로 날아가 버렸다. 나와의 약속이 한순간에 무너진 것이다.

다시 자전거를 타고 달리기 시작했을 때까지만 해도 무덤덤했다. 그런데 달리면 달릴수록 내가 너무 미웠다. 당장 굶어 죽을 것처럼 긴급한 상황도 아니었는데 갑자기 주는 돈을 뿌리치지 못하고 받아버린 내가 너무나 원망스러웠다.

그렇다고 어른이 주는 돈이니 받을 수밖에 없었다며 변명을 늘어놓고 싶지는 않았다. 자책은 점점 심해져 스스로를 몰아세웠다. 내가 이것밖에 안 되는 놈이었다니! 돈은 없지만, 나만의 신념을 지키면서 그들의 문화를 느끼고 한국인의 정신을 널리 퍼트리기 위해 여기까지 왔다. 그런데 단돈 10달러에 내 신념을 버린 것이다.

얼마나 달렸을까. 결국 자전거를 갓길에 세워놓고 땅에 털썩 주저앉아 10달러를 내려놓은 채 가만히 쳐다보았다.

돈을 받은 것은 사실이다. 내가 신념을 지키지 못한 것도 사실이다. 그런데 그 아저씨가 돈을 주시지 않았다면 내 신념을 테스트할 기회조차 없었을 것이다. 그랬다면 나는 내가 그런 유혹이 와도 흔들리는 사람인지도 모른 채 이 횡단을 끝냈으리라.

그런데 하늘은 실제로 내 신념을 테스트했고 난 보기 좋게 나가떨어졌다. 그 순간 정신이 들었다. 내 신념을 더 단단히 굳히는 기회를 얻기 위해 시험을 받은 건 아닐까? 나는 툭툭 털고 다시 일어났다. 받은 돈을 버릴 수는 없으므로 빨리 쓰기로 결정하고, 그날 처음 미국식 봉지라면을 사 먹었다.

그런데 신기하게도 그날 저녁에 만난 분도 나에게 지폐 한 장을 건넸다. 한눈에 봐도 10달러보다 더 큰 액수였다. 나는 감사하지만 마음만 받겠다고 했다. 그리고 정말 웃기게도 다음 날도 다다음 날도 나를 시험하는 순간이 계속 찾아왔지만 잘 넘어갔다.

위기의 순간도 있었다. 공군장교 출신 할아버지 댁에서 묵고 나오려는데 내가 거절할 틈도 없이 갑자기 돈을 쥐어주신 것이다. 단 하루였지만 친할아버지처럼 챙겨주신 고마운 분이었다. 계속 거절했지만 내가 친손자 같았는지 정말 굳건히 버티셨다. 그러다 급기야 어른이 주는 돈은 받아야 된다고 하면서 화를 내셨다.

결국 나는 이렇게 말씀드렸다.

"할아버지. 어제 문을 두드린 저를 들여보내주시고 잠자리를 제공해주신 것도 모자라 맛있는 저녁 식사에 따뜻한 욕조까지 제공해주신 그 마음, 모두 받았습니다. 하지만 저는 할아버지의 사랑을 받고 따뜻함을 느끼러 왔지 제가 고생한 것에 대해 어떤 물질적인 보상을 받으려고 온 것이 아닙니다. 지금까지 받은 것만 해도 충분합니다. 그러니 부디 돈을 다시 넣어주세요. 대신 할아버지로부터 받은 이 사랑은 절대로 잊지 않을 것이고, 저 또한 다른 누군가에게 그런 따뜻함을 전할 수 있는 사람이 될 것을 약속드립니다."

내가 말을 마친 순간 할아버지는 눈물을 글썽이시며 내 손을 꼭 잡아주셨다. 그 이후에도 위기의 순간이 올 때마다 부드러우면서도 명확하게 나의 뜻을 전했다. 그리고 때로는 내 말에 감동해서 다음 날 도착지의 잠자리까지 챙겨주시는 분들도 계셨다.

최종 목적지를 며칠 남겨두지 않은 날, 사막 위 도로를 달리면서 불현듯 그동안 길 위에서 만난 한 사람, 한 사람이 떠올랐다. 그 어떤 대가도 원하지 않았던 큰 사랑이 느껴지자, 어느새 눈물이 볼을 타고 내려왔다.

한국에서 나와 같은 처지에 있는 어떤 외국인이 나에게 찾아와 똑같은 부탁을 한다면 과연 그들처럼 해줄 수 있을까? 그렇게 입장을 바꿔 생각하자 그게 얼마나 어려운 일인지 와 닿기 시작했다. 아무도 없는 도로 위, 끝을 알 수 없을 만큼 한없이 펼쳐진 그곳을 달리며 나는 조건 없는 사랑의 위대함을 깨닫게 되었다. 그것은 내가 미국횡단을 하면서 배우게 된 최고의 가치였다.

눈물 범벅이 되어 달리면서 내 자신과 약속했다. 크리스천은 아니지만 귀국한 그 주의 일요일에는 반드시 교회에 가겠다고.

내가 들은 미국은 가짜였을지도 모른다

나는 계획한 대로 60일 동안 총 6000킬로미터의 거리를 자전거로 달렸다. 수많은 사람들의 도움이 꼭 필요했으니 길 위에서, 혹은 어딘가에서 만나 이야기를 나눈 사람들은 300명이 넘었다.

실제로 내가 돈을 주고 잔 날은 3일도 안 된다. 대부분 교회에서, 그 외에는 현지인의 집에서 잠을 잤다. 심지어 어떤 분은 집에서 재워주기는 곤란하다면서 날 모텔로 데려가 대신 결제를 해주시기도 했다. 어떤 날엔 노숙자들이 자는 쉼터에서 그들과 함께 하룻밤을 지내기도 했다. 혹시 몰라서 캠핑장비를 챙겨 가긴 했지만, 단 하루도 사용한 일이 없었고, 길바닥에서 잔 적도 없었다.

상상 이상으로 특별한 곳에서 잔 적도 있었다. 캘리포니아 주 발보아 아일랜드에서는 무려 시가가 600만 달러(약 60억 원)인 고급 주택에서 잠을 자기도 했다. 또, 뉴멕시코 주의 사막에서는 전통 인디언이 사는, 컨테이너 박스를 개조한 트레일러에서 하룻밤을 보냈으며, 어떤 날은 캠핑카에 초대를 받기도 했다. 고속도로에서 만난 어떤 분은 부촌인 캘리포니아 주 팜스프링 지역에 있는, 수영장이 딸려 있고 대리석으로 치장된 집에서 날 재워주셨다. 심지어 그분은 나에게 현관 비밀번호까지 알려주셨다. 이러니 매일매일이 정말 기가 막히게 특별했다!

'한 번 더(One more)!'

힘든 순간이 올 때마다 나는 이렇게 외쳤다. 그렇게 외치고 시도하는 횟수가 많아질수록 더 많은 친구들을 사귈 수 있었고, 잠잘 곳을 끝끝내 구할 수 있었다.

무전으로 하는 미국횡단. 지금 생각해도 막막한 일이지만, 막상 해보니 누구나 나와 같은 방식으로 할 수 있을 거란 생각도 든다. 그러나 그렇다고 해서 그게 정말 가능할 거라는 확신을 갖고 덜컥 미국 뉴욕 존 F. 케네디 공항으로 갈 사람이 몇이나 될까? 내가 생각해도 '또라이' 같은 행동이었지만, 그렇기에 특별한 나만의 이야기를 창조해낼 수 있었으리라.

그렇다. 나는 내가 이렇게 '개고생'할 걸 알고 왔다. 그걸 알고서도 하려고 했던 그 의지와 열정, 용기가 단 한 번도 본 적 없는 낯선 사람들과 하늘까지 감동시킨 건 아닐까.

내가 미국에 간다고 했을 때, 미국에서 오래 산 형님 한 분이 이런 말을 했다.

"미국에서 살면서 여러 번의 총소리를 들었는데, 그때 이후로 거의 매일 여기서는 정말 총에 맞아 죽을 수도 있겠다는 생각이 들었어. 정말 여차하면 끔찍한 일이 벌어질 수도 있는 거야. 그런 곳을 간다고 하니 말리고 싶은데, 네가 그렇게까지 가겠다고 하니까 일단은 응원할게. 하지만 명심해. 미국은 한국과 달라."

나에게 미국횡단은 여행이 아니라 도전이자 모험이었다. 단지 총기 사용이 허용된 곳이기 때문이 아니라, 내가 가보지 못한 세계로 나를 내던지는 긴 여정이었기 때문이다.

웃길지도 모르지만 '미국에 가면 총 맞아 죽을지도 모른다'고 하는 말이 절대 일반적인 일은 아니라는 것을 입증하고 싶기도 했다. 그동안 내 한계를 뛰어넘는 여러 도전을 통해 사람은 그렇게 생각만큼 쉽게 무너지지 않는다는 것을 이미 가슴 깊이 깨달은 터였다. 난 그보다 몇 배 더 위험하다는 히말라야와 아마존에서도 살아남았다. 위험천만하다는 그곳들 역시 어떤 특별한 능력과 조건을 갖춰야만 살 수 있는 곳은 아니었다. 그곳 역시 우리네 같은 사람들이 살아가는 삶의 터전이었다. 내가 본 미국 또한 마찬가지이다.

나는 이렇게 '기막히게 특별한' 60일간의 여정을 무사히 마칠 수 있었다. LA에 도착할 때까지 단 한 번도 다치지 않았고, 위험한 일도 겪지 않았다.

귀국 후, 내 자신과의 약속을 지키기 위해 집 근처에 있는 교회에 갔다. 한국에서는 군대에 있을 때를 제외하곤 첫 예배와 다름없었다. 예배가 시작되고 목사님의 말씀이 이어지는데, 나도 모르게 눈물이 쏟아졌다. 한 10분 이상은 그렇게 울었던 것 같다.

나는 크리스천이 아니지만 60일간의 여정을 통해 인간은 아무 것도 바라지 않는 순수한 사랑을 할 수 있는 존재이며, 세상에는 그 모든 것을 아우를 수 있는 절대적인 존재가 있음을 믿게 되었다.

강연으로
세상에 희망을 심다

은혜를 꼭 갚겠다는 사명감으로 시작된 강연

미국횡단을 하면서 내 자신과 약속한 것이 한 가지 더 있었다.
그동안 이렇게 내가 하고 싶은 것들을 무사히 해낼 수 있었던 것은 무엇보다 수많은 분들의 도움과 응원 덕분이었다. 부모님, 친구들, 선후배들, 나와 가깝지 않은데도 내가 도전한다는 이유만으로 응원해준 사람들, 그리고 미국에서 만난 300여 명의 사람들……. 그분들이 없었다면 나는 출발조차 못했을지도 모르고, 잘 시작했다 해도 미국의 이름 모를 어느 지역에서 불상사를 겪었을지도 모른다.

세상 모든 일은 인과응보라고 하지 않던가. 어떻게 해서라도 그 분들의 은혜에 보답하고 싶었다. 그렇다면 내가 그들을 위해 할 수 있는 일은 무엇일까? 그렇다고 날 도와주신 모든 분들을 갑자기 한 분 한 분 찾아뵙는 것도 비현실적이었다. 그래서 결심했다.

'그래, 강연을 하자!'

내가 강연을 한다고 하자 이런 말을 한 사람들이 여럿 있었다.

"스펙 쌓으려고?"

가슴에 손을 얹고 말하건대 스펙의 '스' 자도 생각해본 적이 없다. 난 그저 사람들에게 보답하고 싶었을 뿐이다. 내가 받은 사랑과 응원을, 그것이 필요한 또 다른 사람에게 전해주는 것 역시 보답의 한 방법이라고 확신했던 것이다.

2011년 10월 아마존 정글 마라톤이 끝나고 미국횡단을 마친 후 돌아오니 해가 바뀌어 있었다. 한국으로 돌아온 2012년, 나는 전국 순회 강연을 기획했고, 이를 위해 또 한 학기를 휴학했다.

그러나 나는 그저 여러 도전을 한 평범한 대학생에 불과했다. 따라서 그런 내가 강연을 한다는 것은 그 자체만으로도 굉장한 모험이었다. 강연 자리를 만드는 것도 어려웠지만, 사실 그보다 몇 배 더 어려웠던 건 그 자리에 서는 일이었다. 당시 나는 많은 사람들 앞에서 강연을 해본 적도 없었고, 내 이야기를 누군가에게 공적인 자리에서 말해본 적도 없었다.

보답의 길이라고 생각하고 시작했지만, 어찌 보면 이 또한 새로운 도전일 수 있겠다는 생각이 들었다. 첫 강연은 모교인 경희대에서 하게 되었는데, 7일간 매일 3시간도 채 자지 못한 채 끙끙 앓아야 했다.

좋은 의도로 시작했지만 솔직히 도망치고 싶은 적도 있었다. 하지만 그럴 수는 없었다. 아니, 얼마든지 도망칠 수도 있었다. 강연을 취소하면 그만이니까. 하지만 도저히 그럴 수가 없었다. 왜냐면 그건 나와의 약속이었으니까. 도대체 약속이 뭐길래! 그러나 그동안 너무 많은 은혜를 입었기에 어떻게든 그에 보답하고 싶었다.

강연을 한다는 것은 정말로 어려웠다. 내 이야기를 사람들이 귀 기울여 들을 수 있도록 다듬고 잘 전달하는 모든 과정이 쉽지 않았다. 그런데 내 인생의 동반자와 같은 친구, 현우가 소년분류심사원(법무부 관할 소년 보호수감소)에서 강연을 해보자고 나에게 제안했다. 또 현우는 기획서를 만들어 메일을 보냈는데, 다행히 심사원에서도 너무 감사하다면서 좋아하셨고, 음악하는 친구들까지 합세해 콘서트를 열어 취지를 더 확대하기로 했다.

안타깝게도 주변을 둘러보면 세상을 변화시킨다는 것에 굉장히 회의적인 20대가 참 많다. 뭐든 바꿀 수 있다고 믿는다고 해서 인생에 피해가 가는 것도 아닌데, 세상은 변할 수도 없고, 내가 변화시킬 이유도 없다고 생각한다. 가장 가슴이 뜨거워야 할 시기를 살고 있는 우리가 세상을 변화시킬 수 없다고 생각한다는 건 '비극'이다. 현실이 아무리 냉혹하다 해도 작은 힘들을 모아 이 세상이 좋은 방향으로 가게 움직여야만 나중에 우리의 후세도 이 세상을 그렇게 이끌어갈 힘을 얻지 않겠는가.

세상을 변화시키는 것은 절대 어마어마한 일이 아니다. 나는 강연을 통해 아주 사소한 이야기를 공유하는 것만으로도 세상에 좋은 영향을 미칠 수 있다는 것을 알게 되었다. 내가 연단 위에 섰다는 것 자체도 기적 같은 일이지만, 이렇게 내 이야기를 들은 누군가가 이전과는 다르게 꿈을 향해 과감히 몸을 틀 수 있다는 것, 그것이 바로 현실 속의 기적이다.

존재감조차 없던 고등학교 시절. 나는 멋진 사람이 되어 단상에서 아이들에게 말하는 모습을 가끔 그려보곤 했다. 선생님이 되고 싶었다기보다 그냥 그렇게 많은 사람들 앞에 서보는 것이 소심하고 수줍음이 많았던 내가 상상할 수 있는 가장 멋진 그림 중 하나였기 때문이다.

그리고 8년이 지난 시점에 나는 실제로 단상에 오를 기회를 얻게 되었다. 한 학급을 대상으로 하는 강연이었지만, 그보다 더 큰 강연을 준비할 때보다 떨렸다. 8년 전의 나는 내가 대학생 신분으로 이곳에 서게 될 줄은 꿈에도 몰랐으니까.

내가 서야 했던 곳은 다름 아닌 고3 때 나의 담임선생님이셨던 우성수 선생님이 맡고 있는 고2 학급이었다. 강연을 끝내고 수업이 끝나기를 기다렸다. 그리고 다시 선생님을 뵙게 되었다.

"동진아. 사실 너가 강연한다고 했을 때 사실 걱정했었다. 몇 년 만에 찾아온 제자가 어떻게 성장했을지도 모르는데 혹시 이상한 이야기를 하지는 않을까 염려가 되었거든."

"네, 당연히 그러셨을 거라 생각합니다."

"그런데 강연을 듣고 나니 생각이 완전히 바뀌었다. 네가 너무나 자랑스러웠고, 더 솔직히 이야기하면 존경스러웠어."

"무슨 말씀이세요. 말도 안 됩니다. 저는 그저 제가 했던 경험을 후배들과 나누려고 온 것뿐이에요."

"존경스럽다고 한 것은 강연으로 그동안 너에 대해 갖고 있던 선입견을 완전히 깨뜨려줬기 때문이야. 선생님은 내 제자가 이렇게 도전을 하면서 살아가고 있다는 것은 상상조차 하지 못했다."

울컥했다. 사실 나는 존재감이 없었던 아이였기에 선생님 기억속에서도 가물가물했을 것이다. 하지만 나만의 신념을 갖고 그것을 실천하면서 살다 보면 이렇게 생각지도 못한 곳에서, 생각지도 못한 분으로부터도 이런 말씀을 듣는 기적도 일어날 수 있다는 것이 너무나 놀랍고 감격스러웠다.

"기회가 되면 우리 학교 전교생이 모인 자리에서 강연을 해주었으면 좋겠구나."

입이 딱 벌어졌다. 그리고 다시 다짐했다. 내가 원하는 삶을 위해 계속해서 도전하는 사람이 되겠다고.

소년분류심사원에서는 총 세 번의 강연을 하였다. 매 강연을 마칠 때마다 한영선 원장님께서 원장실로 초대해 차를 대접해주셨는데, 아직도 이 말씀이 생생하다.

"콩나물이 어떻게 자라는지 아세요? 콩나물 상자에 넣어두고 하루에도 몇 번씩 물을 부어줍니다. 물을 고이게 하는 것이 아니라, 그저 자주 물을 부어주는 거죠. 며칠이 지나고 보면 어느새 콩나물은 쑥쑥 자라 있어요. 여기 있는 아이들에게 여러분들은 한 번의 물을 준 겁니다. 지금은 당장 티가 안 날 수도 있어요. 하지만 그 아이들이 이런 소중한 이야기들을 자꾸 듣다 보면 어느새 완전히 다른 사람으로 자라고 있을 거예요. 우리가 할 일은 계속해서 희망을 주고 용기를 심어주는 일을 멈추지 않는 거예요. 그러니까 여러분은 아이들의 미래를 바꾸는 아주 큰일을 하신 겁니다."

한번은 소년분류심사원에서 강연을 한다고 하자, 지인 분이 이렇게 말씀하셨다.

"너가 그 아이들에게 정말 희망을 줄 수 있을 거라 생각해?"

그분은 그들에게 위로는커녕 상처를 주는 것은 아닌지 잘 생각해보라고 하셨다.

그러나 강연 후 한 가지는 확실히 알 수 있었다.

'내가 아이들에게 한 번의 물을 줬구나.'

소년분류심사원의 선생님들을 입을 모아 말씀하셨다. 아이들에게 필요한 것은 물질적인 지원이 아니라, 세상이 얼마나 따뜻하고 희망차고 좋은 사람들로 넘치는지 알려주는 것이라고. 그리고 그것을 직접 들려줄 수 있는 사람이 가장 필요하다고 했다. 아이들 대부분 사람에게서 상처를 받았기에 사람을 통해서 치유를 받아야 한다는 것이다.

처음에는 내 이야기가 아이들에게 얼마나 영향을 미칠까를 걱정했지만 나중에는 그런 건 신경조차 쓰지 않았다. 내가 뿌린 한 번의 물로 인해서 단 한 명이라도 생각이 바뀌고, 그래서 결국 다른 삶을 살 수 있는 시발점이 된다면 그걸로 된 것이다.

그제야 느꼈다. 이제야 평생 가지고 갈 뻔했던 부담감으로부터 완전히 해방되었음을 말이다. 그 이후로도 나는 절대 의무적으로 강연을 하지 않았다. 항상 선택적으로, 그리고 자발적으로 그 자리에 섰다.

결국 6개월 동안 전국 순회 강연을 하겠다는 뜻을 이루지는 못했지만, 대략 20여 곳에서 강연을 하면서 이렇게 또 하나의 도전을 마무리 지었다.

사명이라는 건 참 신기하다. 사명은 결국 두려움을 넘어서게 만든다. 사명, 이 말이 고리타분하고 진부하게 들리는가? 하지만 난 20대에게 이것이 특히 중요하다고 생각한다. 20대 대학생들에게 가장 큰 과제가 뭘까? 아마 대부분 취업을 꼽을 것이다. 하지만 우리의 '인생 목표'가 취업이 될 수는 없다. 취업은 다만 20대라는 시기에 해야 하는 일일 뿐이다. 다들 취업을 향해 열심히 달리고 있겠지만, 스스로에게 이 질문은 꼭 던져보았으면 한다.

'취업 후 자신의 삶의 목표는 무엇인가? 즉, 먹고사는 문제가 해결되고 나서의 목표는 무엇인가?'

이에 대답하기 어렵다면, 이번엔 과거로 돌아가보자. 19살, 좋은 대학에 가는 것이 가장 중요했던 그 시절, 대학교에 가고 난 후 당신의 목표는 무엇이었는가? 그런 게 있기는 했을까?

수많은 멘토와 인생 선배들이 그렇게 '꿈'이라는 단어를 '남발'하며, 제발 하고 싶은 일을 하라고 열창한다. 나도 꿈이 있지만, 그 말을 너무 많이 들어서 그런가. 어떨 땐 꿈이라는 단어마저 스펙처럼 느껴진다. 그럼에도 나를 달리게 했던 것 역시 꿈이었다. 나도 꿈 말고 다른 단어를 쓰고 싶은데 아무리 찾아봐도 그만 한 것이 없다.

대학입학과 취업처럼, 내가 당장 정복해야 하는 목표라는 것은 '히말라야 정상'과도 같다. 하지만 내 삶의 목표가 히말라야 정상에 오르는 것이 되어서는 안 되지 않는가. 히말라야 등정은 내가 앞으로 살아가기 위한 힘을 배우는 한 과정이었지, 내 인생 전체를 대변해주는 사건은 아니다. 그러니 내 인생의 방향을 설정해줄 더 큰 것이 필요하다. 그것이 바로 '꿈'이자 '사명'인 것이다.

현재 나는 책을 낸 20대 대학생이지만, 사실 누군가의 눈에는 그저 '취업하지 않은 대학교 4학년'으로 보일 수도 있다. 맞다. 하지만 그건 내가 아니라 사회가 규정한 것이므로 그다지 중요하지 않다. 나는 스스로를 그렇게 규정하지 않을 거니까.

나는 지금 계속해서 내 갈 길을 모색하고 있는 '도전하는 청년'일 뿐이다. 소심한 나를 변화시키고, 30대부터 내 인생을 스스로 책임질 수 있는 '내공'을 기르고 싶은 청년일 뿐이다. 취업은 나란 존재를 규정하는 데 쓰일 수 있는 단어가 아니다.

내가 어디까지 갈 수 있을지는 나도 모른다. 만약 절실히 들어가고 싶은 회사가 생긴다면 그곳에 들어가기 위해 누구보다 열심히 취업 준비를 할 자신이 있다. 그런데 아직은 내 마음이 아니라고 말한다. 물론 그 생각이 내일 바뀔 수도 있고, 어떤 사건에 의해 한순간에 뒤바뀔 수도 있지만, 아무튼 지금은 아니다. 이처럼 나는 적어도 내가 무엇을 원하는지, 원하지 않는지를 명확히 안다. 그것만으로도 큰 수확이다. 앞으로도 나는 내 가슴이 말하는 것을 믿고 따르며 그 길을 향해 달려갈 것이다.

■ 도전완료
□ 도전과제

자기변화 프로젝트

자전거 미국횡단
6000km

MISSION CLEAR

◯ 세계일주

흉내 내기에는
반드시 한계가 있다

나도 세계일주를 해서 돈을 벌 수 있을까

경험을 쌓을수록 더 새로운 경험을 갈구하게 되는 가장 큰 이유는 내가 달라지고 있다는 느낌 때문인 것 같다. 그래서 미국횡단을 다녀와서도 또다시 새로운 '자기변화 프로젝트'를 기획했다.

'벌써 군대를 포함해서 휴학한 지 3년 6개월이나 지났구나. 이제 세계일주를 끝으로 복학하자.'

세계일주! 로또에 당첨되면 세계일주를 하고 싶다고 하는 사람들을 흔히 볼 수 있는 만큼 모두의 로망이기도 하니, 아무나 하기 어려운 일임에 틀림없다. 그런데 난 뻔뻔하게도 남들은 일생에 있을까 말까 한 일을 그렇게 쉽게 맘먹었다.

내 주변에도 세계일주를 했던 친구가 한 명 있다.

"형, 나는 세계 오대륙에 있는 최고봉을 꼭 밟고 올 거야."

그는 히말라야를 함께 다녀온 동생으로, 나는 누구보다 그를 적극적으로 응원했다. 그는 세계일주를 하기 위해 한 학기 동안 공부와 일만 죽어라 했다. 세 개의 아르바이트를 뛰면서도 학점은 4.0을 넘겼고, 1천만 원가량을 벌었다. 그것으로 그는 이미 사람이 할 수 있는 선을 넘었다고 생각한다. 솔직히 지금 당장 이렇게 하라고 한다면, 과연 누가 할 수 있을까? 혈기왕성한 나이에 여자친구를 사귀는 일도 끊고, 술자리도 가지 않고, 오직 세계일주를 하겠다는 신념으로 준비에 몰입한 그의 모습을 옆에서 지켜보았기에 그 친구가 오대륙을 밟든 안 밟든 그건 별로 중요하지 않았다.

그 친구는 결국 아프리카의 킬리만자로, 남미의 아콩카과의 정상을 밟고 내려왔다. 그다음 미국의 매킨리를 밟을 수순을 기다리고 있었는데, 여러 가지 사정 때문에 귀국하게 되었다.

당시 그를 보면서 나도 세계일주를 해야겠다고 생각했다. 그땐 맘만 먹었는데 이제 드디어 떠날 때가 된 것이다. 세계일주, 도대체 어디서부터 어떻게 시작해야 할까?

우선 나는 먼저 관련 책을 찾아보았다. 그러다 『나는 세계일주로 경제를 배웠다』(코너 우드먼, 갤리온)라는 책을 읽게 되었다. 이 책의 저자, 코너 우드먼은 아일랜드 출신의 애널리스트로 세계 경제에서 전통적인 방식의 상거래가 가능한지 실험해보고자 우리 돈으로 자본금 약 5천만 원을 가지고 6개월 동안 투자액의 2배를 버는 실험을 한다. 그는 지구를 한 바퀴 돌며 현지에서 구입한 상품을 다른 나라에 팔고 새로운 상품을 소개하면서 시장을 개척했다. 그 과정에서 물건을 고르는 노하우, 구매자가 물건을 사고 싶게끔 가치를 부여하는 방법, 가격 협상 전략 등을 터득하게 되었다.

내가 이 책에 꽂혔던 이유는 '돈'이라는 것을 일이 아니라 여행으로 벌 수 있다는 사실에 놀랐기 때문이다. 그는 이 불가능해 보이는 것을 생각했고, 도전했으며, 결국 해냈다. 그렇다면 나도 할 수 있지 않을까?

그러던 중 신문을 통해 그가 방한하여 강연을 한다는 소식을 접하고 바로 신청하게 되었다. 강연 내용은 전부 책에서 나왔던 내용 그대로여서 아쉬운 부분도 있었지만, 그의 표정과 음성을 실제로 보고 들으면서 나는 다시 한 번 결심했다.

'해볼 만한 것 같은데? 그래, 나도 세계일주로 돈을 벌어야지!'

성공한 사람을 따라 한다고 내가 그렇게 되진 않는다

코너 우드먼의 책을 본 지 거의 두 달 만에 세계일주 프로젝트가 막을 올렸다.

'이번엔 반드시 현지에서 돈을 벌어보겠어!'

미국횡단 때와 마찬가지로 비상금 명목으로 약 100만 원만 챙기고 떠났다. 차이가 있다면 코너 우드먼을 벤치마킹하여 현지에서 돈을 벌고자 했던 것. 그리고 그것이 내가 무전으로 세계일주를 떠난 가장 큰 이유였다.

먼저 나는 중국으로 갔다. 도착해서 뭘 할까 하다가 그동안 이런 저런 일을 벌이느라 돌보지 못한 것이 떠올랐다. 바로 나의 '마음'이었다. 갑작스럽게 내 인생에 너무 많은 일들이 벌어지는 바람에 그것들에 끌려다녔던 것 같았는데 마침 잘됐다 싶었다. 중국에서는 우선 지난 일들을 정리함과 동시에 앞으로 나의 삶을 어떻게 끌고 갈 것인지 생각하는 시간을 가져보기로 했다.

처음에는 중국 구이린(桂林, 계림)에 있는 조용한 산사를 가고자 했다. 그런데 북경에서 만난 한국인 지인, 그리고 소림사 무술학교에서 무술을 배우는 청년과 기차에서 우연히 만나 이야기를 나누다가 마음이 바뀌었다. 소림사 무술학교야말로 훌륭한 스승 아래서 몸과 마음을 동시에 수련할 수 있는 최적의 곳이라는 생각이 들었다.

기차를 타고 버스를 타고 또 갈아타고를 반복하여 겨우겨우 소림사가 있다는 허난 성 덩펑 시에 도착했다. 그곳에서 어렸을 적부터 그토록 보고 싶었던 소림사를 보게 되었다. 기차에서 만난 학생 말대로 주변에는 무려 100여 개의 무술학교가 있었다. 마치 군부대를 보는 것 같았다.

나는 겨우겨우 학교에 입학했다. 사실 입학 절차라고 해봤자 무술학교 비용만 내면 그만이었다(기숙사 비용을 포함하여 한 달에 약 60만 원 정도였다). 들어가 보니 나 말고도 몇 명의 외국인이 있었다. 이런 깊숙한 시골에 위치한 무술학교에 나 같은 외국인이 또 있다는 사실이 매우 놀라웠다.

여기에 오기 전까지는 소림사 무술학교라는 곳이 굉장히 웅장하고 정적이며 신성한 절 같을 줄 알았다. 그런데 실제로는 학생들을 모아놓은 군대 같았다. 매일 같은 사이클로, 정해진 일정대로 시간이 흘러갔다. 아이들은 무술 외에 학업을 하기는 했지만 교실에 앉아만 있는 수준이었고, 선생님들 역시 제대로 가르치지 않았.

아이들에게 정신적인 수양을 가르치는 시간은 턱없이 부족해 보였다. 그들은 새벽에 일어나 학교 주변에 있는 도로를 뛰면서 하루를 시작하고 밤 9시가 되면 모든 훈련이 끝나는, 힘겹고 고된 생활을 하고 있었다. 하지만 아침·점심·저녁 식사 시간에 식당을 가보면 내가 왜 이곳을 마음 수양을 하기 위한 곳이라고 생각했을까 하는 후회마저 밀려왔다.

아이들은 먹고 난 음식을 땅에 버렸고, 500명을 수용하고도 남을 만큼 큰 식당은 시간이 지날수록 오물로 가득 찼다. 식당 직원들도 아이들이 음식을 던지면서 놀아도 전혀 개의치 않는 듯했다.

시간이 지날수록 이곳은 무술인을 생산해내는 공장 같다는 생각이 들었다. 애들은 기계처럼 무술을 배웠고, 반복학습을 통해 단련되었다. 하루 12시간 이상 수련을 하니 무술실력은 상당했지만 매일 오직 기계처럼 연습하는 것 외에는 하는 일이 없는 듯했다. 그들에겐 방학도 없었다. 그저 졸업할 때까지 시간을 채우고 학교를 떠나면 그만이었다.

물론 내가 보고 느낀 것이 절대로 전부는 아닐 것이다. 이것 역시 중국의 일부분이고, 어쩌면 그들의 문화일 수도 있다. 하지만 확실한 건 나는 화려한 쿵후의 발차기 기술이 아니라 나의 내면을 바라보는 훈련을 받기 위해 왔다는 사실이다. 시간이 지날수록 내가 원했던 장소와는 거리가 먼 곳에 왔음을 확신했다.

그래도 원래는 한 달 정도 묵을 계획이었다. 그런데 7일째 되던 날, 무술훈련을 받던 중 공중돌기를 하다 허리와 목으로 떨어져 그대로 땅에 내리꽂고 말았다. 순간 몸이 마비되어 일어나질 못했고, '이제 정말 끝났구나' 싶었다. 그 위험하다는 히말라야나 아마존에 갔을 때도 그런 적이 없었는데……. 조금 더 경과를 지켜보다 더 이상 진전이 없자, 출국한 지 24일 만에 한국으로 돌아왔다.

내가 다치지 않았더라면 더 많은 것을 배웠을 테지만, 그러지 못했기에 내가 느낀 것에는 분명 한계가 있을 것이다. 나는 그곳에서 벌써 2년째 무술학원을 차릴 생각으로 쿵후를 배우고 있는, 호주에서 온 20대 청년을 만나기도 했다. 그런 걸 보면 분명 그곳에도 내가 감히 알지 못하는 수많은 배움이 있을 터였다.

어쨌든 어릴 때 어렴풋이 무술에 대한 동경이 있었는데, 소원 성취는 이룬 듯했다. 한 달간 한의원을 다니면서 매일매일 침을 맞고 물리치료를 받았다. 한순간의 대가치고는 큰 것 같았다. 하지만 난 값비싼 인생수업료를 치렀다고 생각하기로 했다.

8월 28일. 나는 또다시 세계일주 프로젝트를 시작하기 위해 떠났다. 떠나기 전날, 굳게 결심했다. 이번에는 절대로 내 몸을 함부로 하지 않겠다고.

이번에는 영국 스코틀랜드의 에든버러로 갔다. 영국에서는 8만 원으로 약 두 달을 버텼다. 중간에 재건축 현장에서 일을 해 약 100만 원 정도 되는 돈을 벌기도 했다. 그 역시 특별한 경험이었다. 하지만 여행을 하면 할수록 내가 처음에 기획하고 의도했던 여행과는 점점 멀어지고 있음을 느꼈다. 그 뒤로 프랑스, 체코, 터키, 마지막으로 아프리카로 넘어와 남아공, 나미비아, 잠비아까지 갔지만 안타깝게도 내가 코너 우드먼처럼 돈을 벌 수는 없었다.

나는 그저 그 사람처럼 발길 닿는 곳에서 장사를 하고 돈을 벌고 싶었을 뿐이다. 그동안 육체적 한계를 이기는 도전을 해왔다면 이번에는 좀 다른 방향의 도전을 하고 싶었다. 그런데 6개월 동안 돈을 벌기는커녕 이 나라, 저 나라만 돌아다니면서 겨우 먹고살다 온 꼴이 되어버렸다.

책과 강연으로 코너 우드먼의 이야기를 보고 들었을 땐 세계일주를 해서 돈을 번다는 게 마냥 쉽게 느꼈지만 여행 후에야 알게 되었다. 실제로 그는 세계일주를 시작하기 전부터 나와는 비교도 안 되는 내공이 있었을 것이고, 그 여행을 위해 수많은 준비를 했을 거란 사실을. 역시 간접체험과 직접체험은 차원이 다른 것이다.

"20대들이여, 저질러라!"

우리가 흔히 듣는 말 중 하나다. 그래서 난 정말로 저질렀다. 그러나 솔직히 세계일주는 기대만큼 행복하게 막을 내리지 못했다.

영국 어느 길가에서 몇 시간가량 히치하이킹도 해보고, 웨일스의 한 목장을 찾아가 2주간 승마를 배우면서 그곳에서 먹고 자기도 했으며, 체코의 밤거리를 미친 듯이 쏘다니기도 했다. 아프리카에서는 택시가 날 어디론가 끌고 가려 하는 걸 간신히 가로막고 돌려보낸 적도 있었고, 우크라이나에서는 세관직원이 여권에 도장을 찍기 전에 자꾸 돈을 달라고 위협한 일도 있었다. 이런 특별(?)한 경험을 수없이 했음에도 돈을 벌고자 했던 내 목표는 달성하지 못했다.

언젠가 취업 면접 시 이런 질문을 받게 될 것이다.

"지금까지 살면서 실패한 경험이 있습니까?"

그럼 나는 머뭇거리지 않고 코너 우드먼을 따라 세계일주를 했다가 땡전 한 푼 못 벌고 돌아온 일을 말할 것이다. 그럼 분명 또 이런 질문이 따라오리라.

"거기서 뭘 배웠나요?"

그 질문에도 자신 있게 대답할 수 있다.

"앞으로 아무리 두려운 상황이 닥친다 해도 제가 생각한 일을 행동으로 옮길 수 있을 거라는 확신을 얻었습니다."

세상에 뜻대로 안 되는 게 얼마나 많다고 하는가. 나는 그걸 굳이 바다 건너 국경을 넘어 낯선 땅까지 가서 배우고 왔다. 하지만 난 좌절하지 않았다. 잘되다가도 안되고, 안되다가도 잘되는 게 인생이라 하지 않던가.

이번 프로젝트로 성공한 누군가를 따라 한다고 해서 나에게도 절대 똑같은 일이 일어나지는 않는다는 것을 절실히 깨달았다. 흔히 '모방은 창조의 어머니'라고 말한다. 그러나 모방도 자기 식으로 바꿔나가는 데 의미가 있는 것이다. 인생이란 길은 결국 내가 걸어서 내가 찍은 발자국들로 만들어나가는 것일 테니까.

도전은
또 다른 기회로 이어진다

작은 행동이 낳은 엄청난 나비효과

　무언가에 실패했다고 해서 그것이 꼭 평생의 실패가 되는 것은 아니다. 실패의 경험이 다른 새로운 일로 연결되는 일도 허다하기 때문이다. 특별한 결과를 만들어내지 못한 일도 어느 순간 연쇄작용이 일어나 다른 수많은 기적으로 이어지기도 한다.

　어떤 큰일이 터졌을 때, 그것이 어떤 일로부터 시작되었는지 계속 거슬러 올라가며 생각해보자. 대부분 아주 작은 일로부터 시작한다는 걸 알게 된다. 그리고 우리는 그 작은 일을 했던 당시엔 이런 결과가 나오리라고는 상상도 못했다는 사실에 주목해야 한다.

나는 아시아나 드림윙즈에 지원하기 전까지 '블로그'라는 것에는 아무 관심도 없었다. 그러다 1차 서류를 포스팅하기 위해 블로그를 개설하게 되었다. 정글 마라톤을 준비할 때도 세계 어디에서든 기록을 남기고, 확인할 수도 있는 블로그에 그 모든 과정을 틈틈이 정리해야겠다고 생각했다. 그래서 내 블로그는 방문자를 위한 것이라기보다는 내가 한 일들을 매 순간 기록한 수준에 머물러 있다. 그래서 화려하게 잘 만들어진 블로그는 아니지만 나에겐 '거대한 인생수첩'과도 같다.

특히 나의 미국횡단기는 분명 나같이 무전으로 여행을 떠나고 싶어 하는 분들에게 좋은 사례가 될 거라 생각했다. 나 또한 먼저 경험하신 분들로부터 큰 도움을 받았기에, 무전으로 자전거 미국횡단에 성공한 내 이야기를 꼭 다른 분들과 공유하고 싶었다. 그래서 그 이야기를 올렸는데 실제로 블로그나 메일, SNS를 통해서 그에 대해 문의하는 연락이 왔다. 그리고 나와 비슷한 방법을 써서 미국횡단에 성공한 청년들의 소식도 듣게 되었다.

자전거 미국횡단기에 관심 있는 사람이 20대만은 아니었나 보다. 어느 날 《조선일보》의 기자님으로부터 연락이 왔다.

"안녕하세요, 이동진 씨. 조선일보 한현우 기자라고 합니다. 블로그를 보고 연락드렸는데, 혹시 인터뷰가 가능할까요?"

난 흔쾌히 수락했다. 그리고 조선일보 사옥 옆에 있는 커피숍에서 기자님을 만나 뵐 수 있었다. 기자님은 내가 블로그에 미국 대륙 횡단기를 올릴 때부터 관심을 갖고 지켜보았으며, 횡단이 끝나면 나를 한번 만나야겠다고 생각했다고 하셨다. 그렇게 지루할 틈 없는 2시간의 인터뷰를 마쳤다.

그 주 토요일, 지인으로부터 나의 인터뷰 기사가 《조선일보》 토일섹션 'Why?'에 나왔다는 소식을 접하였다. 그런데 기사를 본 순간, 기겁하는 줄 알았다. 무려 신문 전면 두 페이지에 내 기사가 실린 것이다.

사실 그때까지만 해도 한현우 기자님에 대해서는 잘 몰랐는데 글을 쓰는 아는 동생이 기자님의 성함을 듣자마자 그분의 기사를 베껴 쓰는 연습을 해왔다며, 그만큼 실력 있고 손에 꼽히는 기자님이라고 했다. 기사가 난다고 했을 때 기대를 전혀 안 했다면 거짓말이지만 그렇다고 이렇게까지 크게, 그리고 체계적으로 잘 정리되어서 보도가 될 줄은 상상도 못했다.

나비효과는 여기서 끝나지 않았다. 기사가 나가자 많은 곳으로부터 연락이 오기 시작한 것이다. 여러 출판사에서 연락이 와 만나고 싶다고 하셨고, 그 외에 텔레비전 및 라디오 프로그램 관계자 분들께서도 관심을 가져주셨다. 이 기사가 나가기 전이나 후나 정작 나는 달라진 게 없는데 갑자기 많은 분들이 그전과는 사뭇 다르게 관심을 가져주시니 그 상황이 너무나 낯설었다.

그러던 차, 이번에는 또 생각지도 못한 곳에서 연락이 왔다.

"안녕하세요. 이동진 씨. 국방일보의 이승복 기자라고 합니다. 우리가 이번에 이동진 씨 세계일주기를 연재하고 싶은데, 어떻게 생각하시나요?"

미국횡단을 할 때부터 신문에 내 이야기를 연재하는 것에 대해 생각해왔었는데, 생애 처음으로 내가 먼저 제안하지 않고 상대로부터 제안을 받게 된 것이다.

그렇게 세계일주를 떠나기 직전에 했던 《국방일보》와의 인터뷰를 시작으로 2012년 8월부터 '열혈청년 이동진의 지구 한 바퀴'가 연재되었다. 특별한 사정이 없는 한 매주 금요일마다 기사가 나갔고, 그렇게 약 17개월이 지난 2013년 12월, 63회를 마지막으로 끝이 났다.

블로그의 시작이 이렇게 많은 일들을 줄줄이 몰고 올 줄은 상상도 못했다. 나비효과를 직접 경험하고 나니, 작은 행동 하나하나가 얼마나 중요한지 알게 되었다. 그때부터 나의 선택이 후에 어떤 결과를 낳을지는 내가 절대 예측할 수 있는 영역이 아니라는 것을 명심하기로 했다.

그러다 세계일주가 한 달도 채 안 남았을 시점에 친구를 통해 '대한민국 인재상'이란 걸 알게 되었다. 팔도에서 균등하게 전국 100명(고등학생 60명, 대학생 40명)을 선발하여 대통령 표창을 하는 상으로, 한 분야에서의 경험과 기록을 바탕으로 2차에 걸쳐 최종 수상자를 선발하는 상이었다(2008년에는 김연아, 박태환 선수 등도 수상했다).

자신이 걸어온 길에 대해서만 평가받는 것이기에, 인재상의 선발 기준은 결국 '내 자신'이었다. 하지만 상을 받는다고, 혹은 받지 못한다고 해서 내 삶이 다른 사람보다 소중하거나 그렇지 않은 것은 절대 아니리라. 나는 그간 내가 했던 것들을 문서로 정리한다는 마음으로 즐겁게 준비했다. 그리고 세계일주 도중 잠시 한국에 들어왔을 때 마침 2차 면접이 있어 참석하였고, 3개월 뒤 최종 수상자로 선발돼 2013년 12월, 대통령상을 수상하게 되었다.

추천사를 써주신 세 분 중 한 분은 날 인터뷰하신 《조선일보》 한현우 기자님이었다. 그런 의미에서도 그분과의 인연은 매우 특별하다고 생각한다. 내 도전기를 이렇게 디테일하게 다 들어보신 분은 처음이었기에 기자님께 실례를 구하고 대한민국 인재상 추천사를 부탁드렸던 것이다.

수상 후 매우 기쁘면서도 동시에 기분이 정말 이상했다. 나는 그저 오직 '내 기준'으로 '내 스스로 판단'하여 '내가 걷고 싶은 길'을 걸어가면서 '내가 원하고 필요로 하는 경험들'을 통해 스스로 살아가는 방법을 배워왔을 뿐인데, 국가에서 나를 '대한민국 인재'라고 칭하며 상까지 줬다는 사실이 정말 믿기 어려웠다.

사실 상은 상징에 불과할 뿐, 그 자체가 나를 성장시켜주는 건 아닐 것이다. 이 상이 나에게 주는 의미는 한 가지라고 생각한다.

'지금처럼 계속 네가 생각한 길을 가라. 누가 뭐라 하든 계속 나아가라. 그게 국가가 원하는 길이다.'

분명 나는 학교에서 이렇게 사는 게 맞다고 배운 적도 없고, 처음 도전을 시작했을 때만 해도 많은 사람들의 부정적인 시선을 감내해야 했다. 하지만 이제는 더 많은 분들이 내가 이뤄낸 것들, 그리고 그 과정에서 내가 겪어야 했던 고통에 박수를 보내주시는 것이다.

지금까지 그러했듯이 나는 앞으로도 내가 맞다고 생각하는 길을 갈 것이다. 그것이 사회적인 기준과 부합할 수도 있고, 그렇지 않을 수도 있겠지만 더 이상 그건 중요한 문제가 아니다. 대다수가 가는 길이든, 소수가 가는 길이든 그런 건 아무 의미가 없다. 조금 고통스럽더라도 기꺼이 그 길을 걷는 최초의 사람이 되는 것, 그래서 비슷한 길을 가고자 하는 사람에게 등불과 같은 역할을 하며 살아가는 것이 이 세상에 더 기여하는 일이 아닐까.

사실 대한민국 인재상이 그간 타인의 시선과 나의 꿈 사이에서 갈등하고 고군분투했던 나를 위로해주는 것 같기도 했다. 하지만 상을 못 받았다고 해서 내가 위로받지 못하는 것도 아니며, 위로받기 위해 내 길을 갈 수 있는 것 또한 아니다. 그냥 가는 거다. 내가 맞다고 생각하는 길로 가는 것이 궁극적으로는 더 큰 위로를 가져다줄 테니까.

이렇게 꼬리에 꼬리를 무는 기적이 내 삶에서 벌어졌다. 정말 기적 같고 신기할 따름이지만 잘 생각해보면 그렇게 꼭 신기한 일만은 아닌 것 같다. 그땐 몰랐지만 내가 그렇게 되게끔 내가 그 일들을 하나씩 해냈던 거니까. 그리고 최선을 다하는 날 항상 응원하고 지지해주시는 분들이 계셨기에 가능한 일이었다.

한번 따져보자. 존재감 없고 소심한 소년이 대통령상을 받는 이야기. 허황된 이야기인 것 같지만 내가 바로 그 이야기의 주인공이다. 앞서 말했듯, 나는 정말 평범하기 그지없던 아이였다. 아니, 그보다도 못한 때도 있었다. 그러니 당신이라고 못 할 이유가 있겠는가?

지금 당신이 하고 있는 일은 무엇인가? 혹시 그 일이 별거 아니라고 느껴지는가? 그렇다면 그건 진짜 큰 오해를 하고 있는 것이다. 그것이 무엇이든 당신의 몸을 움직여서 하고 있는 어떤 '행동'이라면 분명 의미가 있다. 도서관에서 공부를 하든, 하숙집을 구하느라 발품을 팔러 다니든, 선배에게 조언을 구하러 다니든 그것들이 먼 미래에 언제 어떻게 쓰일지는 절대 당신이 예측할 수 없다.

확신할 수 있는 건 당신이 하는 일이 최소한 좋은 방향의 일이라면, 그건 분명 좋은 결과를 몰고 올 것이라는 사실이다. 그렇기에 지금의 성공과 실패에 너무 연연할 필요는 없다. 우리는 모두 실패를 두려워한다. 하지만 그럼에도 수많은 어른들이 20대들에게 실패를 많이 해보라는 것은 실패가 낳은 예기치 못한 장밋빛 미래가 우리를 기다리고 있기 때문은 아닐까.

■ 도전완료
■ 도전과제

자기변화 프로젝트

세계일주
67000km

아무것도 손쓸 수 없을 때
쓸 수 있는 한 가지 방법이 있다.
바로 용기를 갖는 것이다.
— 유태 격언

Part 3

도전자로 살기 위해
맞서야 하는 것들

◐ 걸림돌
날 가로막는 것에 고마워한다

누군가가 하는 말에 흔들릴 이유는 없다

내가 지금까지 했던 것들을 이야기하면 이런 반응을 보이는 분들이 꽤 있었다.

"도대체 그런 걸 왜 계속하는 거야? 그냥 편하게 살면 되지."

맞다. 틀린 말은 아니다. 누군가가 보기엔 괜한 객기를 부린 건지도 모른다. 다만 나는 내가 어디서 무얼 하든 당당할 수 있는 용기, 어떤 상황이 되더라도 굶어죽지 않을 자신감을 얻는 것이 20대에 그 무엇보다 중요하다고 생각했다. 스펙이란 건 단지 취업, 정확히는 한 기업에 들어가기 위해 갖춰야 하는 조건일 뿐, 난 더 큰 걸 원했다. 바로 '인생을 살아가는 힘' 말이다.

법적으로 성인이 되던 날, 내가 가만히 있어도 저절로 어른이 된다는 사실에 새삼 놀라웠다.

'어른이 된다는 건 그저 나이만 먹는 것이었구나.'

성인이 되면 내가 엄청나게 변해 있을 줄 알았지만 변한 건 없었다. 내가 날 변화시키는 노력을 하지 않으면 서른 살이 된다 해도 열아홉 살의 나와 같을 수도 있다는 사실에 소름이 끼쳤다. 그러니 스스로 변화를 도모해야만 했다. 그러지 않으면 고등학교 모습 그대로 평생을 살아갈지도 모르는 일이다.

그래서 나는 대학에 들어가자마자 변화를 꿈꾸며 내 몸이 편하게 생각하는 것과 반대로 행동했다. 먼저, 사람을 많이 만나는 것을 꺼렸기에 일부러 서너 개의 동아리에 가입했다. 그리고 과에서 갖는 자리는 거의 대부분 참석했다. 가서 하는 일이라곤 그저 술을 마시면서 동기들, 그리고 나보다 한두 살 많은 선배들과 이야기를 나누는 것이었지만 당시 나에게는 이 역시 매우 큰일이었다.

하지만 이런저런 자리를 참석하다 보니 그런 자리에 대한 거부감이 아주 조금씩 줄어들기 시작했다. 사람이 많고 적은 것도 그렇게 신경 쓸 일이 아니라는 사실도 알게 되었다. 이렇게 처음으로 다양한 사람들과 어울리면서 나는 점차 변해갔다.

재수 시절, 나보다 한 해 먼저 대학에 간, 고등학교에서 제일 친했던 친구 한 놈이 이렇게 말했던 기억이 난다.

"대학에 가니까 중고등학교 때 친구만큼 의리 있는 친구는 없더라. 너도 괜히 친구들한테 네 마음을 다 보여주진 마."

하지만 난 그냥 마음을 열었다. 그래서 그런가. 대학에서도 좋은 친구들을 많이 만날 수 있었다. 그리고 많은 비밀을 공유해도 전혀 아깝지 않은 친구들도 생겼다.

또, 대학교 1학년 때 교양수업을 통해서 해병대를 나온 두 형을 알게 되었다. 다른 사람들로부터 해병대에 가면 성격이 이상해진다는 말을 꽤 들었는데, 그 형들은 전혀 그렇지 않았다. 어른들에게는 예의 바르고, 동생들에게는 더없이 따뜻했으며, 자신이 하고 싶은 일에서 만큼은 과감히 도전하는 면도 있었다. 형들을 볼 때마다 대학에서 만났던 그 어떤 선배들보다 남자로서, 그리고 어른으로서 너무나 멋지다고 느꼈다. 그 형들은 해병대가 사람을 망치는 곳이 아님을 보여주는 살아 있는 증거였다.

그러니 누군가가 하는 말에 너무 빠져들 필요는 없다. 내가 하면서 느끼는 것이 더 중요하다. 하다 보면 인생 선배들이 해주는 말이 때론 맞기도, 틀리기도 하다는 것을 알게 된다. 아무리 대단한 선배라고 해도 내 인생에 정답을 제시해줄 수는 없는 것이다.

그런데 간혹 선배로부터 선택을 강요받는 경우도 있다.

"뭐하는 거야! 내가 하라는 대로 해야 안 망한다니까!"

과연 그럴까? 설사 내가 그렇게 해서 망했다고 치자. 그래도 난 그 누구도 내 인생에 대해 왈가왈부할 수 없다고 생각한다. 망하면 망하는 대로 의미가 있는 것이다. 그것은 그 선배가 하라고 한 대로 안 했기 때문에 망한 게 아니라, 내가 그 길을 선택했는데 망해버린 것이다. 그러면 나는 그 실패의 경험을 통해 배움을 얻고 일어나 더 큰 사람이 되기 위해 노력하면 된다.

그러나 그 선배가 누가 봐도 대단할 정도로 가슴의 울림을 무시하지 않고 현실과 타협하지 않으며 자신만의 길을 살기 위해 고군분투하는 사람이라면 그의 조언을 가슴에 새길 필요는 있다. 걸림돌에 부딪혔을 때, 그 조언은 정말 생각지도 못한 해결책을 제시해주기도 하기 때문이다.

내가 이 이야기를 이렇게 길게 하는 이유는 다른 사람의 강력한 조언을 듣고 자신의 욕망을 쉽게 저버리는 안타까운 후배들을 많이 보았기 때문이다.

휴학을 할지 안 할지, 대기업에 갈지 안 갈지, 교환학생을 신청할지 안 할지 이 모든 것은 결국 자신이 택하는 것이다. 만약 휴학을 길게 하면 졸업이 늦어져서 망할지도 모른다고 극단적으로 말하는 선배 때문에 휴학을 접으려고 한다면 당신은 애초에 휴학에 대한 간절함이 부족했던 것이다.

반드시 이런 질문을 스스로에게 던져야 한다. 당신이 진짜 원하는 것은 무엇인가? 휴학을 해서 어떤 것을 얻길 원하며, 어떤 것을 하길 원하는가? 이에 대답할 수 없다면 당신은 10%도 준비되지 않은 것이다. 내 주변엔 휴학을 수없이 하고도 그 누구보다 멋지게 사는 선배들도 많다. 늘 극단적으로 말하고 선택을 강요하는 선배들을 잘 살펴보길 바란다. 정작 본인은 휴학을 오래 해보지도 않았고, 했다 해도 열심히 살지 않았을 확률이 크다. 그렇다면 여러분은 그런 선배의 말을 들을 것인가, 아니면 휴학을 오랫동안 하고도 멋지게 살아가는 줏대 있는 청년이 될 것인가.

따라서 내가 해야 할 일은 다양한 사람들의 이야기를 충분히 듣고 내 미래를 스스로 선택하는 것이다. 그리고 그것들을 조합해 '나만의 스타일'로 새로운 길을 만들어나가면 된다.

내 자신이 강한 존재임을 증명해라

해병대에 갈 때 죄송스럽게도 부모님께는 면접에 합격하고 나서야 해병대에 지원한 사실을 말씀드렸다. 역시나 두 분 모두 반대하셨고, 특히 어머니께서 절대 안 된다고 하시며 극구 말리셨다.

하지만 나는 절실했다. 어차피 군대에는 가야 하고, 일단 들어가면 2년을 버텨야 한다. 아니, 버티는 것이 아니라 그 2년마저 내가 이끌 만큼 자신감 있는 남자가 되고 싶었다.

그런 마음으로 부모님 반대를 무릅쓰고 들어갔지만, 솔직히 해병대 생활은 많이 힘들었다. 하지만 해보고 나니 별거 아니라고 느낀 적도 많았다. 또 내가 기대했던 것과는 달리, 너무나 동경했던 형들과 같은 사람들만 있는 곳도 아니었다. 그곳 역시 그냥 '사람 사는 곳'이었다. 그리고 그들 중에는 나와 같이 스스로를 변화시키기 위해 온 사람도 매우 많았다.

우리는 자신을 가로막는 것들에 고마워해야 한다. 걸림돌과 현실의 장벽이 나타날 때야말로 나를 한층 더 발전시킬 수 있는 기회를 얻게 된 축복의 순간이기 때문이다.

공부를 못하기 때문에 원하는 대학에 못 가는 게 아니라, 공부를 못하기 때문에 내가 더 열심히 공부해야 하는 것이다. 내가 소심하고 나약하기 때문에 면접을 피해야 하는 것이 아니라, 그렇기 때문에 그 면접을 견뎌내고 내 자신이 생각한 것보다 훨씬 강한 존재임을 스스로에게 증명해야 하는 것이다. 마찬가지로 어떤 반대에 부딪히더라도 반드시 그것을 해내서, 그들에게 내가 멋지게 변해가는 모습을 보여주면 된다.

그걸 가장 먼저 보여줘야 하는 사람은 바로 '나 자신'이다. 내가 나에게 탄성을 지르고 감동받으면 주변에서도 저절로 날 응원한다.

그리고 날 반대했던 사람들도 언제 그랬냐는 듯 돌아보기 시작한다.

내가 돈이 없어서 뭔가를 포기해야 한다면 기발한 아이디어를 내서 돈을 모으자. 만약 부모님이 반대하시면, 부모님이 감탄할 정도로 내가 벌인 일을 멋지게 해내자. 만약 자신감이 없다면, 내가 변할 수 있는 일에 과감히 도전하여 과거의 내가 감탄할 정도로 날 변화시키자. 내가 할 수 없었던 그 이유들이 결국 해낼 수밖에 없던 이유들로 자리 잡을 것이다.

나를 가로막는 가장 큰 장벽은 늘 내 자신이다. 내가 변할 수 있다는 사실을 인정하고 받아들이는 것, 거기서부터 변화는 시작된다. 그리고 바뀌어야 한다는 간절함은 변화의 촉매제가 된다.

그러니 날 가로막는 것이 무엇인지 따지고 재는 동안 차라리 이렇게 묻는 게 빠를 것이다.

"나는 진실로 내 자신을 바꾸기를 원하는가?"

◐ 우유부단함

사소한 것이라도
일단 콜!

선택에 있어 나만의 기준을 만들면 결단력이 생긴다

여러분의 주변에도 유독 "일단 콜!"을 잘 외치는 친구가 있지 않은가? 반면에 항상 "생각해볼게"라는 말을 습관처럼 하는 친구도 있을 것이다. 누가 옳다고 함부로 말할 수는 없지만, 확실히 전자의 경우 행동파가 많다.

매일매일 우리는 무언가를 선택하고 결정해야 하는 순간을 맞이한다. 아침에 자명종이 울리면 그 짧은 순간에도 갈등한다. '딱 5분만 더 잘까, 그냥 빨리 일어나서 준비할까?' 여자친구와의 데이트

전엔 '어디에 가야 그녀가 좋아할까?', 영어공부를 할 땐 '어느 학원에 다녀야 좋은 점수를 받을 수 있을까?', 수강신청을 할 땐 '이번 학기는 어떤 교수님을 선택해야 학점이 잘 나올까?' 등 선택은 끝도 없다.

선택은 본인의 몫이고 그에 대한 결과도 모두 본인이 책임을 져야 하기에 선택의 무게는 늘 무겁다. 그래도 '자장면이냐, 짬뽕이냐'와 같이 둘 중 무언가를 선택해도 인생이 뒤바뀔 만큼 큰일이 아니라면 하나는 오늘 선택하고 나머지는 다음에 선택하면 된다. 그런데 '경영학과냐, 철학과냐'와 같은 전공 선택이나, 대학교 혹은 첫 직장을 선택하는 일처럼 인생에 두 번 다시 오지 않을 중요한 일이라면 압박감은 어마어마하게 커진다.

많은 친구들이 내가 결단력과 추진력이 있다고 생각하지만, 사실 과거의 난 '내 생각' 따위 없던 아이였다. 내가 얼마나 우유부단했는지를 단적으로 보여주는 에피소드가 있다.

초등학교 때, 부모님께서 주말에 놀러가자고 하신 적이 있다. 그냥 따라가거나 집에서 쉬면 되는, 사실 선택의 축에도 끼지 못할 간단한 문제였다. 그런데 나는 그걸 한 시간 동안 고민하고 또 고민하다가 결국 아버지가 현관문을 나가실 때까지 갈팡질팡했다. 그 모습을 보시던 아버지는 결국 "집에서 쉬어라!" 하곤 나가셨다.

덩그러니 집에 남겨지고 나니, 후회가 밀려왔다. 집에 있는 게 더 편할지도 모르겠다고 생각했지만 막상 부모님이 나가시니 자책만 남았다.

'그냥 따라갈걸. 막상 집에서 하는 것도 없으면서 왜 안 따라갔을까? 이 우유부단한 놈아! 왜 그랬어, 왜!'

이처럼 난 별것도 아닌 것을 가지고 매번 망설이고 후회하는 일을 반복했다. 이런 작은 일도 그러한데, 다른 일은 불 보듯 빤하지 않았겠는가.

20대가 되어 이런저런 경험을 쌓다 보니 우유부단한 면은 조금씩 사라졌다. 그런데 맘먹고 무언가를 시작하려 해도 결단을 내리지 못하게 만드는 수많은 일들이 일어났다. 신기하게도 '이젠 저번보다는 좀 낫겠지' 싶을 때마다 매번 상상도 못했던 일들이 툭 튀어나와 내 길을 가로막았던 것이다. 이렇게 선택의 결과는 늘 예측을 벗어나니, 선택을 하는 데 있어 나만의 기준이라는 게 꼭 필요하다는 것을 느꼈다.

그래서 나는 그 기준을 정했다. 내가 하고 싶지만 그것이 단지 어렵고 불편한 일이어서 고민하는 것이라면? 그땐 과감히 "콜!"을 외치기로 했다. 하지만 내가 선택하지 않은, 갑자기 주어진 일이라면 충분히 고민한 후에 선택하기로 했다.

우유부단함을 벗어던지는 가장 빠른 방법

우유부단함을 벗어던지는 가장 빠른 방법은 무엇일까? 사실 매우 간단하다. 일단 시작하는 것이다.

그럼 우유부단함은 왜 생기는 걸까? 뭘 해야 할지 선택하지 못하기 때문이다. 그렇다면 왜 선택을 못하는 걸까? 둘 다 하고 싶어서이기도 하겠지만 보통은 더 나은 게 뭔지 알기 어렵기 때문일 것이다. 그렇다면 어떤 게 더 나은지 어떻게 알 수 있을까?

여기서 그 답이 나온다. 해보는 것이다. 그러나 모든 일을 다 해볼 수는 없다. 그렇다면 내가 그나마 조금 더 끌리는 일을 해보면 된다. 그리고 그게 아니라는 걸 알게 되면 다른 걸 하면 된다.

둘 다 너무 끌려서 도무지 선택을 할 수 없다면 제비뽑기를 해서라도 그 둘 중 하나를 쿨하게 택해보자. 만약 A를 선택했는데 B가 너무 아쉽고, B를 선택했는데 A가 너무 아쉽게 느껴진다면?

그럼 둘 다 하지 않으면 된다. 기권을 하는 것이다.

그러다 보면 둘 중 한 개라도 하지 않은 것에 대해 후회하게 된다. 그러면 그땐 무조건 아무거나 시작한다. 아주 단순해 보이지만 우유부단함을 없애는 방법에는 이 이상도, 이하도 없다고 본다.

우리가 선택을 할 때 가장 많이 하는 방법 중 하나는 사람들에게 물어보는 것이다. 그런데 그럴 수 없는 상황도 반드시 생긴다. 그때는 어떻게 할 것인가? 결국 위와 같은 방법을 쓸 수밖에 없다.

도대체 우리는 그냥 하면 되는 것을 왜 이렇게까지 고민하며 망설이는 걸까? 두려운 것이다. 무엇이? 실패가. 내가 앞으로 얻게 될 것에 대한 감사함보다 실패 후 내가 감당해야 할 것에 대한 두려움이 더 큰 것이다. 특히 우리는 실패를 용납하지 않는 분위기 속에서 자랐기에 이런 두려움에서 벗어나는 게 힘들다는 것도 충분히 이해할 수 있다.

나는 특히 우유부단한 사람의 마음을 누구보다 잘 이해한다. 우유부단함을 없애는 것이 내 도전의 이유이기도 했으니까.

매번 갈팡질팡만 하다 10대 시절이 끝나고 돌이켜보니 나에겐 추억으로 곱씹을 만한 특별한 경험도, 그리고 친하게 지냈던 친구들도 손에 꼽힌다는 것을 알게 되었다. 그래서 나를 바꾸겠다고 결심한 이후로부터는 내가 우유부단해지는 걸 극도로 경계했고, 내적갈등이 일어날 때마다 즉시 끌리는 것을 택했다. 아무리 어려운 결정이라고 해도 결국 인생이라는 큰 관점에서 보면 생애 일어나는 한 가지 사건에 불과하다. 실패한다고 인생이 끝나는 것도 아니고, 성공한다고 해서 모든 걸 거머쥘 수 있는 것도 아니다. 그러니 망설이지 말고 그냥 하면 된다.

사실 우유부단하다는 것은 달리 말하면 너무 과하게 신중하다는 것을 의미한다. 그래서 나는 우유부단하다는 이유로 죄책감을 느낄 필요는 없다고 생각한다.

다만 이제는 다른 의미로 신중해지자. 이제는 당신이 삶의 주인이 되는 길이 무엇인지를 더 신중히 고민해야 한다. 모두가 가장 빛나는 시기라 부르는 청춘을 그저 그렇게 보내면 당신이 나중에 돌이켰을 때 후회만 가득할 것이다. 그래서 나는 제비뽑기나 동전 던지기를 해서라도 계속해서 덤비고 싸울 것을 강력히 권한다.

흔히 '부러우면 지는 것'이라고 한다. 하지만 난 남을 부러워하는 게 꼭 나쁘다고 생각하지 않는다. 한없이 부러워만 하는 것은 문제지만 누군가가 부럽다면 그건 나에게 없는 무언가를 그 사람이 갖고 있다는 것이고, 그것이 곧 나의 '결핍'인 셈이다. 부러운 감정이 '나도 저렇게 되고 싶다' '저렇게 되려면 어떻게 해야 할까'와 같은 고민으로 이어지고 변화를 위해 내가 움직인다면, 부러우면 지는 게 아니라 오히려 나 자신을 이기는 것이다.

이러니 나의 부족한 점에 오히려 감사해야 한다. 그리고 날 가로막는 것 또한 환영해야 한다. 그래서 나는 주변에서 말릴 때마다 '다 반대하니까 하지 말아야겠다'가 아니라 '이걸 꼭 해내서 사람들의 관념을 바꿔야겠다'고 생각했다. 마치 '작용-반작용의 법칙'처럼, 다른 사람이 말리면 말릴수록 내가 하고자 하는 욕구가 점점 커졌다. 이렇게 나를 가로막는 것들에 대해 다르게 바라보면서 우유부단했던 나는 "일단 콜!"부터 외치는 행동파가 되어갔다.

막상 해보면 늘 느끼는 것, '별거 아니다'

나에게도 고민이 있을 때마다 조언을 해주시는 소중한 형님이 몇 분 있다. 그중 나와 독도 수영단에서 만난 최훈이라는 형을 소개하고 싶다.

그 형 역시 대학교 시절에 특별한 꿈을 갖고 있지는 않았다고 한다. 그러다 어느 날 문득 중국에 가서 공부를 해야겠다고 마음먹고 중국어를 가장 빨리 배울 수 있는 방법에 대해 생각했다고 한다. 그 방법이 무엇인지 궁금하지 않은가?

그다음 날 바로 중국어과에 계신 중국인 교수님을 찾아가 무작정 중국에 가서 지낼 수 있는 방법을 알려달라 했다고 한다. 중국어과 학생도 아니고, 중국어로 인사말 정도만 할 줄 아는 타과생이 찾아와 다짜고짜 중국에서 지낼 수 있는 방법을 말해달라 하니 어땠을지 눈에 훤하지 않는가? 하지만 두 번이나 거절을 당했음에도 형은 포기하지 않았다. 결국 교수님은 당신이 알고 계신 중국에 있는 교수님을 찾아가라며 비행기 표까지 대신 사주셨다고 한다.

정말 놀랍지 않은가? 처음에 중국어과에 가서 무작정 부탁한

것만 보면 정말 무모하기 짝이 없는 행동이다. 그때 그걸 알았던 사람이 있다면 모두 뜯어말렸을 것이다. 하지만 형은 그렇게 생각지도 못한 결과를 얻어냈다.

방학이 되자 형은 중국으로 가 교수님이 소개해주신 학교에서 묵으면서 현지 교수님들의 일을 도와드렸고, 나머지 시간에는 중국 친구들과 지내면서 중국어를 배웠다. 그렇게 여러 학교를 오가면서 중국에서 약 10개월을 지냈고, 그 이후로도 두 번을 더 갔다고 한다.

현재 형님은 인천공항에서 중국항공사인 하문항공의 여객팀장으로 근무 중이다. 중국어과를 나오지도 않았지만 맨몸으로 중국을 찾아가 중국어를 섭렵하고 왔으니 그 내공이 오죽하겠는가. 지금은 중국에서 귀빈들이 오면 함께 전국을 다니며 공식적인 자리에서 수행비서의 역할을 할 만큼 중국어에 별 어려움이 없다고 한다.

이런 분이기에 난 늘 형님의 말씀에 귀를 기울였다. 내가 무언가를 할지 말지 고민할 때마다 형님은 항상 이렇게 이야기했다.

"일단 해봐! 해보고 말해! 아무것도 하지도 않고 좋은지 나쁜지를 어떻게 알아. 오직 너에게만 주어진 기회야. 무조건 해봐!"

그리고 내가 그것을 하고 나면 형이 나에게 물었다.

"해보니 별거 아니지?"

한번은 경기도청에서 경기도 부지사님과 공무원들을 모시고 내가 연사로 서야 하는 큰 자리가 있었는데 그 자리가 너무 부담스러워 걱정이 끊이질 않았다. 그때도 형에게 조언을 구했다.

"동진아, 해봐! 실수하면 어때. 겁내지 말고 무조건 해봐!"

언제나, 그 어떤 순간에도 형님은 해보라고 했다.

그리고 실제로 연사로 섰을 땐 신기하게도 편안함을 느꼈다. 사실 내가 그렇게 자연스럽게 할 수 있었던 비결은 따로 있었다. 긴장했던 만큼 수없이 연습을 했던 것이다. 강연 당일 아침에도 마지막으로 리허설을 마치고 올라갔다. 평소보다 두 배, 세 배로 노력을 하고 나니 해야 할 말이 자동적으로 튀어나왔다. 아시아나 드림윙즈 2분 스피치 때 머리가 하애져 할 말을 하지 못했던 이동진은 그 자리에 없었다.

그 모든 말은 내가 암기해서 나온 게 아니라 정말 몸에 배어 자연스럽게 쏟아져나왔다. 중간중간 애드리브로 유머까지 섞였고, 심지어 실수를 해도 전혀 당황하지 않고 아무렇지 않게 넘어가버렸다.

그때 나는 형이 늘 "실수하면 어때. 겁내지 말고 해봐!"라고 했던 그 말의 뜻을 명확히 알게 되었다. 그건 아무 준비 없이 그냥 무작정하라는 뜻이 절대 아니었다. 할 수 있는 최선을 다한 후 무대에 설 준비가 되면 그땐 실수 따위를 겁내지 말고 멋지게 놀아보라는 뜻이었던 것이다.

한 유명 연사가 했던 말씀이 생각난다.

"저는 강연이 있는 날이면 새벽 4시에 일어나서 꼭 리허설을 완벽히 마치고 강연장에 들어섭니다."

　우리나라 최고의 연사라 불리는 분도 이러한데 하물며 나는 그보다 더 노력해야 하는 게 당연지사가 아닐까.

　형이 해준 말의 깊은 뜻을, 나는 그토록 긴장했던 그 강연이 끝나고 나서야 알게 되었다. 따라서 백문이불여일행(行), 우리는 반드시 해봐야만 안다!

　2014년 1월에는 CBS 「세상을 바꾸는 시간, 15분」이란 프로그램의 404회 강연자가 되었다. 이때도 서울시청 다목적홀에 천 명이 넘는 분들 앞에서, 그것도 여러 대의 카메라가 돌아가는 것을 보며 이야기해야 했다. 강연 몇 주 전부터 밤을 새며 얼마나 많은 리허설을 했는지 모른다. 그래서 그런가. 감히 내 생애 최고의 강연이라고 할 수 있을 만큼 내 스스로도 감동을 받으며 강연을 마쳤다.

　강연을 할 때 나는 '두려움을 껴안으면 설렘이 된다'는 말을 했는데, 그 말을 하는 중에도 나는 가슴 뛰는 설렘을 느끼고 있었다.

　실력이 부족하면 어떠한가? 자질이 부족하면 어떠한가? 완벽한 사람은 어디에도 없다. 그러니 기회가 오면 '일단 콜'을 외쳐라! 역사는 말하는 사람이 아니라 저지르는 사람에 의해서 만들어진 것을 잊지 말자.

◐ 부모님의 반대

때론 설득하는 용기도 필요하다

기가 막힐 정도의 뻔뻔함은 상대를 설득시킨다

초등학교 4학년 때, 새벽 운동을 하는 친구를 따라 배드민턴장에 간 적이 있다. 그러면서 자연스럽게 그곳을 자주 찾게 되었다. 초등학교 시절 특별히 잘하는 것도 없었고, 딱히 내 흥미를 끄는 것도 없었기에, 배드민턴은 내 인생에서 처음으로 흥미를 느낀 대상이라고 해도 과언이 아니다. 그래서 배드민턴을 잘 치고 싶었고, 배드민턴 선수가 되고 싶다는 꿈을 꾸게 되었다.

그것이 나의 첫 번째 꿈이었다. 나는 꼭 배드민턴 선수부가 있

는 중학교에 들어가겠다고 결심했다. 무언가를 하고 싶다는 욕망이나 절실함이 없던 나에겐 소중하고 큰 꿈이었다.

하지만 중학교 입학을 앞두고 선수부가 있는 학교에 들어가겠다고 하자, 부모님께서 말리셨다. 운동선수로서 성공하여 살아간다는 것이 얼마나 힘든 건지 말씀해주시면서, 세상에 힘들지 않은 것은 없지만 공부를 하면 가장 빨리 성공할 수 있다고 하셨다.

할 수 없이 배드민턴을 포기했는데, 빨리 성공하게 만들어준다는 공부는 내 가슴을 뛰게 하지 않았다. 학창 시절에 공부를 좋아하는 애가 얼마나 있겠냐마는, 전혀 흥미롭지도 않았고 나와 맞지도 않은 것 같았다.

그때부터 늘 배드민턴에 대한 미련이 있었던 것 같다. 10년이 지나 대학에 입학하고 군 생활을 할 때에도 내 가슴속에는 배드민턴 선수가 되고 싶다는 꿈이 여전히 꿈틀대고 있었다. 그리고 어느 순간 이 꿈을 더 이상 내 안에서 내몰 수가 없음을 알게 되었다. 지금이 아니면 절대로 시작할 수 없을 거라는 확신이 들자, 본격적으로 '배드민턴 국가대표 되기 프로젝트'를 시작했다.

당신이 만약 배드민턴 선수가 되고 싶다면 무엇부터 하겠는가? 우선 흔히 생각해볼 수 있는 것은 인터넷에서 배드민턴 선수가 되는 방법을 검색해보는 것이다. 이것도 좋다고 생각한다. '내가 뭐라고 선수가 되겠어?'라고 고민할 시간에 인터넷에 접속하는 '행동'을 하는 것이 몇 배는 더 생산적이라고 본다.

앞에서 말했듯 나는 늘 과정을 매우 단순하게 생각하는 습관이 있었기에 이 프로젝트 역시 간단하게 생각했다.

군 복무 중이었던 당시 일단 인터넷 서점을 통해 배드민턴 교본 한 권을 주문했다. 그리고 매일 그 교본을 보면서 배드민턴이라는 것이 어떤 건지, 그리고 어떤 자세가 있는지를 눈으로 익혔다. 그다음 인터넷을 통해 배드민턴 선수들의 기초훈련법 몇 가지를 알아두고, 후임 한 명과 함께 기초체력을 쌓기 위한 훈련을 시작했다. 간단한 팔굽혀펴기부터, 1천 미터 달리기, 5미터 간격을 두고 물건을 빠르게 옮기기 등. 당시 나의 코치는 '교본'이었다.

하지만 전역 후에는 진짜 코치님을 만나야만 했다. 그래서 나는 인터넷으로 '대한배드민턴협회'를 찾았고, 바로 전화를 걸어 코치님 몇 분의 전화번호를 얻어냈다. 그중 성남시에 있는 어느 체육관의 코치님께 전화를 걸었다.

"안녕하세요, 코치님. 저는 국가대표가 되고 싶은 23살 청년 이동진이라고 합니다. 코치님께 조언을 구하고 싶은데 찾아뵈어도 되겠습니까?"

"23살에 국가대표요? 불가능합니다. 원래 선수였나요?"

"아뇨. 저는 배드민턴을 제대로 배워본 적이 단 한 번도 없습니다. 하지만 배드민턴을 잘 친다고 생각합니다."

그분은 어이가 없다는 듯 웃으면서 말씀하셨다.

"절대로 불가능합니다. 꿈을 꾸는 건 좋지만, 포기하시는 게 좋을 것 같네요."

"상관없습니다. 일단 꼭 찾아뵙고 싶습니다."

"좋아요. 이번 주에 한번 오시겠어요?"

"아, 제가 지금 군인이라 포항에 있습니다. 전역하면 바로 찾아뵙겠습니다."

"군인이요? 허허……. 참 기가 막히네요. 알겠습니다."

그리고 전역 후, 난 정말로 코치님을 찾아갔다. 하지만 코치님께서는 기본기만 갖추는 데에도 최소 2년은 걸리니 지금 그 나이에 국가대표를 한다는 것은 절대로 불가능하다고 말씀하셨다.

그런데 나는 그 불가능하다는 말이 너무 좋았다. 그것이 나에겐 '지금 시작해야 한다'는 말로 들렸다.

'제발 도전해봐!'

나는 가슴의 울림을 무시하지 않았다.

지난 10년간 배드민턴 선수라는 꿈을 마음속에 품고 있었는데, 이제야 꿈을 위한 첫걸음을 내디딘 것이다. 그것도 사회와 동떨어진 군대에서. 내가 한 것이라고는 한 권의 책을 사고, 인터넷을 통해 기초훈련법을 익히고, 대한배드민턴협회를 통해 연결된 코치님께 연락을 드린 것뿐이었다.

사실 지금까지 한 것도 조금만 고민하면 누구나 할 수 있는 수준의 일이라 생각한다. 그런데 난 도대체 왜 지난 10년 동안 고민만 했던 걸까? 내가 중고등학생이었기 때문에? 부모님의 허락이 필요했기 때문에? 열정이 부족했기 때문에? 이유야 어쨌든, 스물세 살이 되어서야 난 꿈을 위한 한 걸음을 내딛게 되었다.

배드민턴 선수가 되기 위해 해야 할 일은 어마어마하게 거창할 것 같지 않은가? 하지만 시작은 누구에게나 비슷하고 간단하다. 물론 이때까지 난 내가 배드민턴 라켓조차 제대로 잡지 못하고 있다는 사실도 모르고 있었지만 말이다.

때론 부모님도 설득할 수 있어야 한다

사실 가장 어려운 난관은 따로 있었다. 바로 부모님이었다. 군대에 있을 때부터 배드민턴을 한다고 말씀드렸는데, 멀쩡히 공대를 다니고 있던 애가 갑자기 배드민턴 선수가 되겠다고 휴학을 한다는 게 말이나 되냐며 펄쩍 뛰셨다. 그래도 이때까진 그냥 농담이겠거니 하고 넘기셨던 것 같다.

그런데 휴가를 나와서도 계속 배드민턴 얘기를 꺼내니 듣다 못한 아버지께서 화를 내셨다.

"한 번만 더 배드민턴 얘기를 꺼내면 혼날 줄 알아라!"

반항을 하고 싶었다기보다 이제 나도 어른이니 내 인생의 일은 내가 결정하는 것이 맞는 게 아닐까 싶어 그냥 휴학을 해버려야겠다고 생각했다. 그리고 큰 결심을 했을 때마다 '젊은이는 창의적인 노력과 진취적인 기상, 건설적인 협동의 자세를 갖고 세상을 돌아보며 호연지기를 길러야 된다'고 말씀해주셨던 김선국 교수님을 찾아뵈었다. 이런 저런 말씀을 나누던 도중 배드민턴 선수를 하려고 하는데 부모님의 허락을 받지 못했다고 하자, 교수님께서 말씀하셨다.

"부모님도 설득하지 못하면서 세상 누구를 설득하려고 하니? 앞으로 네가 살아가면서 수없이 많은 일을 앞에 두고 누군가를 설득시켜야 하는 일이 있을 게다. 그런데 그 누구보다 중요한 부모님을 설득하지 못하면, 교수인 나도 네 도전에 박수를 쳐주긴 힘들 것 같구나. 그러니 잘 생각해보거라!"

막무가내로 해보려고만 했지, 부모님을 설득해야 한다는 것은 한 번도 생각해본 적이 없었다. 늘 해내고 나서야 결과로 증명하면 된다고 여겼던 게 사실이다.

교수님을 만나 뵙고 나서 처음으로 부모님 입장에서 생각해보았다. 아버지, 어머니께서 불안해하시는 것은 내가 대학을 휴학하거나, 배드민턴 선수가 되겠다고 하는 사실 그 자체는 아닌 것 같았다. 인생에서 가장 중요한 20대에 큰 시행착오를 겪어 내가 뒤처지지는 않을지, 그래서 혹시 잘못되지는 않을지를 걱정하시는 것이리라. 그렇다면 부모님의 그런 불안함을 없애드리는 게 우선이라고 판단을 내렸다.

그날 집으로 돌아와 가족들에게 며칠 뒤 거실에서 중대 발표를 하겠다고 선포했다. 아버지께서 얼굴을 찡그리셨다. 내가 또 배드민턴을 친다고 할 것이 분명했기 때문이다.

약속한 그날 그 시각. 아버지, 어머니, 누나가 모인 자리에서, 나는 내가 작성한 계획표를 가지고 설명을 드렸다.

"제 인생에서 꼭 해보고 싶은 게 있어서 이렇게 가족회의를 소집하게 되었습니다. 제 이야기를 모두 들어보신 후에도 납득이 되지 않는다면, 저는 과감히 배드민턴을 포기하고 절대 다시는 같은 이야기를 꺼내지 않겠습니다. 동의하시겠습니까?"

역시나 배드민턴 선수 이야기를 꺼내자 아버지, 어머니는 얼굴을 찡그리셨다. 그러나 나는 계속 말을 이어나갔다.

"어린 시절 이 꿈을 접었지만, 사실 제 안에는 늘 배드민턴에 대한 갈망이 남아 있었습니다. 그리고 전역 후 도전을 할 수 있는 마지막 기회가 왔다고 생각했습니다. 지금이 아니면 저에겐 더 이상 기회가 없습니다. 다른 사람의 시선이나 목소리에 눈과 귀를 잠시만 닫고, 제 가슴이 진정으로 원하는 일에 도전해보고 싶습니다."

이어서 나는 배드민턴 선수가 되어 올림픽에 나가고, 그것을 기

초로 학교를 졸업한 후 조종사 자격증을 따겠다고 했다. 그 후 하버드 대학원에 가서 내가 진짜 원하는 것을 공부하고, 졸업 후에는 비행기 조종사가 될 것이며, 궁극적으로는 내가 했던 다양한 경험들을 바탕으로 국제연합(UN)에서 전 세계를 위해 일하고 싶다는 뜻을 전했다.

지금 돌이켜보면 부모님께서는 내가 그냥 철부지 같은 패기로, 현실이 얼마나 냉혹한지도 모른 채 오직 배드민턴만을 위해서 휴학을 하려 한다고 생각하셨던 것 같다. 하지만 배드민턴을 하고 난 뒤의 계획과 진짜 내가 원하는 삶, 그리고 그 삶이 얼마나 이 세상에 의미가 있는지를 말씀드리자 점차 얼굴색이 밝아지는 걸 느꼈다.

나는 말을 이어나갔다.

"저는 미래에 제 가슴이 시키는 일을 하면서, 세계를 돌아다니면서, 제 삶을 창조하며 살고 싶습니다. 배드민턴 국가대표를 한다는 것이 지금 상황에서 말도 안 되는 것같이 보이시겠지만, 저는 인생 역시 말도 안 되는 것의 연속이라고 믿습니다. 그러나 최소한 하고 싶지 않은 일을 억지로 하면서 살고 싶지는 않습니다."

아버지, 어머니의 입가에 미소가 맺히는 것을 발견하고, 나는 다음과 같이 발표를 마무리하였다.

"저는 제 가능성이 얼마만큼인지 모릅니다. 그래서 저의 잠재력을 최대한 끌어내고 싶습니다. 그리하여 무궁무진한 저의 가능성을 가지고 세계를 무대로 멋지게 살고 싶습니다. 그런 삶을 살기 위해서는 부모님의 진심어린 응원이 절실히 필요합니다. 이제 휴학하고 배드민턴을 시작해도 되겠습니까?"

잠시 정적이 흘렀다. 부모님이 반대하시면 처음에 말한 것처럼 난 포기해야 한다. 정말 긴장되었다. 그런데 이게 웬일인가! 아버지께서 끼고 있던 팔짱을 풀더니 환하게 웃으면서 소리치셨다.

"도대체 네 아비는 누구냐! 누가 이렇게 생각하라고 시켰더냐?"

아버지는 박수를 치면서 나를 껴안아주셨다. 어머니도 덩달아 나를 안아주셨다.

"좋다! 허락하마! 대신 너에게 주는 시간은 딱 6개월이야. 6개월 내로 조금이라도 좋은 결과가 나오면 계속하고, 아니면 다시 네 본분으로 돌아가야 한다!"

나는 마치 엄청난 강연을 끝마친 연사가 된 것 같았다.

홀로서기 역시 많은 분들의 희생과 도움이 필요하다

배드민턴을 시작할 때 부모님께 약속을 드렸던 것이 있었다. 내가 벌인 일이기에 부모님께 절대 손을 벌리지 않겠다는 것이었다.

그래서 부모님께서 배드민턴 장비를 사주셨던 것을 빼면 정말 아무런 지원을 받지 않았다. 대신 내가 그 모든 비용을 충당하기로 약속을 했다. 그건 나 자신과의 약속이었다.

성인이 되어서 부모님께 생활비를 받는 것도 내키지 않는 일인데, 내가 하고 싶은 일을 하겠다고 부모님께 돈을 달라고 하고 싶지는 않았다. 그럼 어떻게 훈련비를 충당해야 할까?

당장 몇 주 뒤인 9월부터 운동을 시작해야 하는 데다 만약 운동을 시작하게 되면 중간에 멈춰서도 안 된다. 그런 상황에서 아르바이트까지 하는 건 절대적으로 무리였다. 만약 아르바이트를 하게 되면 그다음 학기에 운동을 시작해야 한다. 하지만 그때 가면 상황이 달라질 수 있으므로 지금 당장 돈을 구해야 했다.

사실 그때는 반드시 2010년 9월에 배드민턴을 시작해야 하는 분명한 이유가 있었다. 2012년 런던 올림픽 배드민턴 국가대표로 출전하는 게 목표였기 때문이다. 내가 국가대표가 될 수 있다는 보장은 당연히 없다. 23살이 되어 배드민턴을 시작한 사람이 국가대표가 된다는 건 거의 전례 없는 일일 것이다. 이러니 내가 가진 모든 것을 다 바쳐도 될까 말까 한 상황에서 6개월을 더 미루거나 일을 병행하면 국가대표가 될 가능성과 점점 멀어지는 건 시간문제였다.

나는 먼저 기업에 스폰을 받는 방법을 떠올리고 배드민턴 전문 기자님께 연락을 취했지만, 너무 기가 찬 이야기라고 했다. 현실적으로 기업 스폰은 완전히 불가능해 보였다. 그래서 결심했다. 주변 사람들에게 내 꿈을 홍보하고 도움을 요청하기로.

물론 요청은 내 자유지만 거기에 동참을 해주는 것은 그분들의 몫임을 잊지 않기로 했다. 7월 15일 전역 후 7월 19일에 파키스탄으로 출국하여 히말라야를 다녀오고 8월 10일 입국을 하면, 9월까지 약 3주도 남지 않은 시기에 이 모든 준비를 마쳐야 했다.

나는 귀국 후 바로 내 꿈에 후원을 부탁드린다는 한 장의 편지를 작성했고, 그것을 가지고 지인 분들을 찾아다녔다. 고등학교 선생님, 재수학원 선생님, 대학교 교수님, 그리고 그 외 학교 선배 및 동기들, 대외활동에서 만났던 분들께 계속해서 직접 혹은 간접적으로 나의 뜻을 밝혔다.

가장 먼저 히말라야를 갈 때 같은 팀이었던 양혜린 누나가 10만 원을 보내주었다. 나는 통장에 갑자기 돈이 들어온 것을 보고 깜짝 놀랐다. 가슴이 뜨거워졌다. 사실 부탁을 드리면서도 경제적인 도움을 받을 거라는 확신은 없었다. '최소한 나의 뜻을 알아주시는 분은 생기겠지' 정도로만 생각했는데 정말로 이렇게 후원을 해주실 줄이야! 결국 그렇게 한 푼 두 푼 모아진 돈으로 반년간 배드민턴에 드는 모든 훈련비와 생활비를 충당할 수 있었다.

나는 후원 제안서를 전달할 때마다 이 말을 덧붙였다.

"꼭 돈을 주시지 않아도 됩니다. 가슴으로 응원해주시는 것만으로도 감사합니다. 만약 후원금을 주신다면 하늘에 맹세코 약속드립니다. 절대 다른 곳에 쓰지 않겠습니다. 그것으로 열심히 운동만 하겠습니다."

하지만 그 과정 중에 마음 아픈 일도 겪어야 했다. 제안서를 드리자마자, 재수학원에서 나를 가장 많이 챙겨주셨던 선생님과 연락이 끊긴 것이다. 아무리 연락을 드려도 받질 않으셨다. 그때 엄청난 충격을 받았다. 그리고 후회했다.

'내가 이런 부탁을 드리지 않았다면 나를 일 년간 응원해주신 선생님을 잃지는 않았을 텐데……'

그 이후로 앞으로 어떤 도전을 하더라도 절대 개인, 특히 내가 아는 지인에게는 후원을 요청하지는 않기로 했다. 돈은 어떻게든 마련할 수 있다 쳐도 그로 인해 틀어진 사람과의 관계는 쉽게 되돌릴 수는 없다는 사실을 배웠기 때문이다.

결국 발로 뛰어다니면서 6개월간 필요한 훈련비용 마련, 감독님과 훈련장소 섭외와 같은 모든 준비를 마쳤다. 그리고 9월 1일부터 배드민턴 훈련을 시작했다.

결과는 어떻게 되었느냐고? 결국 배드민턴 국가대표가 되는 건 실패했다. 엄청난 반전 드라마 같은 건 없었다. 사실 너무 당연한 결과일 것이다. 솔직히 막판엔 매일 그만두고 싶다고 생각했을 만큼 힘들었다. 현실의 벽은 상상 그 이상으로 높았다.

하지만 내 첫 번째 꿈을 위한 6개월이었기에, 이전과는 차원이 다르게 내 모든 것을 걸고 최선을 다했다. 비록 국가대표가 되는 일은 실패로 끝났지만, 국가대표 선수뿐 아니라 장차 우리나라를 이끌어갈 어린 꿈나무들과 함께 훈련했던 소중한 시간은 결코 잊지 못할 것이다. 5개월간 초등부 친구들과 대학부의 국가대표 선수들, 실업팀(선수들이 직장 소속으로 근무하며 동시에 운동을 하는 스포츠 단체) 선수들의 땀과 노력을 직접 지켜보고, 전설 같은 훌륭한 코치님들에게 지도를 받았다는 것만으로도 내 꿈을 이뤘다고 생각한다.

하지만 그럼에도 그만둔다는 것은 속상한 일이었다. 나와의 약속을 결국엔 지키지 못했고, 나를 응원해준 가족, 친구, 그리고 후원해주신 많은 지인 분들의 기대도 충족시켜드리지 못했으니 말이다.

그렇지만 내가 할 수 없다는 걸 스스로도 알게 되었으니 물러날 땐 과감히 물러나야 했다. 사실 더 큰 수확은 따로 있었다. 10년간 간직했던 꿈을 다시 끄집어내 모든 것을 걸고 했으니 앞으로도 나의 새로운 꿈을 위해 다시 이렇게 열정을 쏟아부을 수 있으리라는 확신을 얻었던 것이다.

그동안은 마음먹은 일만 했었다면 이제는 그게 무엇이든 조금이라도 하고 싶은 일이라면 재거나 따지지 말고 나에게 도전할 수 있는 기회를 충분히 주자고 결심했다. 세상이 얼마나 넓고 도전해야 할 일은 얼마나 많은지 온몸으로 느낄 수 있도록 말이다.

실제로 배드민턴을 포기한 지 불과 한 달도 안 된 시점에 아마존 정글 마라톤을 알게 되었고, 1년도 안 되는 시간 동안 독도 수영 횡단, 아마존 정글 마라톤, 자전거 미국횡단 등을 해냈다. 돌이켜보면 '배드민턴 국가대표 되기'라는 도전이 있었기에 그 후에 나만의 철인삼종경기를 펼칠 수 있었던 것이다.

만약 당신이 미대를 가고 싶었는데 사정이 있어 포기했거나, 영화를 찍고 싶었는데 집안의 반대로 의대를 갔거나, 음악을 하고 싶은데 취업이 잘된다고 하여 경영학과에 가서 그럭저럭 적응하고 있다면 아직도 꿈에 대한 미련이 많이 남아 있을 것이다. 그런데 사실 그건 해보지 않으면 절대 모른다. 실제로는 그게 진짜 내가 즐기며 할 수 있는 일이 아닐 수도 있는 것이다.

그런데 가슴속에 있는 꿈을 위해 단 한 번도 시도하지 않고 시간을 보내면 생각보다 문제가 심각해진다. 사실 그 일은 내가 평생 할 수 있는 천직이 아닐지도 모르는데 단지 '해보지 않았다'는 이유로 미련을 갖다가 급기야 그걸 하지 못하게 만든 환경이나 사람을 탓하는 지경까지 갈 수도 있기 때문이다.

그래서 나는 할 수만 있다면 꼭 나처럼 모든 것을 걸고 하지는 않더라도 그 일을 할 수 있는 동아리나 대외활동 등을 통해 꼭 간접체험을 해보길 권한다. 직접 해보고 포기해야만 깨끗이 그 꿈을 놓아줄 수 있기 때문이다.

나 역시 배드민턴을 포기하면서 속이 후련해지는 것을 느꼈다. 늘 '언젠가 할 거야'라는 말을 속으로 수만 번 외쳤는데 6개월 내내 실제로 행하면서 나는 그 자체로도 이미 소원성취를 했다는 것을 알았다. 이제 나는 배드민턴에 대해 단 1퍼센트의 후회도 안 할 자신이 있다. 물론 포기할 때 아쉬운 마음은 있었지만 내가 만났던 꿈나무들과 현 국가대표 선수들이 내 몫까지 해내길 기원하는 것으로 모든 게 끝났다.

배드민턴을 통해 배운 것은 이뿐만이 아니다. 나를 후원해줬던 한 선배의 말을 듣고 큰 가르침을 얻었기 때문이다.

"동진아, 내가 널 얼마나 응원했는데……. 사실 배드민턴을 그만두고 왜 그랬는지 아무 말도 하지 않아 섭섭했어."

훈련을 시작한 뒤, 중간중간에 나만의 계획표를 만들어 날 지원해주신 분들께 메일로 한 달에 한 번씩 훈련경과를 보고했었다. 그런데 생각해보니 갑작스럽게 운동을 끝내게 된 것에 대해서 그 어떤 해명도 하지 않았던 것이다.

그분들은 내가 국가대표가 될 것을 예상하고 후원을 해줬다기보다 진심으로 느껴지는 한 청년의 패기와 열정에 후원을 해주신 것이다. 마지막 순간까지 그에 대한 감사함을 잊지 말고 표현했어야 했는데, 포기했다는 이유로 심적으로 괴로워하다 다른 분들의 마음은 전혀 돌보지 못했다. 그때 나는 시작도 중요하지만 끝맺음이 더 중요할 수도 있다는 걸 뼈저리게 느꼈다.

내가 정글 마라톤을 하면서 늦더라도 클라슨과 함께 가려고 했듯이, 기왕이면 모두가 함께 가는 방향을 택하는 게 맞다. 세상 모든 생명체들은 유기적으로 연결되어 있어 내 톱니바퀴가 구르면 다른 사람의 톱니바퀴도 구르게 되고, 그러면 '우리'가 함께 구르고, 세상이 굴러가기 때문이다.

절박함으로 시작한 도전을 통해 나는 내가 이렇게 꿈에 대한 열망이 강한 사람이었음을, 10대 때는 상상도 못했던 용기가 내 안에 꿈틀대고 있음을 알았다. 그리고 나의 작은 행동이 주변 사람들에게도 큰 영향을 미칠 수 있다는 깨달음을 얻게 되었다.

이제 나는 세상이 어떤 과제를 주든 그것을 스스로 해결할 수 있는 큰 힘이 내 안에 있다는 걸 믿는다. 그래서 불투명한 나의 미래가 더 이상 두렵지 않다.

○ 타인의 시선

나이스!
사람들이 반대한다!

왜 우리는 늘 타인의 욕망을 욕망할까

"인간은 타인의 욕망을 욕망한다."

2010년 10월, 청춘 페스티벌에서 《딴지일보》 김어준 총수가 했던 말이다. 나는 이 말을 듣는 순간 소름이 돋았다. 아래 내 가슴을 뭉클하게 했던 말을 더 남겨보겠다.

> 자기 욕망을 이해할 수 없다는 건 자기가 언제 행복한지 모르는 거예요. 언제 행복한지 모르는데 뭘 하고 싶은지 어떻게 알아요? 불

> 안하니까 남들이 어떻게 하는지만 궁금한 거죠.
>
> (……)
>
> 그렇게 해서 자기 욕망의 주인이 되는 방법을 알았다고 칩시다. 그다음에 해야 할 일은? 그냥 그 일을 하는 겁니다.
>
> 사람들이 어떤 일을 하고 싶을 때 제일 먼저 하는 게 뭔지 아세요? 다른 사람들한테 그 일이 얼마나 어려운지 설명하는 거예요. 왜? 그 일을 실패했을 때 자기가 못난 사람이 안 되려고.
>
> (……)
>
> 이 세상에서 어떤 일을 하는 가장 확실한 방법은 그냥 그 일을 하는 겁니다. 실패했을 때 얼마나 타격이 클까 따지지 않고 그냥 하는 겁니다. 그게 성공을 보장하지는 않아요. 하지만 그게 삶의 후회를 없애줘요.
>
> (……)
>
> 행복한 대로 닥치는 대로 살아요.
> 졸라 짧아요, 인생.
>
> — 김어준, '청춘 페스티벌 2010' 강연 중에서

 내가 한 번뿐인 내 삶의 욕망의 주인이 되어야 하는데 타인의 욕망 즉, 사회, 부모님, 친구의 욕망을 추구하고 산다는 게 얼마나 슬픈 일인가. 심지어 그들이 원해서 하는 것을 내가 원하는 것이라고

착각하거나, 그것을 이뤄주는 것이 옳다고 믿기까지 한다. 또 어떨 때 내가 원해서 시작했지만 하다 보면 이게 정말 내가 원해서 하는 건지, 타인이 원해서 하는 건지 헷갈리는 순간도 온다. 그럼 도대체 내가 욕망하는 것은 무엇이란 말인가? 이 악순환의 고리를 끊지 못하면 이 고민은 영영 당신의 삶을 떠나지 않을 것이다.

'젊은이가 할 수 있는 가장 큰 죄악은 평범해지는 것이다.'

이 말은 내 인생의 나침표였다. 나는 적어도 20대라면 '평범'에 안주해서는 안 된다고 생각한다. 평범이란, 좀 더 나이가 든 후에 내가 가진 것을 내려놓고 비우는 연습을 해야 하는 때 추구해야 하는 가치가 아닐까.

하지만 평범함을 추구하지 않으면, 즉 남들과 다른 길을 가려고 하면 반드시 치러야 하는 대가가 있다. 바로 반대와 비난의 목소리이다.

대학교 2학년 때 동아마라톤 대회에 나가기 전, 친구에게 마라톤 풀코스를 뛰어보겠다고 했더니 이런 반응이 돌아왔다.

"야! 그거 뛴다고 학점 나오는 것도 아니잖아. 선수도 아닌데 쓸데없는 데 힘쓰지 마. 뭐하러 힘 낭비를 하냐!"

해병대를 간다고 했을 땐 이런 말을 듣기도 했다.

"이성적으로 생각해보자! 어차피 남들이랑 같은 시간 동안 고생하는 거 이왕이면 조금 더 편한 곳에서 개인시간도 가지면서 지내는 게 현명하지 않겠어? 괜히 고생하면서도 대우도 못 받고 성격도 버리고 몸도 마음도 상하는 일을 굳이 택할 필요는 없잖아? 뭐하러 해병대에 가. 그런다고 인생이 바뀌진 않아. 그냥 남들보다 몇 배 더 고생할 뿐이지!"

재밌는 건 그 친구는 당시 군대를 가보지 않았다는 사실이다.

그때마다 생각했다. 내가 가는 길이 세상의 정답은 아니지만, 그것이 지금 내 인생에서 정답이라고 확신한다면 그걸 하는 게 맞다고. 인생은 사회가 정해준 길을 가는 것이 아니라, 내가 정한 길을 내가 밟아가는 것이니까.

물론 하다 보면 실패할 수도 있고, 경제적으로 부족해지거나 사회적으로 인정받지 못하게 되는 순간이 올 수도 있다. 하지만 내가 선택한 삶을 사는 사람에게 그것은 그렇게까지 큰 문제가 되지 않는다고 본다. 역경에 부딪혀도 내가 하고자 하는 것을 밀어붙일 수 있는 힘이 있기 때문이다.

아마존 정글 마라톤을 완주한 다음 날, 미국 뉴욕으로 가기 전에 함께 뛰었던 외국 선수들에게 며칠 뒤 자전거로 미국횡단을 할 거라고 말했다. 그러자 대부분 이런 반응을 보였다.

"세상에 너 같은 미친놈은 처음이야. 마라톤 끝난 지 24시간도 안 되었어. 니 발을 봐."

내 발은 밴드와 붕대로 칭칭 감겨 있었고, 신발에 발이 들어가지 못할 만큼 퉁퉁 부어 있었다. 발톱은 8개나 빠졌고, 물집은 20개 정도가 터져서 발바닥이 아프다 못해 시렸다. 근데 그건 그냥 발에 상처가 난 것이지, 내가 자전거를 탈 수 없는 이유는 아니었다. 난 그렇게 생각했다. 그건 자전거 횡단과 별개의 문제였다.

그들은 날 보고 '세계 최고의 미친놈'이라고 했지만 사실 그건 내 도전을 환호한다는 뜻이었다. 한국에서는 '미쳤다'는 말이 되게 부정적으로 들렸는데 그때는 '멋지다, 환상적이다, 부럽다'라는 말로 들렸다. 그리고 나와 가장 친했던 클라슨이 말했다.

"넌 정말 최고야. 난 무조건 널 응원한다."

그때부터 나는 '미치다'라는 말에 대한 내 편견을 깨기로 했다. 내가 무언가를 할 때 '미친놈'이라는 말을 듣지 못하면 오히려 그건 도전할 가치가 없는 것이라고 믿었다. 어쩌면 살면서 미쳤다는 이야기를 얼마나 많이 듣느냐에 따라서 인생의 궤도가 달라질 수도 있다고까지 말이다. 미쳤다는 것은 큰일을 저질렀다는 것이고, 그것은 곧 새로운 일을 경험했다는 뜻일 테니까.

내가 아마존에 간다고 했을 때 반대하는 분들은 다음과 같은 공통점이 있었다. 아마존을 가본 적이 없다는 것, 그리고 222킬로미터 마라톤은커녕 몸으로 하는 도전을 좋아하지도 않는다는 것이었다. 반면, 오지에서 마라톤을 해보신 분들은 쉽지는 않겠지만 몸조심하라고 하면서 나의 도전에 박수를 보내셨다. 그리고 이왕 시작했으니 절대 포기하지 말라고 당부하셨다.

참으로 아이러니한 것이다. 비슷하게라도 경험해본 사람들은 오히려 잘 선택했다고 이야기하는 반면, 가보지도 않았던 분들은 다칠 것부터 염려하며 말리시니 말이다.

설사 그것을 해본 사람이 반대를 할지라도 나는 내가 해야 한다고 생각하면 그걸 하는 게 맞다고 생각한다. 같은 경험이라도 사람마다 느끼는 것은 완전히 다르기 때문이다.

따라서 여기서 필요한 건 걱정이 아니라 나에 대한 확신이다. 솔직히 나도 내가 어떻게 될지 모른다. 모르니까 함부로 말할 수 없는 거다. 아마존에 어떤 생물이 있고, 어떤 위험을 만나게 될지 가기 전까지는 절대 모른다. 그냥 믿고 가는 거다. 해봐야 안다. 아무것도 안 해보고 안 된다고 하는 것은 내 삶에 대한 직무유기다.

경험자이든 비경험자이든, 나보다 나이가 많건 적건 다른 사람들의 조언을 듣는 것이 중요하다는 사실에는 나도 동의한다. 그러나 분명한 건 그것은 '그들의 삶'을 통해 나온 생각이라는 것이다. 그러니 김어준 씨 말대로 '내 욕망'을 따르는 것이 나에겐 최선이다.

남들과 다른 길을 가려고 하는 사람은 늘 반대에 부딪힌다. 하지만 그러면서 놀라게 되는 사실이 있다. 반대하는 사람이 많아질수록 날 지지하는 사람도 늘어난다는 것이다. 꿈을 위해 달리는 사람에게 열광하고, 그 길에 동참하고자 하는 사람은 의외로 많다. 생각해보면 나 역시 정글 마라톤을 완주하는 것이 날 지원해주신 분들의 희망이기도 하다는 걸 너무나 잘 알고 있었다. 그래서 죽을 것 같이 힘들었던 순간에도 더더욱 포기할 수 없었다.

그렇게 한국으로 돌아오고 나서는 상상도 못했던 상황이 발생했다. 나를 응원해줬던 사람들뿐 아니라, '과연 해낼 수 있을까'라고 반신반의했던 사람들조차도 나를 너무 자랑스럽고 대견스럽게 봐주셨던 것이다.

그리고 2012년 2월 말쯤. 나는 소름 돋는 전화 한 통을 받게 되었다. 군대에서 적은 버킷리스트에 있던 일이 실제로 이뤄지는 순간이기도 했다.

"안녕하세요, 이동진 씨. 이번에 아시아나 TV 광고를 제작하는데 '아시아나 드림윙즈' 편에 이동진 씨를 모델로 쓰고 싶습니다. 가능하신가요?"

언젠가는 꼭 한 번 광고를 찍어보고 싶다는 생각을 하긴 했었지만, 내가 진짜로 광고를 찍게 될 줄이야! 꿈만 같았다. 해외에서 촬영한 그 광고는 텔레비전 및 인터넷으로 방영되었고, 광화문, 서울시청 등 서울 곳곳의 대형 옥외광고뿐 아니라 서울역과 인천공항을 잇는 공항철도에서도 몇 개월간 계속 나왔다. 세계일주 경비를 어떻게 해결했는지 궁금해하는 분들이 많은데, 그 비행기 표는 사실 이

광고 CF 모델료로 해결한 것이다. 뿐만 아니라 라디오 광고에 내 목소리가 나오기도 했고, 가수 BMK 씨가 내레이션을 맡은 SBS 라디오 「희망예찬」 1분 캠페인에 자전거 미국횡단기가 소개되기도 했다.

광고를 보면서 신기하면서도 가슴이 뜨거워졌다. 독도 수영, 아마존 정글 마라톤, 자전거 미국횡단 그 모든 과정이 주마등처럼 스쳐지나갔다. 광고에 나오는 나는 10대 시절 내가 그토록 싫어했던 나와는 너무나 다른 모습이었다.

아마존 정글 마라톤 장면을 담은 사진을 봤을 때만 해도 그 도전이 이렇게 광고를 찍게 만들어주리라고는 상상도 하지 못했다. 이건 내 인생의 기적이었다. 그리고 광고 모델이 되었다는 사실은 나에게 무궁무진한 미래를 선물해줬고, 그 이후로 나는 더 큰 '고래'를 품게 되었다.

누군가는 나에게 '당신의 가능성은 여기까지입니다'라고 말할 수도 있다. 하지만 그건 그 사람이 생각하는 나의 가능성이지, 나라는 사람의 진짜 가능성은 아니다. 설사 내 수준이 정말 거기까지라 해도 그건 '현재의 내'가 가진 한계일 뿐이다.

내가 매 순간 최선을 다한다면 미래의 나는 반드시 달라질 것이다. 물론 그만큼 고통스럽겠지만 다행히도 노력은 어쨌든 꿈에 다가가게 해준다. 만약 당신이 상상할 수 없는 꿈을 꾸고 있다면 상상할 수 없는 노력을 해야 한다. 그래야 당신도 변하고, 인생도 바뀐다.

그러니 다른 사람들이 미쳤다고 하는 것에 너무 연연해하지 말자. 사람들이 '미쳤다'라고 하는 것은 곧 '네 인생이 어마어마하게 바뀔 거야. 그러니 무조건 시작해, 지금 당장!'이라는 뜻이다. 텔레비전에는 온통 특별한 이야기를 가진 사람들만 나오지 않는가. 세상은 모두가 가는 길을 가는 사람에게 열광하지 않는다.

내가 하고 싶고 정말 원하는 게 있다면 시작하자. 사람들이 미쳤다고 이야기한다면 그건 당신이 그걸 당장 시작해도 좋다는 뜻이다. 모두가 반대하면 할수록, 미쳤다고 하면 할수록 당신은 더 화려한 비상을 할 수 있음을 의미한다. 한번 생각해보자. 만약 아무도 반대하지 않는 일이라면 그게 정말 어렵고 특별한 도전일까?

이제 사람들이 반대하면 이렇게 외쳐보자.

"나이스! 사람들이 반대한다!"

◎ 소심함

내 한계를
함부로 정하지 않는다

어려운 걸 할수록 쉬워지는 게 많다

사람들은 무언가를 하기 전에 철저히 준비부터 하려고 한다. 그래서 취업 전에는 스펙을 쌓는 데 오랜 시간을 보낸다. 하지만 준비가 다 되면 과연 그 기회가 다시 올까?

그들에게 왜 준비를 그렇게 계속하냐고 물으면 내가 아직 그걸 할 수 있는 수준이 아니기 때문이라고 한다. 그래서 취업준비생들은 계속해서 주변 친구들을 보고 저만큼은 해야겠다고 생각하며 영어연수도 갔다 오고 공모전도 참가하고 봉사활동도 한다. 그럼, 내 수준이 여기까지라는 것은 누가 판단하는 걸까? 내가? 아니면 친구가? 인사담당자가?

난 뛰어난 천재가 아니더라도 시간과 노력만 주어진다면 우리가 다다르지 못할 곳은 없다고 생각한다. 다른 사람이 갖고 있지 않은 특별한 능력이 없더라도 세상에는 '끈기'만 있으면 할 수 있는 일이 너무나 많다. 그리고 세상엔 이를 증명한 사람들도 매우 많다.

그렇다면, 무슨 일을 시작함에 있어서 꼭 계단을 오르듯 단계를 밟아나가야만 할까? 나는 한 단계 한 단계 밟아나가는 것과 기초를 다지는 것은 좀 다른 문제라고 생각한다. 물론 한 우물을 파고, 한 분야에서 성공하려면 어떤 기본적인 단계를 당연히 거쳐야만 한다.

그러나 모든 사람에게 똑같은 원칙을 적용할 필요는 없다고 본다. 무언가를 깊이 파고드는 것도 중요하지만, 더군다나 20대라면 여러 경험을 쌓으면서 내가 정말 어떤 사람인지를 알아가는 과정이 더 중요하다고 생각한다. 그 과정이 있어야만 내공이 쌓여 우리가 말하는 '단계 단계의 공부'를 제대로 수행할 수 있는 것이 아닐까?

20대는 한 가지를 하더라도 내 모든 역량을 다해서 해내는 것이 필요한 시기이다. 그게 아르바이트가 되었든, 공모전 준비가 되었든 그 일이 어렵더라도 내 능력의 최대치를 발휘해보자. 그게 나의 내공이 되어서 나중에 그 경험들을 조합했을 때 생각지도 못한 결과를 만들어낼 수 있을 것이다.

독도 수영을 마치고 서울로 돌아온 후, 나는 함께 독도 수영을 했던 형들과 한강 수영 횡단을 신청했다. 그런데 여의도에 도착한 후 나는 깜짝 놀랐다. 20여 년간 살면서 셀 수 없이 지나쳤던, 나에겐 늘 거대했던 한강이 처음으로 작게 느껴진 것이다. 차를 타고 한강 대교를 건널 때만 해도 한참 걸린다고 생각했는데, 막상 실제로 보니 한강 폭이 너무 좁게 느껴졌다.

'20분 정도면 충분히 건널 수 있겠는데?'

내가 엄청나게 수영을 잘해서가 아니었다. 그보다 더 '큰물'에서 내 한계와 싸우고 돌아왔기에 어느새 한강이 작아져버린 것이다. 예전에 한강 수영을 할 때는 어떻게 저기에서 수영을 할까 막막했는데, 어느새 나도 모르는 사이 내 역량이 커져버린 것이다.

그러니 그것이 뭐가 되었든 당신이 불가능해 보이는 것에 도전하자. 한 번도 시작해보지 않은 일이라서 할 수 없는 게 아니라, 한 번도 해보지 않았기에 해야 하는 것이다. 세상에 어떤 일도 시작 없이 존재하는 것은 없다. 다시 말해 모든 사람들은 자신이 하지 않은 모든 것에 대해 초보자이다!

노래를 아무리 잘해도 연기를 하면 초보자가 되고, 운동을 아무리 잘해도 공부를 하면 초보자의 자세로 돌아갈 수밖에 없다. 데뷔한 지 10년이 넘은 가수 보아는 최근 연기자로 변신했다. 알다시피 그녀는 유명한 노력파에 한때 가수로서 정상에 있었고, 누구나 선망하는 스타였다. 하지만 '연기자 보아'는 드라마어워즈에서 신인상 수상을 한 후, 한 인터뷰에서 이렇게 말했다. 이제야 연기자로서 한 발을 내디딘 느낌이라고.

우리는 '가수 보아'처럼 '완성된 사람'을 보는 것에 너무 익숙하다. 미디어에는 늘 거의 완성된 사람만 나오니까. 그 사람들도 수많은 시행착오를 거쳐 지금의 모습이 된 것인데도 말이다.

그러니 어느 수준까지 오르기 위해서는 시간과 노력이 필수적이다. 그리고 그것을 이루는 방법 중 하나는 자신이 생각한 그 이상의 목표를 잡는 것이다. 그러면 그 큰 목표에 맞는 준비를 하게 된다. 그리고 내가 할 수 있는 것 이상의 힘을 발휘해서 노력하다 보면 어느새 우리가 동경하는 그들과 같은 경지에 오르게 된다. 그러니 단 한 번에 성공한다는 생각은 버리고, 일단 큰 목표를 잡고 덤벼보도록 하자!

하프코스를 뛰고 싶으면 풀코스를 목표로 잡아라

많은 사람들은 마라톤을 처음 뛸 때 10킬로미터 혹은 하프코스부터 먼저 뛰어야만 42.195킬로미터 풀코스 대회에 나갈 수 있다고 믿는다. 그런데 사실 그런 규칙은 어디에도 없다. 물론 풀코스 대회에 나가기 위해서는 어쨌든 기본적으로 하프 거리 이상은 뛸 줄 알아야 한다.

하지만 중요한 포인트는 여기에 있다. 풀코스를 준비하는 사람은 하프코스를 자신이 당연히 도달해야 하는 목표라 생각하는 반면, 하프코스를 준비하는 사람 중에 풀코스를 연습하는 사람은 거의 없다는 것이다.

대부분 '내가 풀코스 뛸 정도면 처음부터 풀코스 나가지, 왜 하프코스를 나가겠어! 아직은 무리야'라고 생각한다. 무리라는 것은 자신이 안 해봤기 때문에 내린 결론이지, 사실 내가 백 퍼센트 할 수 없다는 걸 뜻하는 건 아니다. 그런데도 자신의 의식이 계속 '나는 못한다'고 말하기 때문에 절대 그 선을 넘지 못하는 것이다.

내가 원하는 바를 이루기 위해 어떤 목표치를 잡을 때, 꼭 최소한의 목표를 잡을 필요는 없다고 생각한다. 최소한의 목표만 갖고 있으면 최소한의 노력만 할 뿐이다. 설사 내가 하프코스에 나가더라도 풀코스를 목표로 잡으면, 즉 최대치의 목표를 잡으면 최소한 내가 목표한 바까지는 연습하게 되어 있고, 사실은 그 이상 연습하게 된다. 그리고 의식 또한 계속해서 최대치의 연습을 해야만 내가 목표에 다다를 수 있다고 말해준다.

2008년 초, 나는 동아마라톤에 참가하기 위해 학교 선배인 이종민 형, 박상경 형과 함께 신청했다. 나는 풀코스 마라톤은커녕 하프코스도 뛰어본 적이 없었다. 고등학교 때, 서울대공원 한 바퀴(10킬로미터도 안 되는 거리)를 뛰는 달리기 행사에 참여했던 게 전부였다.

그런데 우리는 풀코스 마라톤을 신청했다. 마라톤은 10킬로미터부터 차근차근 해나가는 게 정석이라고 말씀하시는 분들도 있지만, 마라톤 풀코스 참가자격 어디에도 '하프코스를 뛸 수 있는 사람'이라는 규정은 없었다.

그럼 마라톤을 뛰려면 어떻게 훈련해야 할까? 나는 먼저 도서관에서 마라톤 책을 빌렸다. 그런데 너무나 상세하게 날짜별로 적혀있는 훈련방법이 썩 와 닿지가 않았다.

잠시 책을 덮고 내가 해야 할 일을 정리했다. 그건 단 한 줄로 압축되었다.

'매일매일 미치도록 달리자!'

그래서 함께 신청했던 형들과 함께 매일 하루에 2시간 이상씩 뛰었다. 이 정도로 뛰면 풀코스도 문제없을 거라 믿었다. 목표는 완주였으니, 기록 같은 건 생각하지도 않았다.

우리는 추가적으로 학교 캠퍼스의 가파른 언덕을 이용하여 오르막·내리막 달리기, 계단 뛰기, 기본적인 웨이트 트레이닝 등을 했다. 대회 날이 다가올수록 점점 더 많이, 그리고 오래 뛰었다. 이렇게 두 달을 '빡세게' 준비했다.

그리고 2008년 3월 16일, 드디어 진짜 마라톤 대회가 시작되었다. 그렇게 훈련을 했건만 역시 연습과 실전은 하늘과 땅 차이였다. 그래도 하프코스를 지날 때까지는 여유가 있었다. 그때 나는 풀코스를 목표로 연습하면 하프코스는 나도 모르는 사이에 뛰게 된다는 것을 깨달았다.

뛰는 도중 7번의 사점(몸속에서 필요로 하는 산소가 극단적으로 부족한 상태에 이르러 죽을 고비에 다다른 점)이 찾아왔다. 사점이라는 것은 단지 육체적으로 힘든 순간만을 의미하는 것이 아니었다. 직접 겪어보니 사점은 나를 포기하게 만드는 생각과의 싸움이 절정으로 치닫는 순간이기도 했다.

'나는 도대체 왜 뛰고 있는 걸까? 나를 넘기 위한 도전으로 꼭 풀코스 마라톤을 뛰어야만 했을까?'

그래도 달리 생각해보기로 했다. 포기하고 싶을 정도로 고통스럽다는 것은 나를 뛰어넘고 있다는 증거니까. 그런 생각이 반복적으로 이어지자 어느새 내 몸도 무뎌지기 시작했다.

막판에는 내가 뛰는 건지 다리가 움직이는 건지 구분이 가질 않았다. 꿈속에서 뛰고 있는 건 아닐까 하는 착각마저 들었다.

그렇게 30킬로미터를 넘어 40킬로미터 구간을 넘어설쯤, 뒷다리를 살짝 뒤로 접자마자 바로 땅에 쓰러졌다. 쥐가 난 것이었다. 곧바로 롤러브레이드를 타고 다니는 자원봉사자가 다가와 다리를 펴고 혈액순환이 되도록 해주었다. 그리고 곧장 나는 다시 일어나 달렸다. 그러자 어느새 잠실종합운동장이 눈에 들어왔고, 한 바퀴를 돌아 결승점을 통과했다.

골인!!!

나는 그 순간 내가 바로 주저앉을 줄 알았다. 그런데 이게 웬일인가! 나는 결승점을 지나고도 조금 더 뛰다가 속도를 늦추고 천천히 걸었다. 그리고 눈을 감고 이 순간을 만끽했다.

기적이었다.

여전히 이게 꿈인지 생시인지 구분이 가질 않았다. 아침에 출발하는 순간부터 쥐가 났을 때 빼고는 단 한 번도 멈추지 않고 달렸던 약 4시간의 여정이 기나긴 여행처럼 느껴졌다.

방금 결승점을 지났는데도 '이게 말이나 되는 일인가?' 하는 의문이 계속해서 머릿속을 맴돌았다. 기적은 결코 멀리 있지 않았다. 내가 꿈꾼 것을 과감히 실천한 순간, 기적은 현실이 되어 내 곁에 다가왔다.

경기를 끝내고 다리를 절뚝이면서 걷는 내내 '유쾌, 통쾌, 상쾌'한 그 시간이 오래도록 지속되길 바랐다. 그건 내 힘으로 불가능해 보이는 목표를 끝내 이뤄낸 사람만이 알 수 있는 쾌락이다. 이처럼 무모해 보이는 목표는 우리를 단지 무모하게 만드는 것이 아니라 지금보다 더 '무한'하게 만들어준다.

포기하지 않으면 어떤 식으로든 기회가 온다

브라질 아마존 정글 마라톤 대회를 갈 때 사실 나는 다큐멘터리 팀이 함께 가길 원했다. 그러나 내가 특별한 사람도 아니고, 그때까지 방송과 관련된 어떤 프로젝트도 해본 적이 없었으니 방송이란 건 먼 나라 얘기와도 같았다.

하지만 나는 곧장 공중파 다큐멘터리 팀에 연락을 취했다. 방법은 쉬웠다. 공중파 홈페이지에 들어가 각 프로그램에 써 있는 메일 주소로 메일을 보내거나 대표번호로 전화를 해서 작가님이나 피디님께 전화 연결을 요청하면 된다.

역시 모두 어려울 것 같다는 답변이 돌아왔다. 그래도 나는 포기하지 않았다. 그렇게 주변을 수소문하다 MBC 박정근 피디님과 연락이 닿게 되었다. 희망을 갖고 메일로 나의 이야기를 보냈는데, 이때도 부정적인 답변이 왔다.

그러나 '차라도 한잔하면서 잠시 이야기를 나눌까요?'라는 한 줄을 보자마자, 나는 부리나케 여의도 MBC로 달려갔다. 그리고 준비했던 자료를 보여드리면서 나의 계획을 말씀드렸다. 그러자 피디님이 2012년 1월 1일 MBC 창사특집에 나가는 방안을 고려해보자고 하셨다.

어안이 벙벙했다. 그 이후로 여러 차례 미팅을 가졌고, 방송 제작 지원도 잘되어가는 듯 했다. 그런데 방송 제안서가 MBC 사장님 선에서 정지를 당해버렸다. 이유는 방송 준비 기간이 부족하고, 방송 사전 준비가 얼마나 이루어질지 미지수라는 것이었다. 그것으로 방송이라는 도전은 날아가 버렸다.

그런데 피디님께서 미안해하시면서 해주신 조언이 나에게 또 다른 가능성을 열어주었다.

"동진 군, 소형 캠코더를 가지고 직접 찍어보세요. 일단 영상만 가지고 있으면 추후에라도 방송이 될 수도 있으니까요."

나는 그 '가능성'에 모든 것을 걸기로 했다. 더 이상 다른 곳을 컨택할 여력은 없었기에 곧장 캠코더를 구매했고, 틈틈이 준비 과정을 촬영했다. 현지에 도착해서도 실시간으로 촬영을 하며 매일매일 느낀 것들을 기록했다.

정글 마라톤과 자전거 횡단을 마친 뒤 한국으로 들어와 그간 내가 찍었던 그 영상들을 직접 편집했다. 이때 나는 영상 편집 기술을 익히게 되었다. 이건 내가 도전 중 추가적으로 얻은 보너스였다.

그 후 박정근 피디님을 다시 찾아뵙고, 그 영상을 보여드렸다.

"와, 생각했던 것보다 훨씬 잘 찍었군요!"

피디님은 놀라면서 다른 프로그램의 피디님을 소개해주셨고, 나는 그분께 영상을 보여드렸다. 그 결과, 나는 다큐멘터리 프로그램에서 정글 마라톤 이야기를 내보내는 것을 약속받았다. 그리고 방송사 자체 편집 과정을 거치는 단계까지 들어갔다.

모든 게 순조롭게 진행되고 있다 싶었는데, 불과 며칠 뒤 충격적인 소식을 접해야 했다. MBC가 파업을 한 것이다. 그러면서 내가 하기로 했던 다큐멘터리 프로그램도 방송 중지가 되었다. 그렇게 나의 도전은 또다시 끝이 나는 듯했다.

하지만 아시아나항공 CF 모델로 섭외되어 콘셉트회의를 하기 위해 논현동 사무실로 갔던 날, CF 콘티를 보자마자 무릎을 탁 칠 수밖에 없었다.

'내가 찍은 영상이 이렇게 CF에 쓰이게 되었구나.'

그 그림들은 대부분 내가 찍은 영상에서 실제로 나온 장면들이었다. 결국 다큐멘터리를 찍겠다는 나의 목표는 다큐가 아니라 CF로 발현된 것이다.

아마존에 가기 전 공중파 다큐멘터리 팀에게 촬영을 제안한다고 했을 때 많은 사람들이 황당하다는 반응을 보였다.

"다큐멘터리? 그게 가능하겠어?"

하지만 내가 이토록 무모해 보이는 일을 하려 했기 때문에 이 모든 일이 연쇄적으로 눈앞에 펼쳐질 수 있었다. 그리고 만약 별생각 없이 캠코더를 가지고 갔다면, 귀국 후 굳이 시간을 내가면서까지 영상 편집을 하지는 않았을 것이다.

주변 친구들만 봐도 알겠지만 사람마다 성격이 다른 것처럼 무언가를 해내는 모습도 각기 다르다. 차근차근 하나씩 밟아나가는 사람이 있는가 하면, 저 멀리까지 한 번에 가겠다고 달려드는 사람도 있다. 따라서 '눈앞의 일을 목표로 잡고 갈 것인가', 아니면 '불가능해 보이는 높은 목표로 잡고 뛰어들 것인가'는 사실 자기 자신에게 달린 문제이다.

그러나 나는 거의 항상 극단적이라고 느껴질 만큼 과감하게 큰 목표를 잡았다. 그것이 옳다, 그르다라고 판단할 사안은 아니라고 본다. 그리고 사실 한 사람이 단기간에 올릴 수 있는 실력이란 건 한계가 있기 때문에 어마어마한 목표를 잡든 잡지 않든, 결국 내가 실제로 다다르는 곳은 거기서 거기일지도 모른다.

어쨌든 나에겐 목표를 최대치로 잡는 것이 용기를 불어넣는 데 가장 탁월했다. 그러니 최소한 당신이 청춘이라면 충분히 고군분투할 수 있도록 많은 가능성을 열어두고 스스로에게 더 큰 기회를 주자. 실패하면 어떤가. 실패하면 다시 하면 된다. 나 역시 실패를 통해 내 가능성을 더 높여가지 않았는가.

그리고 목표를 중간에 수정하는 일조차도 결국 내 발전에 큰 도움이 된다. 그로써 내 능력의 범위를 실감하게 되고, 내 잠재력의 크기에 대해서도 점차 객관적으로 바라볼 수 있기 때문이다. 결국 이런 시행착오를 겪어야만 앞으로 하게 될 도전의 완성도 또한 높여갈 수 있다.

나는 이 책을 통해 어떤 일을 탁월하게 잘하는 법에 대해서 이야기하고 싶었던 것이 아니라, 늘 시작에서 머뭇거리는 분들에게 희망을 주고 싶었다. 절대로 내 한계를 함부로 정하지 말라. 내 한계는 감히 하늘에 계신 신도 알지 못한다고 생각한다. 그렇기에 모두에게 기적이 올 수 있는 것이다.

■ 도전완료
■ 도전과제

자기변화 프로젝트

끊임없이 도전한다
무한km

🐳 에필로그

나는 내가 생각한 것보다
훨씬 더 강하다

반드시 지금이어야만 하는 것이 있다

20대는 하고 싶은 게 많은 때라고들 한다. 그런데 참 슬프게도 현실에서는 내가 하고 싶은 게 뭔지 몰라 헤매는 청춘이 훨씬 많다. 그리고 하고 싶은 것이 있어도 그걸 하지 못하게 만드는 걸림돌이 너무나 많다.

정말 마음을 굳게 먹고, 하고 싶은 걸 하기 위해 덤빈다고 치자. 하지만 지금 당장 그것들을 했다가는 취업도 실패하고 결국 내 인생이 더 안 좋아질 것만 같다. 그럼에도 불구하고 지금 내가 원하는 것을 해야 하는 이유는 무엇일까?

많은 분들이 나에게 물었다. 그런 걸 하면서 취업이나 미래에 대한 걱정이 없었냐고. 없었다고 하면 거짓말이다. 하지만 나에겐 그런 두려움을 상쇄시킬 정도로 그것들을 해야만 하는 큰 이유가 있었다.

사실 정말 간단한 이유다. '지금이어야만 할 수 있는 것'이기 때문이다. 당장 도전하지 못하는 분들을 보면 지금 못 하면 내일, 혹은 내년, 아니면 10년 뒤에 할 수 있다고 믿는 경우가 많다.

하지만 당장 1분 뒤에도 내가 생각지도 못한 일이 터지는 판에 5년 뒤나 10년 뒤를 장담한다는 건 무리가 있지 않을까? 오늘은 어제 상상했던 오늘과 다르고, 내일 역시 오늘 내가 상상한 내일과 다르다. 심지어 같은 것마저도 다르게 보인다. 그래서 지금 해야 한다고 느낀다면, 그것을 할 수 없는 엄청난 이유가 있지 않은 이상 반드시 '지금' 해야 된다고 생각한다.

아직 대학생인 나 역시 직장에 들어간 선배들로부터 많은 이야기를 듣는다. 그런데 신기한 게 있다. 유독 나름 탄탄한 직장에 들어간 선배일수록 이런 말을 자주 한다는 것이다.

"사는 게 사는 것 같지 않아. 뭐가 잘못된 걸까?"

"요즘 전혀 행복하지 않다. 돈은 좀 적게 벌어도 좋아하는 일을 하는 친구가 부러워."

"지금 대학교 때로 다시 돌아가게 되면 절대 그렇게 살지 않을 거야."

대학생들이 가장 선망하는 기업에 다니는 한 선배는 스스로를 더 비참하게 만드는 건 그럼에도 그곳을 나올 용기가 없다는 것이라고 했다. 점점 올라가는 월급, 중간중간에 평 하고 나오는 성과급, 그리고 연말 보너스를 받다 보면 어느 순간 돈에 길들여지는 느낌이 든다고. 설사 이젠 진짜 하고 싶은 일을 찾는다 하더라도 결국 '돈' 때문에 절대 여기서 빠져나오지 못할 거라고 말하면서 심지어 본인의 삶이 가엾다고 이야기한다.

너무 많은 분들이 이런 얘기를 하니 그냥 웃고 넘길 문제는 아닌 것 같다. 그 모습을 보고 있으면 지금 취업 전선에 뛰어들어 죽자 살자 달리고 있는 내 친구들의 미래도 혹시 저러지는 않을까 무섭기까지 하다.

숨이 막힌다. 모든 스펙이 완벽했고, 피나는 노력 끝에 신의 직장에 들어갔을 땐 그 누구보다 스포트라이트를 받고 부러움을 샀던 그 선배들도 그렇게 이야기하니까. 그러니 절대 그냥 넘어가서는 안 된다. 그 모습이 곧 우리의 미래가 될 수도 있다.

신의 직장에 가도 왜 행복하지 않을까

다른 한 친구의 예를 들어보겠다. 그는 대부분 전혀 알지 못하는 작은 회사에 다닌다. 그러면 열심히 취업준비를 하지 않았기 때문이라 생각할지도 모르겠다. 하지만 그 친구는 누구보다 스펙이 뛰어났고, 대기업에도 붙었으나 자신이 원하는 것을 하기 위해 용기를 낸 것이다. 실제로 박봉에 근무환경이 썩 좋지 않아 힘들다고 한다. 게다가 이제 결혼도 해야 하는데 돈은 언제 모을지 걱정이 태산이라고 한다. 주변에서도 늘 자신을 이상하게 여기면서 지금이라도 늦지 않았으니 다시 대기업에 도전해보라고 아우성이란다.

재밌는 사실은 그럼에도 정작 본인은 행복하다고 말한다는 것이다. 그리고 지금은 어렵게 살고 있지만, 언젠가 이 분야에서 프로가 되면 지금 이 시절을 추억처럼 곱씹을 수 있을 거라 확신한다. 주변에 있는 모든 사람들이 그를 이상하게 여기는데 세상에서 오로지 본인만 자신의 선택에 박수를 쳐준다.

나는 여기서 꿈을 찾아 도전하라는, 이제 정말 귀를 닫아버리고 싶을 만큼 진부한 그런 말을 하고 싶은 건 아니다. 난 여러분과 같은 또래의 대학생이기에 우리에게 닥친 현실을 너무나 잘 안다. 그러니 꼭 지금 배낭여행을 가고, 미국횡단을 해야 한다는 얘기를 하려는 게 아니다. 우리에게 취업은 중요하다. 내가 말하고 싶은 건 S전자를 가든, 이름도 모르는 소기업을 가든 남들에게 뒤처지기 싫어서가 아닌, 내가 그것을 해야만 해서, 정말 그 일을 해야만 하는 명확한 이유가 있을 때 해야 한다는 것이다.

누군가는 여전히 이렇게 외칠 것이다.

"스펙을 다 갖추고 있는 것 같은 애들도 취업이 안 될까 봐 두려워하는 판에 지금 난 남들이 갖춘 것의 반도 못 갖고 있는데 과연 내가 원하는 것을 한다고 행복해질 수 있을까?"

나도 그런 현실을 같이 살아가고 있는 학생으로서 감히 말한다. 스펙은 없다. 회사에서 요구하는 정형화된 스펙이란 건 절대 없다. 가끔 '쟤는 어떻게 취업이 될까' 싶은 친구들이 좋은 기업에 가는 경우도 종종 있지 않는가. 그땐 인정해야 한다. 그 친구는 분명 우리가 아는 스펙이 아닌 다른 것으로 어필을 했을 것이다.

내가 했던 도전들은 취업을 하려고 한 게 절대 아니다. 날 변화시키기 위해 내 스스로가 행했던 나만의 '자기변화 프로젝트'였다. 그런데 시대가 변하면서 '도전'이란 게 하나의 스펙처럼 20대들 사이에서 유행처럼 번지자 친구들이 꼭 이런 말을 한다.

"넌 그 스펙으로 가고 싶은 회사는 어디든 갈 수 있어 좋겠다."

사실 그 말을 들을 때까지 단 한 번도 그런 생각을 해본 적이 없었기에 오히려 내가 더 놀랐다.

스무 살의 난 정말 현실감각이 없었다. 그 친구들의 생각과는 다르게 오히려 내가 너무 현실을 몰라서 이렇게 살 수 있었다고 생각한다. 만약 내가 굉장히 현실적인 사람이었다면 히말라야 등정이나 아마존 정글 마라톤이 아닌, 영어공부나 다른 공모전에 더 주력했을 것이다. 그리고 날 뿌리째 변화시키고 싶다는 욕구가 없었다면, 나 역시 잘난 친구들의 스펙을 기준으로 삼고, 그만큼 학점을 만들면서 각종 대외활동에 참여했을 것이다. 내 자신을 위해서가 아니라, 뒤처지지 않기 위해서.

만약 그렇게 했다면 이렇게 책을 쓰고 있는 나는 없을 것이다. 그리고 더 무서운 것은 설사 그렇게 해서 '신의 직장'에 들어갔다고 해도, 소심하고 우유부단한 나의 성격을 평생 안고 살아가야 했을 거라는 사실이다. 그건 정말 끔찍할 정도로 싫다.

'최고 연봉, 최고 보너스를 받는 대기업 사원이지만 소심한 나'와 '아무도 알아주지 않는 중소기업 사원이지만 항상 자신감 넘치는 나.' 이 중 하나를 택하라면, 난 한 치의 망설임 없이 후자의 삶을 택할 것이다.

만약 원하는 것을 절대로 하기 어려운 여건이라면, 꼭 거창하고 특별한 일을 벌일 필요는 없다. 단 하루 만에 할 수 있는 것도 꽤 많다. 예를 들어, 나와 친한 누나는 자신의 소극적인 성격을 고치고 싶어 대학교에 들어가 딱 한 가지를 결심했다고 한다. 나와 마찬가지로 자신이 불편해하는 일을 하기로 한 것이다.

　누나가 했던 것은 히말라야 등정이나 아마존 정글 마라톤 완주가 아니었다. '혼자 패밀리 레스토랑 가서 밥 먹기' '혼자 동물원 가서 놀기' '혼자 기사식당 가기' 등등 누구나 맘만 먹으면 할 수 있는 사소한 일이었다. 사실 나도 이 이야기를 듣고 웃었다. 하지만 누나의 용기에 박수를 쳤다. 어떤 이들이 보기엔 이 일이 아무것도 아닌 것처럼 느껴질 수도 있고, 도대체 뭐하는 짓인가 생각할 수도 있다. 하지만 이게 미친 짓이라 생각하는 당신은 삶에서 자신의 단점을 고치기 위해 이 정도의 노력이라도 해본 적이 있는가?

　이런 하나하나의 행동이 계속되자, 누나 역시 자신에게 굉장히 능청스럽고 뻔뻔한 구석이 있다는 것을 알게 되었다고 한다. 그것들을 처음 할 땐 바짝 긴장해야 했지만 이런 행동이 반복되자 나중엔 떨기는커녕 자연스럽게 혼자 비싼 메뉴를 시키고 있는 자신을 발견했다고. 그러면서 내가 정말 소심한 사람이었나 싶을 만큼 어느새 자신이 변해 있었으며, 그 후로부터는 다른 큰일에 맞닥뜨렸을 때도 '그래, 그냥 하면 되지' 하는 배짱이 생겼다고 한다. 그리고 그로부터 몇 년이 지난 지금은 이런 경험들이 친구들과 수다를 떨 때 웃으면서 얘기할 수 있는 소소한 이야깃거리가 되었다고 한다.

　작은 거라도 좋다. 진짜 중요한 건 머리로 하지 말고, 행동으로 해야 한다는 것이다. 그러면 아주 미묘한 변화라도, 분명히 체험하게 된다.

앞서 말했지만 당신의 안에는 고래가 살고 있다. 각자 그 고래의 크기는 다를지라도, 당신이 불편한 상황과 맞닥뜨렸을 때 두려움을 피하지 않고 오히려 안고 가려 한다면, 그 고래는 점차 자라나 어느새 망망대해를 헤엄치고 있을 것이다.

마지막으로 내가 꼭 전하고 싶은 말이 있다. 내가 어려운 도전을 할 때마다 주문처럼 되새겼던 말이다. 당신도 시작이 두려울 때, 무언가를 포기하고 싶을 때 이 한마디를 꼭 잊지 않길 바란다.

'나는 내가 생각한 것보다 훨씬 더 강하다.'

감사의 말

그동안 나를 지켜봐 주신
모든 분들께

지금까지 내 삶에는 어디서부터 어떻게 감사의 뜻을 전해야 할지 모를 만큼 날 도와주신 많은 분들이 계셨다. 그분들이 안 계셨다면, 아마 지금의 나는 없었을 것이다. 모든 분들께 감사의 말씀을 전하는 건 무리이지만, 그래도 내가 할 수 있는 한 언급해보려고 한다.

우여곡절 끝에 나의 첫 책은 다산북스와 인연을 맺게 되었다. 그런데 여기엔 아주 놀라운 비하인드 스토리가 있다. 자기계발서를 담당하는 팀에 2008년 '한중문화청소년협회 미래숲'이란 봉사단체에서 함께 봉사활동을 다녀온 누나가 편집자로 있었던 것이다.

사실 누나는 1년 전 "내가 언젠가 네 책의 편집자가 되어줄게"

라고 했던 분이다. 그리고 기적처럼 우연히 이렇게 저자와 편집자로 만나게 되었다. 이 책을 위해 집에서 얼굴을 보기 힘들다고 할 만큼 바쁜 시간을 보냈음에도 "내 편집자 인생에 절대 잊을 수 없는 기억이 될 거야. 덕분에 나도 내 인생이 바뀌는 것 같아. 정말 고맙다"라고 하며, 늘 날 응원하고 격려해줬다. 부족한 내 원고를 세상에 내놓기 위해 아낌없이 열정을 불태워준 변민아 편집자님께 다시 한 번 감사드린다.

첫 책 작업은 내 인생의 최고의 도전 중 하나였다. 요즘엔 책 내는 것마저 쉽다고 이야기하는 분들도 계시지만, 그럼에도 이 작업 역시 내가 이 책에서 밝힌 자기변화 프로젝트의 연속선상에 있는 것이 되었고, 내 인생에서 가장 중요한 사건 중 하나가 되었다. 이를 통해 6년 전에 알았던 편집자 누나를 다시 만나게 되었고, 출판사의 한 공간에서 내 지난 20여 년의 이야기를 글로 쏟아낸, 가슴 뜨거운 경험을 할 수 있었으니 말이다.

나는 초고를 완성하기 위해 자발적으로 파주출판도시에 있는 다산북스 사옥으로 약 한 달 반 동안 거의 매일을 '출근'했다. 그리고 밤 11시가 다 되어서야 편집자 누나와 함께 '퇴근'했다. 그 늦은 시간까지 누나와 실시간으로 피드백을 주고받고, 좋은 생각이 날 때마다 계속해서 아이디어를 쏟아냈으며, 수없이 많은 의견을 자유롭게 나누었다. 그리고 이 책이 바로 그 과정의 산물이다.

다산북스에서는 점심·저녁식사비에 차비까지 모든 비용을 지원해주셨으며, 회의실 하나를 통째로 내 전용 작업실로 지정해주셨다. 그리고 이 책과 관련된 각종 회의에 나도 참석하게 해주셨다. 처음 만나 뵙던 순간부터 지금까지, 내가 책을 잘 쓸 수 있는 모든 환경과 함께 좋은 가르침을 주셨던 다산북스 김선식 사장님께 진심으로 감사드린다.

더불어 한 달 넘게 같이 야근하며 늘 이것저것 챙겨주신 노준승 편집자님(이젠 형이라 부르는 사이가 됐다), 부족한 원고를 너무나 멋진 책으로 만들어주신 디자이너, 황정민 과장님께도 감사드린다. 그리고 출퇴근하는 저자를 항상 미소로, 회사 직원처럼 대해주신 모든 직원분들께도 감사드린다.

이 책은 내 인생의 첫 책이다. 탈고 사흘 전부터는 거의 밤을 새가면서 글을 썼다. 못 잔 게 아니라 안 잔 것이다. 내가 선택했으니까. 밤을 새면서 글을 쓰느라 머리가 아팠지만, 매일매일 너무나 뿌듯했고, 내가 자랑스러웠다. 그리고 이렇게 내 인생의 첫 책을 위해 글을 쓰면서, 그동안 몰랐던 또 다른 나를 발견하게 되었다. 이 작업을 무사히 마친 '내 자신'에게도 고맙다는 말을 남기고 싶다.

마지막으로 홍익인간 정신을 몸소 실천하시는 존경하는 아버지, 기도와 함께 살아오신 따뜻한 어머니, 나를 있는 그대로 봐주는 둘도 없는 고운 누나, 사랑하는 아내와 아들을 위해 최선을 다하는 자랑스러운 매형, 천사같이 귀여운 내 조카에게 이 책을 바친다.

그동안 날 도와주시고 응원해주신 모든 분들께

앞서 계속 말했지만 그동안 수많은 도전을 하면서 내가 바로 설 수 있었던 것은 날 항상 응원해주시고 기꺼이 도와주신 분들 덕분이었다. 매번 큰 도움을 받았음에도 제대로 보답을 해드린 적이 없는 것 같아 늘 마음 한편이 불편하고 죄송스러웠기에 한 번쯤은 꼭 감사의 뜻을 전하는 자리를 마련하고 싶었다. 이 자리 빌어 한 분 한 분 얼굴을 떠올려가며 그분들께 감사하다는 말씀을 드리고 싶다(몇 분은 직책이나 직급을 생략하기로 하겠다).

그리고 여기 언급하지 못했지만 어려운 순간이 있을 때마다 나와 늘 함께해주신 분들, 저와 인연을 맺고 아낌없이 응원해주셨던 모든 분들께 진심으로 감사드린다.

Thanks to

지금의 나를 있게 해준 이종호 은사님.
제 인생의 나침표, 세계아동원조기구 신세용 이사장님.
쓰러질 때마다 항상 일으켜주신 최훈 형.
더 불편해지라고 격려해주는 오현호 형.
이제 하늘에서 행복하게 살고 있을 친구, 이가영.
스무 살의 나를 새로 태어나게 해준 이종민 형, 박상경 형.
20대가 되어 만나 모든 걸 공유하며 함께 성장하고 있는 형제, 문현우.
두 번의 방송출연을 모두 함께한 신기한 인연, 인재양성소 인큐베이팅 대표 윤소정.
대학 동기이자 해병대 동반 입대해서 어려운 시절 가장 큰 힘이 됐던 김형민, 정재윤.
히말라야에서 맺은 의형제, 김명훈, 김일영, 조진규.
The best friend of England that met in Amazon jungle, Baek du Clawson.
경희대에서 동고동락한 노병래 형, 고효진 형, 박주원, 배상재, 손승효, 이용현 형, 이효린.
진심과 열정을 공유해온 동생들, 박성준, 엄대광, 최승언.
새벽에 연락해도 언제든 뛰어와준 영순위, 조원우 형.
병사와 소대장으로 인연을 맺어 6년 뒤 세바시 연사와 강연 코치로 다시 만난 전종목 형.
절대적인 감사함으로 세상을 배우고 살아가는 믿음의 거인, 정재봉 형.
전국무전일주를 함께 다녀온 김동희, 자전거 동해안 일주를 함께했던 김한솔.
군대 동기로 '선착순' 벌칙을 받으며 의리를 키워온 해양경찰특공대, 정용수 형.
삼수를 하면서 결국은 인간승리를 해낸, 백 퍼센트 신뢰할 수 있는 친구, 김봉석.
가장 어려운 상황에서 가장 뜨거운 꽃을 피워준 정글 마라톤 트레이너, 김민철.
항상 내게 무한한 에너지를 주는, 앞으로 거인이 될 김승검, 홍준기 배우.
10대 시절 가장 가까이서 모든 걸 함께했던 최재성, 현상호.
배드민턴 후원에 가장 먼저 나서준 양혜린 누나, 술값을 아껴 후원금을 내준 한규남 형.

designed by 조원우

내 꿈을 위해 정신적·물질적 지원을 해주신 오지탐사대의 기둥, 노익상 부회장님.
23살에 배드민턴 국가대표가 되겠다는 청년을 위해 애써주신 김연자 감독님, 이동수 코치님.
미국 자전거 횡단 당시 의류 및 장비 지원을 도와준 양희종 형.
EBS 다큐멘터리 촬영에 스태프 및 출연진의 전 의류와 장비를 지원해준 양유석 형.
배드민턴 후원을 해줬던 김선국, 김일영, 노병래, 노익상, 신세용, 양혜린, 이종호, 한규남.
TAYP 송화연, 엄지, 이용현, 이지영, 장대진.
상계중학교 김영재, 양다정, 이성준, 서민규, 신승호, 정미진, 하수용, 한승진, 홍기정.
대진고등학교 안형석 선생님, 우성수 선생님, 강인, 김명준, 김형석, 김형준, 신현린, 이성복, 이영진, 이원규, 이준택, 이홍렬, 조기훈, 하재언, 한덕형.
재수 생활 김정우, 이용채, 전주인 선생님, 하태우.
경희대학교 김정태, 김선국, 김희철 교수님, 이준복, 김대진, 정인영, 이경훈 교수님, 최동원 처장님, 신묘균 과장님, 김옥지, 박정숙, 송혜경, 이혜선, 진치규 선생님, 박창규, 변남석 선배님, 공효주, 김가희, 김나은, 김성욱, 김재현, 김현애, 강석헌, 강성민, 고명준, 김기덕, 김승호, 김재범, 김준한, 김현수, 김현욱, 문은진, 문지우, 박부성, 박소라, 박종환, 박주연, 박지민, 백승수, 서종화, 석종환, 손성욱, 송성민, 신주영, 신화영, 손창국, 원미희, 양두휘, 염여진, 오세웅, 이도우, 이동우, 이동창, 이미경, 이영태, 이은표, 이용우, 이용현, 우상민, 임정민, 장현준, 정문석, 정큰솔, 조경래, 조한동, 전현주, 정형돈, 채대한, 최원석, 최원정, 최웅철, 최진선, 최호순. 황승연.

| **불바다** | 이진주, 조태희, 한창호.

| **가창실기** | 박정희 교수님, 곽푸름, 박승우, 박언경, 박지용, 박호영, 손정훈, 신찬수, 오형석, 이루리, 조보람, 최동욱.

| **께뮤** | 김준희, 유요셉, 이성훈, 김가화, 류광현, 박대순, 신동규, 조원, 조용원, 차선미, 황민욱.

| **OKMVP** | 윤응서, 윤준민, 이준수, 이희수 선생님, 강윤구, 김소림, 김소현, 김언석, 김지아, 노영진, 류영환, 박민우, 박희애, 배민규, 송수진, 이루리, 이종수, 이채영, 이하얀, 이희성, 이현정, 전보라, 정인수,

한나라, 황기훈, 황보어름, 황설아.

한중문화청소년협회 미래숲 길민주, 김성은, 김종수, 명석, 우상미, 윤지민, 이유진, 이승준, 이정호, 이준희, 장미리, 장요한, 전현욱, 황기준.

해병대 윤목연 연대장님, 손영찬 중대장님, 김배관, 이한범, 최정훈 소대장님, 김근호, 안병남, 이종민 담당관님, 김동욱 교관님. 곽민호, 김민호, 김경환, 김성윤, 김정민, 박용진, 배동환, 손성호, 신성근, 안병훈, 유금성, 이동현, 이영기, 이재웅, 이정곤, 이한범, 정경록, 정광진, 정찬목, 정태영, 천영진, 최찬호, 하세요, 홍준기.

독도 수영단 곽용석, 김학근, 박종화, 양광석, 이성일, 임홍희, 최남식, 김기상, 김기재, 김병주, 김선미, 김성천, 김용태, 김재순, 김지미, 김진하, 김춘배, 김태형, 김학성, 김형태, 나정아, 박기철, 신봉수, 엄흥섭, 오재욱, 이범우, 이순옥, 전봉석, 조재호, 천은광, 최동출, 최원준, 최현욱.

아마존 정글 마라톤 Karen, Beth, Theo, Hadley, Helen, Mike Gibson, Naorihisa katto, Tom Bird, Tom Van Kalken.

자전거 미국횡단 공정은, 금용한, 박성민, 배경진, 송해련, 이지은, 심지은, Charissa Farley. Lee, Christopher. h. k. Lee,Milena,

세계일주 원모님, 정용재 회장님, 류희림 본부장님, 복기대 교수님, 이봉교 선생님, 서정훈, 명리, 이병진, 최용현.

국방일보 오철식 원장님, 이승복 기자님.

조선일보 한현우 기자님.

EBS MAKE YOUR DREAM 임명훈 감독님, 정유신 피디님, 조한송 작가님.

소년분류심사원 최이균 선생님, 한영선 원장님 .

아시아나항공 김지나, 김진형, 구혜린, 배지은, 위정주, 이석재.

| 드림윙즈 | 김고은, 김용재, 김제호, 김종오, 김태영, 김현지, 문소영, 박수빈, 박현욱, 배태용, 서우리, 신은혜, 안유리, 양하늘, 윤승진, 윤영환, 오세영, 오윤정, 윤홍은, 이가희, 이강우, 이민영, 이수연, 장수혜,

차유정, 최재옥, 한혜정, 함승석, 홍재희.

| **CF** Angie, 박승규, 신영수, 심상, 오민호, 이원우, 주명한, 채현수, 함성진, 허범주, 홍주범, 황선희.

오지탐사대 황순광 대장님, 김민성, 김인주, 우상렬, 이경영, 이현동, 임규상, 임용선, 강형민, 구수진, 권상수, 권회원, 김남훈, 김다혜, 김동호, 김종오, 김지연, 김철환, 김혜정, 김희남, 나윤도, 민경원, 박대건, 박수석, 박정태, 박창빈, 박하나, 서성은, 석일진, 송창섭, 신민철, 안명선, 양정우, 여한솔, 원유정, 유한규, 윤주현, 이미숙, 이상구, 이상록, 이승현, 이정주, 이재규, 이준호, 이진호, 이찬연, 이창우, 이하늘, 이현제, 임민선, 정은조, 정태산, 주경민, 최은경, 지우철, 한태진, 황다정.

여행대학 강기태, 강병무, 강푸름, 김물길, 김수정, 김수찬, 김수환, 김승민, 류광현, 류시형, 류재언, 문현우, 배성환, 이은지, 정상근, 최현정, 황주미, 신강식.

배드민턴 날 제자로 받아주신 한체대 김연자 교수님, 이동수 코치님, 경희대 김희철 감독님, 중부초 이동환 감독님, 김태훈 코치님, 유경수 코치님, 성남시청 김희천 감독님, 이석호 코치님, 이택균 코치님, 김다정, 김희철, 손승완, 신재웅, 여승환, 이철우, 한기훈, 한동기.

세바시 구범준, 고은비, 김덕성, 김미경, 박유진, 송인혁, 윤소정, 이경선, 이효찬, 정광준, 정진호.

그 외 감사한 분들 김가람, 김경수, 김나옥, 김국완, 김규홍, 김동용, 김미연, 김철, 김탁용, 김태진, 김현정, 곽재영, 권기성, 금준호, 류재근 피디님, 박상준, 박서진, 박준영, 박지영, 박상칠, 박형진, 복기대, 손승리, 손은영, 신소연, 신유진, 엄재백, 염경수, 염여진, 오용제, 오정택, 옥상호, 우현진, 유정흔, 유지성, 유진우, 윤승철, 이광언, 이도성, 이동욱, 이동호, 이성길, 이용우, 이정화, 이정근, 이지은, 이진의, 이학준, 임정희, 임효상, 전은경, 정동철, 정은비, 정유진, 조슬기나, 조아라, 지규태, 최성종, 홍근.

부록
청춘 공감토크

청춘(靑春).

어른들은 이 말만 들어도 가슴이 떨린다고 하지만, 정작 청춘인 우리는 현실이 막막하고 미래가 두렵다. 특히 취업을 앞두고 있는 취업준비생들은 내 자신한테 실망할까 봐, 내 친구보다 뒤처질까 봐, 부모님을 실망시킬까 봐, 현실의 장벽 앞에서 무너질까 봐 늘 초조하다.

우리는 누가 시켰는지도 모르는 이 레이스를 열심히 달리는 가운데에서도 계속 스스로에게 질문을 던진다. '어떻게 살아야 하는가?' '행복이란 무엇인가?' '내가 진짜 원하는 것은 무엇인가?' 수많은 고민을 서로 나누고 싶지만 10대에도 대학만을 바라보며 달려왔기에 이런 대화에 익숙하지도 않을뿐더러 시간낭비처럼 느껴지기까지 한다.

그런 의미에서 나는 친구들 그리고 선후배들과 함께 우리의 고민과 생각을 자유롭게 나누는 시간을 가져보기로 했다. 이 대화 속에서 여러분 자신의 모습 혹은 주변 친구들의 모습을 발견할 수 있을 것이다. 따라서 이건 나와 내 친구들의 이야기이자 여러분들의 이야기이다. 우리가 나눈 이 대화가 여러분들에게 조금이나마 위안과 힘이 되었으면 한다.

●●● 진행자(편집자) 외 총 9명

1. **이동진**(이 책의 저자, 27세): **건축공학과 4학년**
   - 특징 자신이 맞다고 생각하는 길을 가기 위해 여러 가지 일에 도전함

2. **재수남**(재수생, 20세): **재수 준비 중이나 대학을 갈지 말지 고민 중**
   - 특징 생각이 많고 우유부단하며 실패를 두려워함

3. **전형남**(전형적인 대학생, 25세): **행정학과 3학년**
   - 특징 스펙을 열심히 쌓으면서 나름대로 미래를 설계하는 중

4. **복학생**(전역한 지 6개월, 24세): **전자정보신소재공학과 3학년**
   - 특징 확고한 목표는 없지만, 적극적으로 뭐든 해보려고 함

5. **취준생**(취업준비생, 27세): **건축공학과 졸업, 상반기 지원 예정**
   - 특징 스트레스를 받으며 취업 준비 중

6. **진정녀**(진로가 정해진 여학생, 23세): **간호학과 3학년**
   - 특징 타과보다 쉽게 취업이 가능하기에 그 시간 동안 뭘 할지 고민 중

7. **공준남**(공무원 준비 중인 남학생, 28세): **통계학과 3학년 마치고 휴학 중**
   - 특징 각종 시험을 위해 휴학을 한 적이 있으며, 안정적인 길을 추구함

8. **꿈찾사**(꿈을 찾은 사진작가, 28세): **광고회사에서 일하는 사진작가**
   - 특징 꿈 많은 행동파 대학생이었으며, 실제로 꿈을 이룸

9. **신직딩**(신의 직장에 다니는 회사원, 32세): **4년 차 직장인**
   - 특징 행동파 대학생이었으나 취업 후 굉장히 현실적으로 변함

좋아하는 것을 하며
산다는 것

TOPIC 1 좋아하는 걸 찾으려면 어떻게 해야 할까?

진행자 수많은 청춘 멘토나 꿈을 이룬 사람들이 '좋아하는 것을 찾아서 하라'고 하잖아요. 하지만 정작 그렇게 사는 사람은 참 드물죠. 좋아하는 것을 찾으려면 어떻게 해야 할까요?

재수남 전 솔직히 제가 뭘 좋아하는지, 뭘 해야 할지 도무지 모르겠어요. 삶의 재미라는 것도 잘 모르겠고요. 좋아하는 것을 찾고 싶은 맘이 있긴 하지만요.

취준생 좋아하는 걸 찾으려면 이것저것 해보는 게 최고가 아닐까요? 생각해보면 학생이 하는 일이란 게 학교 다니고 공부하는 것밖에 없거든요. 밖으로 나가 뭐라도 해봐야 자기가 뭘 좋아하는지 알겠죠.

신직딩 사실 전 대학 시절에 아무 생각이 없었어요. 한번은 이렇게 살면 안 되겠다 싶어서 룸메이트를 따라 록밴드 동아리에 가입했죠. 록 같은 거 아예 관심도 없었는데(웃음). 근데 내가 어느새 보컬이 돼서 공연장에서 노래를 부르고 있는 거예요. 그게 재밌더라고요. 내가 뭔가를 시작할 자신이 없으면 저처럼 다른 사람을 따라 하는 것도 나쁘지 않다고 봐요.

취준생 저는 해외에서 커리어를 쌓는 게 꿈이거든요. 대학교 1학년 땐 무조건 열심히 공부만 해야겠다고 생각했는데 중간고사가 얼마 안 남았을 때 동진이가 갑자기 봉사단체에 들어가서 중국 사막에서 1주일 동안 나무를 심고 오겠다는 거예요. 그걸 보니까 '나도 한번 해볼까?' 이런 생각이 들더라고요. 그래서 여러 해외봉사 동아리에 지원해서 활동을 했어요.

꿈찾사 저……. 정말 솔직하게 말해도 될까요?

진행자 네, 말씀하세요.

꿈찾사 멘토들이 나와서 내가 좋아하는 것을 찾아 당장 시작하라고 하잖아요. 저는 이 말 정말 무책임하다고 봐요. 저희 부모님들도 하고 싶은 게 많았겠지만 그걸 하면서 사는 분들은 거의 없잖아요. 그건 그냥 추상적이고 이상적인 외침이라 생각해요.

그렇게 말 안 해도 꿈을 찾을 애들은 알아서 잘 찾거든요. 세상은 변하는 게 없는데, 자꾸만 그런 걸 요구하니까 대부분의 학생들이 그 말을 비현실적으로 받아들이는 거죠.

진정녀 저는 간호학과 학생이라 그런지 어떤 틀에 더 얽매일 수밖에 없는 것 같아요. 하고 싶은 걸 한다고 해도 결국 다시 커리큘럼에 맞는 삶을 살게 되는 것 같고요. 좋아하는 걸 당장 하는 게 맞다는 건 인정하지만 현실이 자꾸 걸려요. 그래서 많은 대학생들이 원하는 게 있어도 시작을 못 한다고 생각합니다.

신직딩 좋아하는 걸 찾는다고 하면 보통 화려하고 있어 보이는 것을 찾으려 하는 경향이 있는데요. 그래서 어려운 거지, 찾아보면 주변에 할 수 있는 게 널렸거든요. 대학생 때는 새로운 일들이 다 어려워 보이고 실패할까 봐 두려운데요. 막상 해보면 잃을 게 없어요. 생각을 좀 심플하게 가지면 될 텐데 말이죠.

TOPIC 2 새로운 것을 시도하기 위해 필요한 것은?

진행자 이동진 씨는 이렇게 말하거든요. 단점, 콤플렉스, 열등감을 느끼는 부분을 캐다 보면 그것을 바꾸고자 하는 절박함이 생겨 행동으로 이어지고, 결국 그 과정 속에서 날 찾게 된다고요. 이에 대해 어떻게 생각하시나요?

복학생 동의해요. 전 인내심이 부족했어요. 동진이 형이 그 점을 지적하면서 같이 뛰자고 하더라고요. 그래서 새벽 6시에 일어나서 매일 6개월 정도 학교에 있는 산을 뛰어다녔어요. 진짜 울고 싶었어요(웃음). 그런데 그렇게 뛰니까 몸이 좋아지는 게 느껴지더라고요. 등산은 사실 그 과정이 중요하잖아요. 힘들고 또 힘든데 막상 올라가면 성취감도 느끼고요.

전형남 저도 크게 동의합니다. 하지만 저한테는 아직 절박함 같은 게 없어요. 그래도 조금씩 뭔가 해보려고 하는데, 늘 압박감을 느껴요. 주변에서 빨리 가는 게 중요한 게 아니라고 말해도 막상 '누가 어느 기업에 들어갔다더라' 하는 말을 들으면 초조해지거든요. 아무래도 뒤처지는 느낌이 드니까. 그래서 다들 앞만 보고 달리는 거 아닐까요? 마치 게임에서 미션을 하나씩 클리어하듯이 말이죠.

재수남 전 재수를 준비하고 있지만 사실 대학을 갈지 말지 고민이에요. 주변에 물어보면 다들 일단 대학은 가라고 하더라고요. 그런데 최근에 요리에 관심이 생겼거든요. 대학을 포기하고 요리를 해야 할지, 대학에 가서 요리를 해야 할지 고민 중이에요.

이동진 그러니까 지금 고민은 지금 요리를 해야 잘될지, 대학을 가서 해야 잘될지를 모르겠다는 거죠? 근데 둘 중 약간이라도 더 끌리는 게 있나요?

재수남 요리가 더 끌리긴 하는데 요리사 자격증을 따도 결국 대학을 졸업하지 못하면 나중에 위로 올라갈 수 있는 한계가 있을 것 같단 말이죠. 그리고 대학에 떨어지면 1년이란 시간을 낭비한 것처럼 되니까 빨리 할 일을 찾고 싶은 거고요.

이동진 제 생각엔 먼저 요리를 즐기는 요리사가 되고 싶은 건지, 성공한 요리사가 되고 싶은 건지를 구분해야 할 것 같습니다. 만약 전자면 간단해요. 자격증이 필요하죠. 학위 관계없이 그냥 본인이 사업자 등록하고 가게를 차려서 요리를 하면 됩니다. 학위를 받아야 한다는 건 사회가 만든 거잖아요.

재수남 근데 학위 없이 최고의 요리사가 되는 건 힘들지 않을까요?

이동진 물론 쉽지 않겠죠. 하지만 유명한 요리사 중에는 고등학교도 졸업하지 못한 사람도 있어요. 혹시 베누라는 레스토랑의 이동민 대표라고 알아요?

재수남 (고개를 저으며) 아니요.

이동진 그분은 17살에 주방보조부터 시작했대요. 요리학교가 아니라 현장에서 요리를 익힌 거죠. 베누도 그분이 20대에 차린 식당이고요. 우리는 잘 모를지 몰라도 프랑스 잡지《미슐랭》에서 별점 3개를 받기도 했고, 《뉴욕타임스》에서는 비행기를 타고 가서라도 가야 할 레스토랑으로까지 뽑혔거든요.

재수남 하지만 그건 너무 특수한 사례가 아닐까요…….

이동진 중요한 건 학위의 유무가 아니라 요리를 대하는 자세라고 생각합니다. 그분이 이런 말을 했어요. "나는 요리학교를 졸업하지는 못했지만, 공부하지 않는 요리사는 오래가지 못한다."
(재수남을 보며) 제가 볼 때 아직 요리사라는 꿈이 절박하지 않은 것 같아요. 그리고 사실 그냥 뛰어들면 되는데 자꾸만 그 과정을 너무 깊이 생각하니까 모두 '넘사벽'이 돼버리는 거 아닐까요? 재수도 사실 그냥 공부만 하면 되는 건데 '떨어지면 잘못되지 않을까?' 이런 고민 때문에 자신이 없어지는 거고요.

진정녀 그리고 1년 동안 뭔가를 했다면 실패했다 해도 절대로 낭비라고 할 수는 없다고 생각합니다. 분명히 남는 게 있거든요.

이동진 정말 요리를 하고 싶으면, 대학교에 가서 오전에는 주방에서 알바를 하고, 밤에는 공부를 해도 됩니다. 그럼 두 가지를 다 할 수 있죠.

복학생 그게 불가능하다고 생각될지도 모르지만 정말 요리사가 되고 싶다면 대학을 다니면서 그 일을 해도 절대 힘들지 않을 거예요. 전에 홍콩에 갔을 때 우연히 홍콩대학 간호대를 나온 남자 간호사를 만난 적이 있거든요. 그 친구는 3교대로 일하는데 나머지 시간을 쪼개서 외국인 가이드도 하고, 패션 책도 만들고, 손수 옷도 만들면서 즐겁게 살더라고요. 어떻게 보면 충분히

	다 할 수 있는데 그냥 지레 겁을 먹어서 안 하는 거죠.
다같이	(고개를 끄덕이며) 맞아, 지레 겁을 먹고 안 하는 것 같아.
취준생	저 또한 겁이 많아서 이것저것 재는 일이 많았어요. 이걸 하면 다른 건 언제 하지? 이런 생각을 늘 깔고 가는 거죠. 그러면 하나를 해서 얻을 수 있는 것마저 얻지 못해요. 결국 행동력이 가장 중요하다고 봅니다. 남들보다 잘된 애들을 보면 사실 정말로 능력이 뛰어나다기보다 하나라도 더 실행하려고 하더군요. 결국 자신이 생각한 것을 실천에 옮긴 사람들이 더 잘되는 것 같습니다.

이동진의 생각

요즘 청춘들이 자기가 원하는 게 뭔지 모른다는 것도 문제이지만, 좋아하는 게 있어도 섣불리 도전하지 못한다는 것 또한 문제다. 이 대화를 통해 우리는 각자 처한 환경과 상황에 따라 생각하는 게 모두 다르다는 것을 확인할 수 있었다.
그렇다면 어떻게 해야 할까? 사실 정답은 없다. 그럼에도 불구하고, 나는 말하고 싶다. 상황이 어떻든 간에 인생에서 한 번쯤은 좋아하는 것을 해야만 한다고 말이다. 나는 후회에도 레벨이 존재한다고 믿는다. 최악의 후회는 하고 싶은 일을 하지 않고 후회하는 것이다.
내가 계속해서 도전을 할 수 있었던 이유는 절대로 해서는 안 되는 일이 아닌 이상 일단 저질렀기 때문이다. 따라서 할지 말지 고민하기보다 어떻게 할 수 있을지를 따지는 게 더 생산적이다. 결국 그런 과정을 통해 우리는 성장할 수 있다.

행동하는
청춘이 되기 위하여

Topic 1 두려움과 맞서는 나만의 방법은?

진행자 새로운 것을 시작할 땐 참 두렵죠. 혹시 두려움을 없애는 나만의 노하우가 있나요?

이동진 저는 많은 사람들 앞에서 강연을 할 때마다 시작 전에 심장이 미친 듯이 뛰거든요. 그럴 땐 몸이랑 머리를 분리시켜서 생각해요. 몸이 떨리는 것과 무대에서 강연을 하는 것을 별개라고 여기는 거죠. 몸이 떨린다고 강연이 잘못되는 건 아니니까요.

신직딩 저는 원래 낯을 가려서 다른 사람과 눈을 잘 못 마주쳤어요. 그런데 록밴드 동아리에 들고 많은 사람들 앞에서 노래를 부르면서 나아졌죠. 처음이니까 내가 미숙해서 두려운 거지, 계속하면 괜찮더라고요. 경험이 쌓이면 결국 괜찮아집니다. 세상 일이 그런 것 같아요. 그냥 하면서 잘하게 되는 거지, 잘해서 하게 되는 건 거의 없다고 봐요.

전형남 저는 이미지 트레이닝을 하는 게 효과적이라고 생각합니다. 시작 전에 몇 번이고 그 상황 속에 있는 날 생각하면서 예행연습을 해보는 거죠. 그러면 실제로 마음이 많이 편해지더라고요.

공준남 두려움을 없애는 방법 중 하나는 준비를 많이 하는 겁니다. 연습을 하면 할수록 두려움이 많이 없어지죠. 그리고 뭐든 목숨 걸고 하면 안 되는 건 없다고 봅니다.

진행자 그럼, 과정을 단순화하면 행동이 더 쉬워진다는 말에 대해서는 어떻게 생각하시나요?

취준생 맞는 것 같아요. 동진이한테 어떤 고민을 얘기하면 항상 '그럼 먼저 이걸 해, 그리고 그다음 이걸 해'라고 말해요. 동진이는 뭐가 리스크인지, 뭐가 이득인지 그런 거 잘 몰라요(웃음).

진행자 아까 재수생 친구가 요리사가 되고 싶다는 말을 했는데요. (이동진을 보며) 최고의 요리사가 되기 위한 3스텝은 뭘까요?

이동진 음……. 첫째, 우리나라 요리사 협회에 들어가서 10대 요리사 리스트를 받고 누가 어느 호텔에서 일하는지 조사한다. 둘째, 그분들께 연락해서 약속을 잡는다. 셋째, 만나서 어떻게 해야 최고의 요리사가 될 수 있는지 물어본다.

전형남   들어보니까 3스텝 정말 효과가 있을 것 같아요. 당장 오늘부터 저도 실천해봐야겠어요.

취준생   동진이와 동진이 같지 않은 친구의 차이는 사실 '용기'인 것 같습니다. 3스텝은 우리 모두 다 생각할 줄 알잖아요. 근데 그 첫 스텝을 밟지 못할 뿐이죠. 결국 그 한 걸음을 내딛느냐 마느냐가 가장 큰 차이를 낳는다고 봅니다.

Topic 2. 꿈을 위해 고군분투하는 자들의 공통점은?

진행자   생각만 했을 때는 불가능해 보였는데 실제로 해보니까 별거 아니라고 느꼈던 경험이 있나요?

복학생   저요. 입대한 지 일주일 만에 중대장님 찾아가서 해외파병을 간다고 했었어요.

진행자   왜요?

복학생   그냥 가고 싶어서요(웃음). 다들 정신 줄 놓았냐고 하더군요. 근데 실제로 준비하는 게 정말 힘들더라고요. 정비대대라는 곳을 거쳐야 했는데 거기 있는 분들은 다 공고 출신이거든요. 저는 공대생이지만 공구를 만져본 적이 없으니 무시받았죠. 근데 그냥 아는 척하면서 내 스스로를 속이느니 조금 부끄럽더라도 그냥 배우자는 생각으로 잘 견뎌냈어요.

제가 할 수 있는 건 다 해봤어요. 자격증도 따고요. 온갖 자기계발서도 섭렵하고 불침번 설 때는 화장실에서 늘 거울을 보면서 스스로에게 말하고, 노트에다가도 썼어요. "나는 2012년에 반드시 해외파병을 갈 것이다." 결국 정말로 가게 됐죠. 그렇게까지 열심히 살아본 건 처음이었어요.

진정녀 저도 아르바이트를 자주 했었거든요. 그때는 여행경비를 벌려고 했던 건데 남는 게 많더라고요. 남녀노소를 대하는 일이 많았기 때문에 사람을 대하는 폭이 넓어지기도 했고요.

꿈찾사 저는 어렸을 때부터 축구를 좋아했어요. 국가대표팀이 되려고 4시간만 자면서 죽어라 노력했는데 정작 포기하니까 앞으로 뭘 해야 할지 모르겠더라고요. 그래서 하루는 전지 한 장을 사서 하루 종일 버킷리스트를 썼어요. 거창한 게 아니라 '버스 종점까지 여행가기' 이런 것까지 해서 총 천 개 정도를 적었어요. 그리고 대학에 가서 하나하나 해나갔죠.

취준생 사실 좋아하는 것을 찾아서 하라는 게 가장 와 닿기 힘든 입장이 저와 같은 취준생이라고 생각해요. 심지어 하고 싶은 게 있어도 미래에 대한 압박 때문에 힘들죠. 근데 제 주변에 그런 상황에서도 어떻게든 하고 싶은 걸 찾으려고 부단히 노력을 하는 친구가 있어요. 늘 행동과 고민, 둘 중에서 늘 행동을 택하는데, 고민을 하는 가운데에서도 뭔가를 계속 하죠.

진행자 예를 들면요?

취준생 먼저 대학 교수님부터 시작해서 자기가 살고 싶은 삶을 살고 계신 분들을 일일이 찾아가요. 그리고 자신에 대해 정리한 파일을 보여드리면서 자기는 여태까지 이런 식으로 살아왔다고 하죠. 난 이런 사람이고, 이런 장단점이 있으며, 이런 걸 준비하는 중인데 조언을 듣고 싶다고 하면서요. 그리고 듣고 온 조언들을 잘 정리해서 PPT 한 장을 더 추가합니다.

진행자 그 친구의 행동력도 대단하네요.

취준생 네. 그리고 그 친구는 강연회를 갈 때 '꼭 한 가지 이상의 질문을 한다'는 자기만의 원칙이 있어요. 그렇게 먼저 얼굴도장을 찍고 나서 강연이 끝나면 얼른 뒤로 가 강연하신 분과 만나서 약속을 잡는다고 하더군요. 웬만하면 약속을 잡아준대요. 그렇게 계속 부딪히고 깨지면서 자연스럽게 자신에 대해 알아가는 거죠. 그 친구를 보면서 느꼈어요. 똑같은 고민이 있어도 결국 행동력이 강한 사람이 더 빨리 해결하는구나. 그리고 행동력이 강한 친구들은 저런 식으로 자기 꿈을 찾아가는구나.

꿈찾사 저도 비슷했어요. 사진을 찍고 싶은데 공대생인 데다 지방에서 서울로 올라와서 주변에 아는 사람도 없었거든요. 그래서 신문

사 사진 기사들에게 메일을 보내서 저랑 한 시간 동안 식사를 해달라고 부탁했어요. 지푸라기라도 잡고 싶었거든요.

뭔가를 하고 싶으면 이것저것 따지지 말고 먼저 그걸 하고 있는 사람들을 직접 만나서 그분의 이야기를 들어보는 게 우선이라고 생각해요. 저는 한 번에 100명한테 메일을 보내본 적이 있는데 고작 2명에게서 답이 왔거든요. 그런데 사실 그게 몇 명이냐는 별로 중요하지 않았어요. 내 스스로 내가 이렇게 절박하구나를 알게 된 것만으로도 큰 가치가 있었거든요.

진행자 네. 역시 나를 알아가는 데에는 결국엔·실행력, 행동력, 실천력이 많은 영향을 미치는 것 같습니다.

이동진의 생각

행동력 있는 청춘이 되기 위해서는 뭐라도 일단 당장 시작하는 게 중요하다. 지금까지 고민만 하면서 살아왔다면 '내가 어떻게 해야 시작할 수 있을까'를 아무리 생각한다 한들 결국 또 고민만 하다 끝날 것이다. 그러니 자신이 생각에 너무 치우쳐 있다면 결과를 생각하지 않고 무작정 덤비는 연습을 해야 한다. 덜 후회하는 쪽을 택하되 도무지 어떤 걸 택해야 할지 모르겠으면 둘 중 하나를 먼저 하면 된다.

30대가 된 많은 인생 선배들이 말한다. 그당시엔 잘 모르지만 돌이켜보면 20대에는 막상 잃을 게 없다고. 애초에 쌓아놓은 게 별로 없기 때문이다. 하지만 나중에는 정말 다시 쌓기 어려운 때가 올지도 모른다. 그러니 적어도 청춘이라면 도전에 대해 너무 복잡하게 생각하지 말고 몸으로 부딪혀야 한다. 지금껏 내가 그래 왔듯이 말이다.

현실의 장벽과
마주하는 순간

Topic 1 걸림돌을 어떻게 받아들여야 할까?

진행자 이동진 씨는 돈 없이 미국에 가서는 현지인들을 붙잡고 '날 재워주면 내 이야기를 들려주겠다'고 하면서 숙식을 해결했다고 합니다. 그래서 하루하루가 더 기가 막히게 특별했다고요. 좋지 않은 상황이 더 긍정적으로 작용했던 경험이 있나요?

복학생 저요. 통역병 할 때 사실 진짜 미치는 줄 알았거든요. 영어를 정말 못했어요. 그래서 더 적극적으로 부딪혔죠. 영어 잘하는 친구를 찾아가서 어떻게 하냐고 물어보고, 해외파 출신 병사한테 가서 일과 끝나고 나서 도와달라고 부탁했어요. 지금 토플 공부 중인데 그 경험 덕분에 영어가 훨씬 수월해진 것 같아요.

진정녀 저는 부모님이 전공 선택할 때 반대하셨거든요. 그런데 제가 하고 싶은 일이니까 하겠다고 계속 설득했더니 결국 들어주셨어요. 그때 제 선택에 대한 책임감이란 걸 배웠고요.

진행자 하지만 막상 뭔가를 하다 보면 계획한 대로 잘 안 되는 일이 많죠. 그래도 철저히 준비를 해야 한다고 생각하나요, 아니면 그래도 무작정 저지르는 게 필요하다고 생각하나요?

전형남 저는 철저히 준비하는 편이에요. 계획을 짤 땐 늘 2안, 3안까지 생각해요. 이렇게 하는 것의 좋은 점은 실패할 확률이 적다는 거죠. 물론 1안이 아니라 2안, 3안대로 가면 목표치만큼은 못하게 된다는 단점도 있지만요.

취준생 (이동진을 보며) 동진아, 너도 계획하고 실행했던 것 중에서 결국에 실패한 게 있어?

이동진 그럼. 배드민턴이 그랬지.

취준생 응. 나도 그때 그건 정말 미친 짓이라 생각했어(웃음). 근데 그런 경험을 통해서도 얻은 게 있어?

이동진 물론이지. 국가대표가 되는 건 실패했지만 5개월간 매일 새벽 5시에 일어나서 밤 11시까지 운동을 하니까 한이 다 풀려버리더라고. 그리고 마음속에 있던 짐이 떨어져나간 느낌이었어. 이제 다시 새로운 꿈으로 채워 넣을 수 있겠다는 생각도 들었고, 그렇게까지 하니까 확실히 알겠더라고. 이 일은 내가 평생

할 일은 아니라는 걸 말야.

취준생 그럼, 그 5개월을 낭비한 게 아니라 생각해?

이동진 응, 절대. 그 5개월은 어릴 적 꿈을 위해 모든 것을 걸었던 최고의 시간이었다고 생각해. 만약 내가 그걸 하지 않았다면, 평생 가슴속에 응어리로 남았을 거야.

재수생 근데 행동으로 옮기는 게 의미가 있다고 하지만, 꼭 그런 건 아닌 것 같아요. 전 여행을 가면 정말 무언가 얻으리라 생각하고 유럽 배낭여행을 갔었거든요. 근데 막상 가니까 오히려 남는 게 없었어요. 그건 왜 그런 걸까요?

이동진 저한테는 세계일주가 그랬습니다. 하는 내내 도대체 여긴 왜 왔을까 싶었거든요. 여행을 하면서 돈을 벌겠다는 큰 목표는 있었지만, 제가 반드시 도달해야 하는 명확한 목표가 없었기 때문이었던 것 같습니다. 마라톤에도 골인지점이 있고, 히말라야에도 정상이란 게 있는데 세계일주는 끝이 무엇인지를 도통 알 수가 없었던 거죠. 그래서 많이 힘들었고, 몸도 마음도 지쳤던 것 같습니다.

그래서 그 도전은 완벽히 실패했다고 생각합니다. 차라리 돈을 쓰면서 신 나게 놀고 올 생각으로 갔거나 아예 거지처럼 살다 오자는 생각으로 갔다면 만족하지 않았을까 싶습니다.

진정녀 그런데 목표가 있으면 그것을 이루지 못했을 때의 상실감도 각오해야 하는 것 같아요.

이동진 네. 근데 또 생각해보면 그 상실감도 인생에 큰 도움을 준다고 생각합니다. 그건 인생의 실패가 아니라, 그냥 하나의 경험에 지나지 않으니까요. 만약 세계일주에 실패한 경험이 없었더라면 나중에 똑같은 실수를 했을지도 모릅니다. 저라면 충분히 나중에 아이가 있는 가장이 되었을 때 가족들에게 우리 모든 걸 내려놓고 세계일주를 해서 돈을 벌어보는 게 어떻겠냐고 물어볼지도 몰라요. 그땐 애들이 아빠가 완전히 미쳤다고 까무러치겠죠(다 같이 웃음).

돈을 벌려고 여행을 갔는데 결과적으로 아무것도 못 얻고 나니까 '이렇게 인생을 허비할 수도 있겠구나' 하는 걸 깨달았죠. 생각해보면 실패했을 때 가장 큰 깨달음이 오는 것 같습니다.

진행자 결국 그런 깨달음이 있는 것도 그전에 마구잡이로 무언가를 했던 경험들이 누적되었기 때문인 건 아닐까요?

이동진 네. 그래서 결국 그 두 가지를 다 해봐야 하는 것 같아요. 앞뒤 안 재고 마구잡이로 해보기, 그리고 철저히 준비해서 해보기. 우리는 20대니까요. 당장 가진 건 없지만, 정신력과 패기만큼은 가장 충만할 때잖아요. 현실적인 장벽에서 조금 벗어나 그 두 가지를 다 시도할 수 있는 기회가 많다는 게 우리가 가진 특권 중 하나가 아닐까요.

Topic 2 선택의 순간, 어떻게 해야 할까?

진행자 저 같은 경우, 갈림길에 서면 최종적으로는 죽기 전날을 떠올립니다. 그리고 상상하죠. 누군가가 저한테 '당신은 그때 무엇을 선택했어야 한다고 생각하나요?'라고 묻는 장면을요. 저는 그때 바로 대답할 수 있는 것을 택하며 살아왔습니다. 여러분에게도 결국엔 무언가를 선택하게 만드는 기준이 있나요?

취준생 저는 주변사람들 얘기를 많이 듣는 것 같아요. 경험해본 사람들은 누구보다 잘 아니까요.

공준남 저도 비슷해요. 특히 부모님의 조언을 많이 듣습니다. 돈도 중요하다고 봐요. 행복한 가정을 꾸리려면 결국 경제적인 것이 해결되어야 하니까요.

꿈찾사 근데 비슷한 경험을 한 사람이나 어른들에게 조언을 구해도 결국 답은 자기 안에 있는 것 같아요. 그리고 사실 내가 이미 결론을 지은 답이 있는데, 누군가가 그 답에 가까운 이야기를 해줬으면 하는 바람 때문에 조언을 구하는지도 모르고요. 결국에 저는 제 마음을 믿어요. 그리고 한 번 결단을 내렸으면, 제가 포기한 것에 대해서는 미련을 버리고 선택한 것에만 최선을 다하려고 합니다.

전형남 저는 A와 B가 있다고 하면 A를 선택한 내가 B를 얼마나 아쉬워할지, 그리고 B를 택한 내가 A를 얼마나 아쉬워할지를 상상해봐요. 이 둘을 비교해서 덜 아쉬운 쪽을 택하는 거죠. 이 방법은 후회를 덜어주는 데 효과가 있다고 봅니다.

꿈찾사 가지치기를 해보는 것도 효과가 있습니다. 가령 취업을 한다, 안 한다를 결정할 땐 각각의 경우에서 또 가지치기를 해보는 거죠. '취업을 한다'에는 대기업에 간다, 중소기업에 간다와 같은 경우가 있겠죠. 이렇게 여러 가지 경우를 좀 더 디테일하게 따져보면 자신과 맞는 길을 수월하게 찾을 수 있다고 봅니다.

진행자 그럼, 딜레마를 생각해봅시다. (재수남을 보면서) 만약 좋은 대학이지만 원하지 않는 학과, 별로인 대학이지만 내가 원하는 학과, 이렇게 두 군데에 붙었어요. 어떻게 하시겠어요?

재수남 흠. 전자를 택할래요. 결국 간판이란 게 있으니까요. 좋은 대학에 가더라도 복수전공 같은 걸로 보완할 수도 있고요.

진행자 그렇다면 취업 딜레마를 생각해봅시다. 대기업인데 나와 안 맞는 직무, 중소기업인데 나와 잘 맞는 직무, 이렇게 두 가지 중 선택해야 하는 순간이 오면 어떻게 하시겠어요?

취준생 저는 대기업이요. 선택에 영향을 주는 요인이란 게 꼭 내가 좋아하는 일이라는 것 외에도 페이나 비전 등이 있을 텐데, 그 많은 것들을 좀 더 충족시키는 곳이 맞다고 생각해요.

복학생 저도 대기업이요. 선배들이 그러더라고요. 대기업에 들어가도 내가 들어간 부서에만 있는 게 아니라 계속 이동을 한다고요. 결국 더 많은 기회를 얻을 수 있는 곳으로 가야 한다고 봐요.

이동진 저는 조금 다릅니다. 만약 대형 항공사와 저가 항공사에 둘 다 합격한다면 당연히 전자를 가겠죠. 하지만 동시에 기회가 온 게 아니라면 저한텐 조종사가 되는 것 자체가 가장 중요하기 때문에 저를 먼저 부르는 곳으로 갈 겁니다. 제 실력으로 먼저 갈 수 있는 곳을 가서 하나라도 더 빨리 배우고 싶거든요.

공준남 연봉도 당연히 고려해야겠지만 저 역시 제가 하고 싶은 일을 선택할 것 같아요. 왜냐하면 가장 가깝다고 볼 수 있는 가족들로부터 상반된 결과를 보았거든요.

가령, 아버지는 남들이 모두 부러워하는 변호사라는 직업을 그만두시고 연봉이 적은 공무원이라는 직업을 선택하셨지만, 지금까지 너무 행복하게 살고 계세요. 반면 형은 교직원이라는 안정된 직업을 선택했는데도 맞지 않아서 많이 힘들어하고 있거든요. 그래서 형은 늘 정말 하고 싶어 하는 일을 하라고 말합니다. 저도 하고 싶은 일을 하는 게 맞다는 생각이 들어요.

전형남 저는 대기업을 택할 것 같습니다. 제가 원하는 일이 아니더라도 대기업을 다니는 것 자체가 싫은 일은 아닌 것 같아요. 결국엔 거기서도 나름의 재미를 찾을 수 있으리라 믿거든요.

진정녀 저는 좀 달라요. 이 딜레마를 저에게 적용시키면 기업병원과 대학병원 중 하나를 택하는 문제인데, 저는 대학병원을 갈 것 같아요. 보수는 적어도 좋아하는 환경에서 안정적으로 오래 일을 할 수 있으니까요. 그래서 어떤 일을 오래 하고 싶다면 좋아하는 일을 택하는 게 맞다고 봐요.

진행자 요즘 대학생들은 눈만 높아서 대기업만 바라보니까 더 취업이 안 된다는 말에 대해서는 어떻게 생각하나요?

취준생 쟤랑 나랑 똑같이 공부했고, 걔나 나나 별반 다를 게 없는데, 걔는 많이 벌고 난 조금 벌면 억울할 것 같아요. 눈이 높다는 건 인정하지만 그걸 비난하기에는 현실이 너무 냉혹하고요.

신직딩 사회가 만든 틀이니까 어쩔 수 없어요. 예전엔 기초만 배워도 길이 많았지만 요즘엔 그렇지 않아요. 중소기업 다니는 친구들을 보면 현실적인 문제를 절대 무시할 수 없다는 걸 느낍니다.

진행자 만약 100군데에 서류를 썼는데 다 떨어진 상황이라면? 101번째에도 대기업에 지원할 생각이 있나요?

신직딩 후배가 그런 고민을 하고 있으면 또 쓰라고 할 겁니다. 저도 사실 지금 이 회사에 다니기 전에 중소기업에 갔었거든요. 근데 일주일 만에 나왔어요. 미래가 깜깜하니까 나오게 되더라고요. 하지만 지금은 제 삶에 만족합니다.

복학생 사실 저는 그런 생각을 한 번도 해본 적이 없어요. 날 받아주지 않는 기업엔 미련을 버리고, 분명 날 원하는 대기업이 또

	있을 테니 다시 도전할 것 같아요.
이동진	만약에 토플 공부를 계속 죽어라 했는데도 성적이 안 나오면 휴학을 해서라도 공부할 의향이 있나요?
복학생	그것도 생각해본 적이 없어요. 내제가 못할 거라 생각했다면 시작도 안 했을 겁니다. 그리고 제가 어떤 기업에 지원했다면 그곳을 지원할 수준은 된다고 생각하니까 했겠죠? 사실 저는 최악의 상황은 생각해보지 않으려고 합니다.
진행자	역시 대부분 결국 현실을 택하시네요. 뭘 하든 자신의 의지대로 선택을 하느냐 마느냐가 가장 중요한 것 같습니다.

이동진의 생각

새로운 일을 시작할 때 늘 마주하게 되는 걸림돌은 정도의 차이만 있을 뿐 필수 불가결한 것이다. 걸림돌은 나를 가로막는 것임에 틀림없지만 그걸 넘어서게 되면 반드시 큰 성장을 가져다준다. 따라서 걸림돌이 나타나면 '내 잠재력을 시험하는 테스트가 시작되었구나!' 하고 받아들이면 된다.

나 역시 많은 도전을 하면서 여러 장벽과 마주할 때마다 너무나 두려웠다. 그러나 어차피 두려운 거라면 그것을 해야 하는 '명분'을 세우는 게 더 중요하다. 명분히 확고해지고, 그 일이 반드시 해야 하는 일이 되면 어떤 장벽이 날 가로막든 될 때까지 시도할 수 있는 힘이 생기기 때문이다. 이런 과정 속에서 우리는 새로운 가치관을 확립될 수 있다. 그리고 그렇게 정립된 가치들은 무언가를 선택할 때 참고할 수 있는 나만의 새로운 기준으로 자리 잡는다.

우리가 생각하는
꿈과 행복

Topic 1 우리들의 꿈과 행복에 관하여

진행자 너무나 진부한 얘기긴 하지만, 마지막 시간엔 꿈과 행복에 관해 이야기해봅시다. 여러분은 꿈이 있나요?

재수남 저는 단순하게 부자요.

취준생 저는 CEO요.

전형남 저는 어떤 직업이 아니라 그냥 소소한 건데요. 어떤 물건을 살지 생각하고 어디에 어떻게 놓을지 궁리하고, 그런 데서 오는 만족감이 절 행복하게 하는 것 같아요. 그래서 그렇게 할 수 있는 생활수준을 만드는 것이 제 꿈이에요.

신직딩 음……. 난 예쁘게 늙은 할아버지(다 같이 웃음). 나이 먹고도 생활수준이 돼야 행복하니까요. 사실 예전엔 저도 꿈이 있었지만 지금의 삶은 그때 꿈꿨던 삶과 다르거든요. 그리고 점점 꿈에 대한 정의가 바뀌는 것 같아요. 지금은 '내가 뭘 하고 싶다', 그런 걸 꿈이라고 하고 싶진 않고요. 그냥 내 앞에 있는 것들, 사소한 것들을 잘해나가는 것이 행복 아닐까요?

꿈찾사 저도 동의해요. 저도 사회생활을 하면서 꿈에 대한 정의가 바뀌었어요. 꿈이라는 단어는 '이루다'라는 말과 짝을 짓잖아요. 그러면 그만큼 노력해야 하는데 거창한 느낌이 드는 거죠. 이제는 퇴근길에 친구들이랑 맥주 한잔하는 게 더 행복해요.

복학생 저는 대기업에 있다가 후에는 사업 아이템을 갖고 회사를 세우는 게 목표고요. 그 후에는 라이브 카페를 만들어서 좋아하는 사람들을 초대하고, 같이 쉴 수 있는 공간을 만들고 싶어요.

취준생 지금 이 자리에서 누군가 대답해주실 수 있을 것 같아서 묻고 싶어요. 제가 생각하는 행복한 삶은 가슴 뛰는 삶이거든요. 근데 저에겐 두 가지의 꿈이 있어요. 하나는 현실적인 직업이고, 나머지 하나는 익스트림스포츠를 하는 거예요. 후자는 저를 가슴 뛰게 하지만 막상 그걸 하려니 현실적인 문제가 걸려요. 그런데도 좋아하는 걸 해야 할까요? 자기가 좋아하는 게 있는데 그걸 업으로 삼았을 때 스트레스가 될 수도 있잖아요.

진행자 제가 비슷한 고민을 해봤기 때문에 제 얘기가 조금은 도움이 될지도 모르겠네요. 저도 예전엔 피아노 치는 게 정말 가슴 뛰는 일이었거든요. 하지만 결국 먹고사는 데 어려울 것 같아 취미로만 계속했어요. 그리고 지금도 그 선택에 후회가 없어요. 그런데 진짜 좋아하는 일을 하고자 했을 때는 그런 고민을 완전히 뛰어넘었던 것 같아요. 내가 그걸 택함으로써 생길 수 있는 수많은 위험요소들을 다 감내하겠다고 각오했고, 안 좋은 상황을 모두 상상하고도 그 길을 가겠다고 결정했거든요. 그런 각오가 생겼을 때가 진짜 절박한 상태라고 생각합니다.

취준생 네. 좋은 말씀 감사합니다.

이동진 제가 생각하는 행복한 삶이란, '내가 맞다고 생각하는 것을 추구하는 삶'이에요. 단, 사랑하는 사람이 곁에 있으면 좋겠어요.

진행자 그럼, 지금부터는 '나에게 행복이란?' 혹은 '나에게 청춘이란?' 이 질문에 각자 답하는 걸로 마무리하죠. 둘 중 하나만 답하셔도 됩니다.

전형남 저에게 행복이란 '남과 비교하지 않는 삶'입니다. 살면서 자꾸만 남하고 비교하게 되잖아요. 행복은 지금 내가 나의 삶을 어떻게 바라보느냐가 결정한다고 봅니다.

진정녀 저에게 행복은 '웃음'이에요. 개인적으로 어려웠던 시절이 있었는데 어려운 상황에서도 사람들과 함께 웃으며 이겨낼 수 있었거든요.

재수남 저에게 행복은 '뜬구름' 같아요. 잡으려 해도 잡히지 않는.

신직딩 음, 저에게 행복이란……. '불행의 반대말'인 것 같습니다. 사람들은 행복이라고 하면 뭔가 특별한 걸 생각하지만 저는 단순히 불행하지 않은 것이 행복이라 생각해요.

진행자 네, 단순하지만 큰 뜻을 갖고 있는 정의인 것 같네요.

신직딩 그리고 20대는! 막 사는 시기입니다(다 같이 웃음)! 저는 20대들이 왜 그렇게 고민을 하는지 이해가 잘 안 가요. 그냥 되는 대로 하면 되는데 왜 안 하는 걸까요? 요즘 대학생들을 보면 말은 참 잘하는데, 실행은 잘 안 하거든요.

김연아 선수 인터뷰에서 어떤 사람이 "안 힘들어요?"라고 하니까 그런 건 생각조차 하지 않았다고 하더라고요. 그게 정답인 것 같아요. 그냥 아무 생각 없이 하면 되는 건데 말이죠.

복학생 저에게 행복은 '마음먹기'라고 생각해요. 제가 지금 이 자리에 있는 것도 동진이 형을 좋아하고 아끼니까 이렇게 나와서 얘기하기로 맘먹은 거고, 그래서 행복하다고 느끼거든요.

꿈찾사 저에게 행복은 '가까이 있는 것'이라 생각해요. 그냥 후배들이 힘들다고 하면 잔소리하지 않고 술 한잔 걸치면서 이야기를 들어주는 게 행복 아닐까요.

그리고 자꾸만 과거에 얽매이는 것이 행복과 멀어지게 만든다고 생각합니다. 현재가 과거에 지지 않도록 해야죠. 과거는 바꿀 수 없으니까요. 하지만 미래는 내 의지로 바꿀 수 있다는 믿음을 잃지 않는 어른이 되고 싶어요.

진행자 네, 좋은 말씀입니다. 이번엔 지금까지 침묵을 지키신, 공무원 준비생님께 한 말씀 부탁드립니다.

공준남 20대에게 하고 싶은 말이 있어요……. 공부하지 마라(다같이 폭소).

진행자 오늘의 반전 캐릭터시군요. 왜 그렇게 생각하시죠?

공준남 2년 전까지만 해도 여기저기 돌아다니는 동진이를 보고 정신 줄 놓았다고 구박했어요(웃음). 그런데 지금은 생각이 좀 달라 졌네요. 생각해보면 20대 후반부터는 더 많은 방해요소들이 생기니까 그전에 나를 알아보는 기회를 꼭 누려야 하는 거죠.

취준생 저에게 청춘이란 '설렘'입니다. 젊으니까 더 많은 기회가 있고, 겁이 없으니까 더 많이 설렐 수 있는 것 아니겠어요?

진정녀 저는 20대는 '불안함'이라고 말하고 싶어요. 대부분의 20대가 공감할 것 같습니다. 미래가 불투명하니까요. 하고 싶은 게 무 엇인지, 해야 하는 게 무엇인지, 지금 하고 있는 일이 옳은 일 인지를 판단하는 게 너무 어려워요. 진로뿐 아니라 자아나 가 치관을 정립하는 것도 어렵고요.

이동진 저는 바로 그 불안함 때문에 20대가 더 적극적으로 행동해야 한다고 생각합니다. 저에게 20대란 '나의 가능성과 기회를 찾

	는 시기'입니다. 재수하고 대학교에 들어갔을 때 저는 제가 어디까지 클 수 있나 정말 한번 보고 싶었거든요. 그러니까 20대는 무엇이든 시도하며 고군분투하는 시기가 아닐까 싶습니다.
진행자	그렇죠. 고군분투하는 그 과정 자체가 참 소중하죠.
이동진	맞아요. 돌이켜보면 정글에 도착해서 뛰고 있을 때보다 '돈이 한 푼도 없는데 어떻게 해야 할까'를 고민하고 해결하는 그 시간이 더 소중했거든요. 그렇게 혼자 이것저것 시도해볼 때, 그리고 날 응원해주는 사람들을 떠올릴 때 행복을 느꼈어요. 지금처럼 이렇게 날 위해 시간을 내서 이 자리까지 와준 친구들이 있다는 사실 자체가 참 감사한 일이라 생각합니다.

이동진의 생각

각자 꿈의 내용은 다르지만 결국 꿈이란 건 행복과 맞닿아 있는 개념이라 생각한다. 꿈이란 생각하면 설레는 것, 나를 웃음 짓게 하고 용기를 갖게 해주는 것임은 자명한 사실이니까.

청춘 공감토크 참가자 9명은 모두 불안함을 안고 있었다. 그러나 우리는 인생에서 가장 파릇파릇한 시기를 살고 있다는 걸 잊어서는 안 된다. 그러니 어떤 감정이든 그것을 충분히 깊게 느끼고, 두려움 앞에서 절대 굴복하지 말자. 그리고 주어진 일뿐 아니라 하고 싶은 일에도 마음껏 뛰어들자. 언젠가는 하고 싶은 일을 정말 못 하게 되는 때가 올 수도 있다.

우리는 모두 청춘의 한 부분을 대변하고 있다고 생각한다. 따라서 이 이야기는 9명의 이야기이자, 우리 20대들의 이야기이다. 귀중한 시간을 내어 대화에 응해주신 참가자 분들께 진심으로 감사드린다.

누군가가 청년에게 가장 필요한 덕목을 무엇이냐고 묻는다면, 나는 자기신뢰라고 답할 것이다. 도전이라는 산봉우리와 혁신이라는 거친 강줄기 앞에 선 청년의 당찬 첫걸음은 자신에 대한 깊은 믿음으로부터 시작된다. 이 책은 저자 이동진이 그러한 깊은 자기신뢰를 백문이불여일런(RUN)의 정신으로 실행하는 흥미진진한 스토리를 담았다.
- **구범준**(CBS 「세상을 바꾸는 시간, 15분」 PD)

'이 순둥이 같은 놈! 이렇게 착해서 거친 해병대 생활을 견딜 수 있겠어?' 첫 만남 때 배시시 웃는 해병대원 동진이를 보면서 들었던 생각이다. 시간이 흘러 우연히 만났을 때 녀석은 여전히 순둥이처럼 웃었지만, 미친(?) 도전을 쉼 없이 해내는 어엿한 도전자가 되어 있었다. 그는 늘 자신을 믿고 두려움을 품으면서 첫걸음을 내딛는다. 인생의 변화를 앞에 둔 이들에게 이 책은 당신만의 시작이 되어줄 것이다.
- **전종목**(CBS 「세상을 바꾸는 시간, 15분」 강연코치)

"선생님, 저 1등급 나왔어요!" 날 보고 외치던 순수한 그 모습이 아직도 생생하다. 그랬던 녀석이 그 이후로 어마어마한 도전을 계속 해내는 멋진 대학생이 되어 있었다. 동진이는 매번 새로운 도전을 통해 나에게 신선한 충격과 놀라움을 던져주었고, 그의 말과 몸짓에는 무한한 희망과 감동이 스며들어 있었다. 그런데 그게 다가 아니었다. 이 책을 덮는 순간, 당신은 가슴이 벅차오르는 감동과 함께 미소 짓고 있을 것이다. - **이종호**(중앙학원 수학강사)

나는 이 책을 모두에게 추천하고 싶지는 않다. 지식을 채우거나 시간을 때울 수 있길 기대하는 사람은 분명 실망할 것이기 때문이다. 하지만 지겨운 '청춘 노릇'과 '스펙'이라는 늪에서 벗어나고 싶다면 이 책을 꼭 펼쳐보길 바란다. 분명 그의 도전기가 당신 안에 잠든 고래를 깨워줄 것이다. 내가 그랬듯이. - **윤소정**(인재양성소 인큐베이팅 대표)

책을 덮자 첫 비행이 떠올랐다. 심장박동이 빨라졌고 내 안의 잠재된 초능력이 솟아날 것 같았다. 그리고 어릴 적 가슴속에 담아두었던 꿈을 꺼내볼 수 있었다. 대서양 조정 횡단, 우주탐사와 같은 큰 모험을 앞두었을 때, 이 책을 다시 읽어볼 것 같다. - **오현호**(파일럿)

누군가는 동진이의 이야기가 헛소리의 연속으로 느껴질 것이다. 하지만 그는 늘 그랬듯 헛소리를 헉 소리 나게 이루었고, 핫(hot)한 도전자가 되었다. 당신도 그처럼 움직인다면 언젠가 반드시 혹할 만한 사람이 되어 있을 것이다. - **문현우**(한국문화기획꾼)

돌이켜보면 나에겐 항상 불안함과 성급함이 따라다녔다. 하지만 그를 알고 난 후부터 '여유'를 부리는 법을 배울 수 있었다. 이동진은 청춘들에게 인생에는 수만 가지 길이 있으니 두려워하지 말고 천천히 길을 만들어나가라고 외친다. 진정한 여유는 서두르지도, 불안해하지도, 두려워하지도 않는 것이다. - **박성준**(경희대 건축공학과)

1년 전 이맘때쯤 동진이 형을 처음 만났다. 형의 도전기를 듣는 것만으로도 가슴이 뛰었다. 어떻게 그런 도전들을 해낼 수 있었는지 정말 궁금했는데 이 책이 모든 걸 해소해주었다. 책을 읽는 내내 형이 물어보는 것 같았다. "당신은 도전자입니까?" - **조태희**(경희대 언론정보학과)

다부진 체격에 선명한 눈빛의 청년. 그로부터 아마존 정글 마라톤을 준비한다는 무모한 얘기를 들었을 때, 처음으로 나의 평범함이 부끄럽게 느껴졌다. 그는 이 책에서 청춘의 무모함은 곧 가능성을 의미한다고 외친다. 그때마다 내 심장도 꿈을 향해 세차게 뛰기 시작했다. 잠자는 나를 깨워준 마법 같은 그의 이야기. 이제 당신에게도 선물하고 싶다. - **배상재**(경희대 전파전자공학과)

그의 수많은 도전들은 소위 '스펙'을 위한 것이 아니다. 그는 가슴이 말하는 소리에 좀 더 귀 기울였을 뿐이다. 저자는 '나를 뼛속까지 바꾸고 싶어' 자기변화 프로젝트를 시작했다고 말한다. 그의 절박함과 꿈을 위한 도전이 새롭게 태어나고 싶은 20대 청춘들의 가슴에 쓰나미 같은 진동을 줄 수 있을 것이다. - **최승언**(경희대 정보전자신소재공학과)

재고 따지고 망설이는 그대에게
당신은 도전자입니까

초판 1쇄 인쇄 2014년 4월 28일
초판 10쇄 발행 2021년 9월 6일

지은이 이동진
펴낸이 김선식

경영총괄 김은영
디자인 황정민 **책임마케터** 최혜령
콘텐츠사업4팀장 김대한 **콘텐츠사업4팀** 황정민, 임소연, 박혜원, 옥다애
마케팅본부장 이주화 **마케팅1팀** 최혜령, 박지수, 오서영
미디어홍보본부장 정명찬 **홍보팀** 안지혜, 김재선, 이소영, 김은지, 박재연, 오수미, 이예주
뉴미디어팀 김선욱, 허지호, 염아라, 김혜원, 이수인, 임유나, 배한진, 석찬미
저작권팀 한승빈, 김재원
경영관리본부 허대우, 하미선, 박상민, 김민아, 윤이경, 이소희, 이우철, 김혜진, 김재경, 최완규, 이지우

펴낸곳 다산북스 **출판등록** 2005년 12월 23일 제313-2005-00277호
주소 경기도 파주시 회동길 490 다산북스 파주사옥 3층
전화 02-702-1724 **팩스** 02-703-2219 **이메일** dasanbooks@dasanbooks.com
홈페이지 www.dasanbooks.com **블로그** blog.naver.com/dasan_books
종이 (주)한솔피앤에스 **출력·인쇄** (주)갑우문화사

© 2014, 이동진

ISBN 979-11-306-0267-7 (13320)

- 책값은 뒤표지에 있습니다.
- 파본은 구입하신 서점에서 교환해드립니다.
- 이 책은 저작권법에 의하여 보호를 받는 저작물이므로 무단 전재와 복제를 금합니다.

다산북스(DASANBOOKS)는 독자 여러분의 책에 관한 아이디어와 원고 투고를 기쁜 마음으로 기다리고 있습니다. 책 출간을 원하는 아이디어가 있으신 분은 이메일 dasanbooks@dasanbooks.com 또는 다산북스 홈페이지 '원고투고'란으로 간단한 개요와 취지, 연락처 등을 보내주세요. 머뭇거리지 말고 문을 두드리세요.